兒童
體能活動
設計

劉鐏綺・劉嘉豪 ♥ 著

目錄

作者簡介

❖ **劉錞綺**（第一～八、十一、十三章）

☼ **學歷：**美國體育學院（United States Sports Academy）運動管理博士

美國威廉伍德大學（William Woods University）教育碩士

國立台灣體育運動大學競技運動學系

國立屏東科技大學幼兒保育系

☼ **經歷：**國立台東大學學務處行政助理

德霖技術學院休閒系專案助理教授

育達商業科技大學體育教學中心兼任助理教授

僑光科技大學觀光與休閒事業管理兼任助理教授

中山醫學大學體育教學中心兼任助理教授

明道大學休閒保健學系兼任助理教授

海龜兒童體能學院院長

國立屏東科技大學幼兒保育系暨體育室兼任助理教授

國立台中科技大學通識教學中心兼任助理教授

弘光科技大學運動休閒學系兼任助理教授

逢甲大學體育事務處兼任助理教授

☼ **現職：**Club Med地中海渡假村大中華區運動安全專家

❖ 劉嘉豪（第九、十、十二章）

☼ **學歷**：美國聖道大學（University of the Incarnate Word）教育博士

美國翰德森州立大學（Henderson State University）體育管理碩士

國立台灣體育運動大學體育學系

☼ **經歷**：台中市池冠游泳學校經理

Assistant of the International Student & Scholar Services, University of the Incarnate Word.

Assistant of Athletic Training Facilities, University of the Incarnate Word.

☼ **現職**：國立台灣體育運動大學兼任助理教授

國立勤益科技大學兼任助理教授

逢甲大學兼任助理教授

明道大學兼任助理教授

弘光科技大學兼任助理教授

建國科技大學兼任助理教授

作者序

　　自幼生長在體育教育家庭，父母親皆為台灣體院傑出校友，在校擔任體育教師及游泳運動代表隊教練，因此筆者三歲起便與游泳結下不解之緣，並接受嚴苛的游泳訓練。也因游泳成績優異，保送至國立屏東科技大學幼兒保育系，畢業後自覺還是喜歡體育運動而插班考入國立台灣體育運動大學競技運動學系，並在暑假期間將幼兒專業知識與游泳技能合併，應用於游泳教學上。

　　長期接觸兒童游泳教學，發現運動對兒童的好處不僅止於天性需求與身體健康，也具有寓教於樂的功用。體能活動除了可以刺激腦部發展外，還有促進肢體、動作感覺，增進兒童認知、情意、邏輯、社會發展等好處，同時達到五育均衡的目的。自小培養良好的、規律的運動習慣以達到積極動態的生活形式，對往後的生、心理狀態只有益處而無害。

　　筆者現階段於中部多所大學兼課，除教授運動休閒相關學科外，也擔任體育課程的教學，發現大學生肢體控制有些許障礙，而體適能檢測結果多數學生都有一至二項低於體適能百分等級常模的20%。由此可見，體育成績不重要的想法已經深植大學生心理，讓他們認為運動與健康無關，學科比術科重要。這是錯誤的觀念，此觀念值得深思與修正，健康與運動習慣應從小做起。期待透過本書能讓幼教師在兒童體能教學及課程編排上有所參考。

　　藉此機會感謝恩師，國立屏東科技大學幼保系江淑卿副教授讓我有機會回學校服務、馬祖琳副教授在我大學時期啟發我游泳技術與幼兒專業知識的結合與應用。在屏科大兼課期間發現學生普遍不清楚體能活動的專業知識、技能及體能活動能帶給兒童的好處可以延伸至成人，因此著手蒐集體育運動、幼兒體能活動、課程設計等資料，並與劉嘉豪老師一同合作撰寫本書。另外，也感謝屏科大幼保系的同學們在課堂中熱情參與體能活動、大力支持體能活動、認真討論並編寫教案，提供本書實際案例於附錄中。

　　另外要感謝的是作品多次得獎的黃郁雯小姐，本書第七、八章論述的教學活動，在她所畫的插圖搭配之下，讓讀者更容易清楚明瞭文字所要表達的意思。

　　本書得以編印成書，要感謝心理出版社林總編敬堯先生的厚愛與敦促，執行編輯高碧嶸小姐的辛勞聯繫與協助處理稿件，使本書能順利出版，特此感謝。

劉錞綺　謹識

2014年7月

緒論

　　延續華人在教育觀念上仍保有「萬般皆下品，唯有讀書高」的想法，強調著其他領域的重要性，教育制度的改革學科仍是教育理念中的核心，教師與家長認為學科方面絕對比身體方面的教育更為重要，相對花費較多的心力和時間關注於兒童的認知發展和智育方面的學習。學科的學習成果較能夠讓教師與家長獲得較大的成就感，反之，身體方面的活動則無須花費過多的時間學習，進而自行省略體能活動學習的傾向，同時也影響學校不重視兒童的體育活動和肢體能力，導致兒童身體發展較差。

　　體能活動能有效的與其他領域互相配合，不只是提升兒童本身的身體健康，也可以增進兒童認知、情意和社會發展（劉怡君、林秀卿、蘇薏芬，2011a）。對兒童而言，適當運動對身心的成長具有相當大的影響，不論與動作技能、認知、情意或社會能力等層面發展皆有關聯性，並相互影響。對於兒童是否能朝全能性發展更具重要意涵。運動的效果與健康維持的專業知識並不只適用於成人，根據許多研究結果顯示，若在兒童時期養成運動習慣，到成人時也會持續其影響力。因此，除認知發展或智育學習之外，如何能讓兒童學習較多動作技能、社會能力，並養成良好、規律的運動習慣，以達到積極動態的生活形式，並延續至成人，亦為兒童重要性的發展目標。

　　另外，社會環境繁榮與變遷，造成國人目前的飲食習慣、生活方式，在公共空間方面有了許多改變，社會環境的都市化，人口密集度高，使遊戲的場所空間變得狹窄，高樓式的住宅更讓兒童疏遠了戶外活動場所的距離（林春生、賴和海、邱金松、林曼蕙合譯，1981）。經濟型態的轉變產生許多雙薪家庭，更間接的影響了兒童的活動形式。如兒童課後輔導、才藝班、安親班、補習班、電腦科技產品、電動玩具及有線電影視聽的多元化，填滿了課後時間，也減少兒童的活動時間、形式與機會。根據教育部（教育部體育司，2007）調查

資料顯示，目前世界各國的體適能表現都不盡理想，而我國兒童的體適能表現更是不如其他國家，有逐年下降的趨勢。營養過剩、體重日漸上升，再加上身體活動的機會減少，導致身體活動能力衰退，造就過度肥胖與心理疾病的兒童日益增加，這與生活形態的改變和缺乏運動有絕對的關係。也顯示出在教育養成的過程中，兒童的身體素質不僅沒有隨著年紀的增長而進步，反而呈現遲滯不前的狀況（陳淑照、周禾程，2008）。

兒童非常需要運動的機會，台灣目前的飲食生活與歐美各國日漸相似，兒童肥胖、兒童疾病逐漸成為文明社會問題，重視學歷的社會，同時剝削了兒童的運動量。大人們必須更深入的了解兒童身體活動的重要性，認真思考什麼對兒童而言才是最重要的才行。

培養國人建立終身良好的運動技能與習慣，應從小開始，黃秀蓮（2001）指出若無法正確教導運動技能，就如同醫生開錯藥方的後果是一樣嚴重的。黃錫權（1998）認為學校體能活動是一項專業的課程，極具危險性，所以體能教師應由體育科系畢業之專業人員來擔任，才能安全、可靠。話雖如此，但是實際上擔任兒童體能的教師，卻不一定是專業科系畢業的體能教師。運動技能教育將關係到兒童身體成長、生理機能發展、情緒、智能和社交發展等，甚至心理上都會產生極大的影響，這些生命發展階段對兒童的未來有著非常重要的過程。近年來，政府在各級學校提倡體適能活動，良好的運動習慣確實應由兒童開始，如何養成兒童持續參與體育活動及達到積極動態的生活模式是值得討論的議題。本書將目前行政院體育委員會提倡之國人體適能訓練方法加以修改設計並應用於兒童體能活動中。

適當的運動對於任何年齡層而言都是相當重要的，兒童天生好動，會從身體活動中探索及學習生活中的各種動作技能，其好奇又好動是與生俱來的天性，更需要特別注意兒童的運動量與運動方式。此外，有些兒童是屬於被動式發展，更需要專業人員教導並建立良好的運動習慣。體能活動能有效的與其他領域互相配合，不只是提升兒童本身的身體健康，且可以增進兒童認知、情意和社會發展。學校體育除教育生、心理層面與生活自理能力、教導學習動作技巧外，還要顧及運動技能的發展、運動競技及興趣的培養、運動團隊的培育、

健身及休閒運動概念的養成、人際關係與行為規範等目標的達成（翁志成，1999）。

在兒童時期的個人運動經驗，對於運動意圖有其影響力（Godin & Shephard, 1986），因此，就上述觀點應由兒童就學時期即開始培養良好的運動經驗與觀念，以及設計出其他方式改善學校體能課或改善教學行為，進而提升兒童身體活動量，建立終身良好的運動技能與習慣。

本書分為三大部分，第一部分為兒童發展及體能運動的基本概況，簡易的說明0～12歲兒童身體與心理發展特性與概念，較著重於身體方面的基本概念；其次，依據兒童由近心端的身體發展至各階段動態肢體發展的基本技巧與各項運動技能逐一敘述，將有助於了解兒童的發展情形，並介紹體能運動對兒童的好處延伸至成人。第三部分則透過體能活動課程規劃、課後與活動評量應用，設計出適合兒童體能課程與各項運動技能單元範例，同時簡述說明運動傷害防護與簡易急救方法供參考，讓體能活動課程能更具教育性、系統性、安全性、正確性、持續性、簡單易行性、多元樣式性、樂趣性、經濟性、冒險性、刺激性及複雜性等，有助於兒童參與體育活動的動機，並養成未來積極參與動態的生活形式。

第一部分

兒童體能活動基礎概念

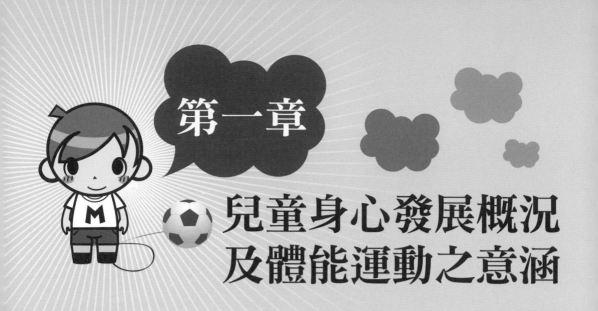

第一章 兒童身心發展概況及體能運動之意涵

第一節　兒童心理發展過程

　　兒童認知發展是經驗的組織與意義解釋的過程。解釋一個聲明、解決一個問題、綜合訊息、批判性分析一個複雜的課題皆是認知活動（郭靜晃、黃志成、王順民，2004）。Piaget長期觀察、蒐集、記錄、整理出各年齡層兒童解決問題、傳達夢境、道德判斷及建構其他心智活動的方法與資訊。Piaget是認知發展建構理論先驅，其認為認知發展階段適用於各種文化的兒童，思考系統是透過一連串階段發展得來的，並將認知發展分為四個基本階段：感覺動作期、前運思期、具體運思期和形式運思期，透過這四個認知時期的成熟，發展出個體的邏輯推理能力。

一、感覺動作期（0～2歲）

　　嬰兒時期，所有行為是完全無意識的反射反應，如：四肢揮舞、吞嚥等，都是利用感覺動作模式探索環境及獲得特定行為結果。尚憶薇（2008）在《兒童運動與休閒活動設計書》中提到，嬰幼兒在感覺動作期可再細分為下列五階

段：

1. 出生時反射練習期（出生～1個月）：指先天適應外界的反射動作，自動自發的身體四肢舞動。

2. 習慣動作期（1～4個月）：透過感覺器官連結個別的動作形成新的動作習慣，視覺、聽覺與動作的配合，主動找尋外在環境的刺激。如：四肢隨音樂揮舞。

3. 目的動作逐步形成期（5～9個月）：不限於自身的動作，可涉及身體與身體以外物體的動作發展，產生主體與客體間的相互關係。如：視覺（主體）與抓握動作（客體）間所形成的協調性。

4. 手段與目的分化協調期（9～12個月）：一些動作被當作目的，另一些動作被當作手段，幼兒已知道為達目的而使用的方法。如：拉他人的手指向自己無法取得的物品，藉由他人的協助拿到想要的物品。

5. 運思預備期開始之前期（12～24個月）：意指開始會先經過思考然後再行動。如：幼兒看見玩具在障礙物之後，經過思考後，了解障礙物將造成阻礙，決定繞過障礙物去取得玩具。

二、前運思期（2～7歲）

透過外在環境的互動發展表徵能力技巧，並應用知覺思考、語言與幻想解決問題。此階段兒童藉由象徵性符號進行表象思維，將自己所看見的物體直接轉換成對自身有意義的事物。如：將大小不一的鍋子反轉放在地上，幻想成爵士鼓，筷子當鼓棒，玩起打擊樂。

三、具體運思期（7～11歲）

此階段兒童已經逐漸獲得組合排列、分離、重組事物的動作，依據特徵、形體、功能對事物進行分類的抽象技能，包括：保留概念（數量、長度、質量、面積、重量、體積等）、分類概念（速度、顏色、形式等）、組合概念

（加、減、乘、除）、後設認知概念（計畫與組織能力），這些技能都含有相互聯繫的操作，使兒童與客觀世界的邏輯順序保持一致性，兒童本身將會運用所增加的推理能力來解決一切所面臨到的問題，如：人際問題，且歸納到日常生活中，已滿足需求與興趣。具體運算思維最大的突破，是思維可以建立在心理操作層面上，是在物體關係中進行轉換的內部心理表徵，而不是行動上。

四、形式運思期（11～15歲）

兒童開始轉變成青少年，青春期間男、女生身體的生理結構產生第一、第二性徵變化，如：體毛、喉結、經期等，認知思考也日趨成熟。在此階段的判斷物體概念、創意抽象思考、利用邏輯分析解決問題（尚憶薇，2008）。

第二節　兒童身體發展過程

兒童的發展與進步是任何因素都無法阻擋的，每個兒童在母體內時就有自己的發展過程，發展速度與順序是持續的系列變化，以前後連貫方式循序漸進的改變，不僅是個體大小、比例改變或能力改變，包括內在生理狀況（頭圍、胸圍、身高、體重、大腦、身體內部器官等）發生改變，心理狀況（語言、行為、人格、情緒等）受刺激產生共鳴，統合身體許多構造與功能的複雜過程，使個體能夠應付未來新環境的刺激。發展的過程是無法改變的，但是發展的步調卻會因外在激勵而增快。身體與心理發展不斷轉變時，某些方面的發展或許會慢些，卻不會停滯不前，而某些方面的發展卻又凌駕一切發展的速度，每個兒童皆具個別差異性的（朱智賢，1989；黃志成，1999；蔡瑞洪，1995；Anderson, 1960；Gesell, 1952；Hurlock, 1968）。

個體出生後身體發展的過程具有順序性（大小的改變）、前後連續性（由內而外）、緩慢性（比例的改變）、漸進性（舊特徵消失）、持續性（新特徵出現）的改變過程。改變方向則由簡單到複雜、分化到統整，呈現質與量的變化，並會因遺傳、成熟而有差異，身體發展的成熟度與良好的學習環境刺激也

會影響日後身體活動力和身體機能，所以更需注意兒童的學習與發展是否合宜。上述兒童發展方面的改變由下頁表1-1簡易呈現。

第三節　兒童動作發展過程

　　兒童在不同年齡階段，其動作會依據身體與智力呈現緩慢、漸進的方式成長，簡單來說，身體比例是均勻而優雅的，當然在身高、體重與身形會有個別差異，Meredith（1969）曾比較英美等發展中國家與未發展國家的八歲兒童，由於營養的因素有23公分的身高差距。兒童的內在器官自出生後持續成長，由於其心臟與血管管積比成人小，因此心跳比成人跳得快，所以在新陳代謝上也快了許多，2～11歲兒童心跳率每分鐘平均65～105次；2～11歲兒童呼吸率每分鐘平均20～24下，心肺功能日漸增強，肺泡開始增加的同時也能促進兒童機能發展。

　　兒童身體成長是以平緩、穩定的速度發展，因肌肉與骨骼呈現明顯變化，促使兒童無法長時間不活動或舒展筋骨。身體的活動除了刺激心肺功能與肌肉外，還能讓兒童運用身體各部位的功能擁有更多控制、了解自己身體的機會，更是適應環境的方式之一，像是粗大動作發展與學習（如：手拿搖鈴上下擺動）、精細與小肌肉的發展（如：畫圖）。透過身體活動方式不斷的去了解、觀察、練習、發現、探究、研究周遭的環境，能讓身體的動作更具優雅性與精準性，達到自我滿足與增加自信心。兒童的動作發展一般分為如下兩項：

一、粗大動作及大肌肉發展

　　身體發展均是由心臟向外成離心狀，並由上往下發展，先從頭部開始，然後身體軀幹，下肢的發育最慢，例如軀幹：轉頭（一至兩個月）→抬頭（三至四個月）→翻身（五至六個月）→坐（七個月）；下肢動作：臀部與膝蓋（五至六個月）→爬（八至九個月）→站（十個月）→行走（十一至十二個月）→彎腰屈膝（十五個月）。由靠近身體的部位至遠離身體的部位，身體中央開始

表1-1 兒童身體發展概要表

時期	嬰兒期	幼兒期	兒童期		青少年	成年
年齡（歲）	0～2	2～7	7～9	9～11	11～18	18以上
心跳率（次／min.）	125～135	65～105			65～100	60～100
呼吸率（次／min.）	40～46	20～24			16～22	12～20
血壓（mmHg）	70～80	90～100/60～64			100～120/70～80	100～120/70～80
發育階段	身體機能、系統發育期	全身肌肉群發育時期	全身機能安定發育期		全身機能、系統進入成熟期	
身高、體重		身高、坐高、體重為成長階段中最明顯的差異				逐漸停止生長
認知發展階段	感覺動作期	前運思預備期	具體運思期		形式運思期	
動作階段	基礎動作期	基礎動作技巧	一般運動能力	特殊運動能力	精確特殊技術	專項運動技術
動作概念	1.身體表達與運用的部位：感知、認知覺知、認知 2.身體往哪裡移動：空間知覺—位置、方向、高度、路線、身體部位造型 3.身體如何移動：力—時間、力量、流暢 4.相互關係—與人、與物體或/和人	1.爬、走、跑、跳、滾、抓、推、擲、踢、舉、擊、拉、拍、接、運、盤、旋、轉、踢、著地、飛躍 2.穩定性技巧 3.移動性技巧 4.操作性技巧	1.肌力 2.肌耐力 3.心肺耐力 4.速度 5.柔軟性 6.平衡性 7.穩定性 8.敏捷性 9.協調性 10.反應時間	1.基本技巧 2.綜合技術 3.應用技術	1.創造、表達、應用 2.選擇專業項目	1.專精於單一運動項目 2.超越自我極限 3.健康身體適能

資料來源：自行整理

發展，越接近軀幹動作發展越早，離身體軀幹越遠的部位發展越慢，例如上肢動作為肩頭和手臂（三至四個月）→肘（五至六個月）→腕（七個月）→手掌（八個月）→手指（九個月）。

　　兒童的大肌肉動作在二至五歲時期迅速發展跑、跳、上下樓梯、跳遠、跳高、擲球與接球等運動技能，五至六歲時期已經能把這些運動技能融入遊戲活動中（蘇建文等，1995）。一般而言，基本大肌肉動作在幼兒時期已大致發展，而學齡兒童的大肌肉比幼兒成熟，在動作與速度、精確性、穩定性、協調性方面均有進步（蘇建文等，1995）。由此可見學齡兒童能走得更穩、跑得更快、跳得更高、丟得更遠，同時，在整體的姿勢動作上更加成熟（林雅惠，2003）。男女學齡兒童的動作能力與其年齡及體型有關，雖然體型相似，但動作技巧發展卻有很大不同。男孩有較強的肌肉發展形態，特別是腿部及肩膀的肌肉；而女孩較傾向在動作協調的成熟度，及有準確性的動作發展，如跳高。隨著年齡的增長，動作技巧的協調與平衡性會越來越好（郭靜晃等，2004）。由上述發展過程，歸納出表1-2兒童動作發展階段與技巧。

二、小肌肉及精細動作發展

　　複雜的動作技巧與認知、知覺、動機、神經和肌肉的系統有關（Bee, 1992）。比起粗大肌肉的動作發展，小肌肉的動作發展較為緩慢及複雜，並出現在大肌肉發展之後，例如大肌肉動作—跑步、跳躍、滑步，進階至大小肌肉統合的動作—投、接、踢、托（林曼蕙，1999；駱木金，1998）。學齡兒童不但發展大肌肉動作的控制與協調，認知技巧也漸漸提升，藉由手與手指的操控能力，使兒童能處理更複雜的動作技巧，像是書寫的精細動作，包括了手臂、手腕、手指的動作組合，動作的穩定與速度，以及其他知覺與認知的配合等，都屬於複雜的精細動作（蘇建文等，1995）。當小肌肉動作發展逐漸成熟，其手眼協調及平衡能力也會大有進步。例如肌肉統合的動作有握筆、撿珠子、扣鈕釦等。

表 1-2　兒童動作發展階段與技巧

時期	年齡（歲）	動作發展階段	動作發展與技巧
嬰兒期	1～2	反射行為	爬、抓、握、站、走、移動
幼兒期	2～3	基礎動作概念	基礎移動性技巧呈穩定 投接動作尚可，協調性欠佳
	3～4		學習配合阻礙物方向、層級變化的移動性技巧 學習基礎投接動作，但操作性技巧不精熟
	4～5	基礎運動能力	垂直跳、跑、投、接、拍、踢的動作 精準度與層級協調性差 可做重心轉移的操作性技巧
	5～6		單腳、立定跳 動作精確性女優於男 力量控制性男優於女
兒童期	6～8	一般運動能力	左右腳轉換輪流跳 協調技巧男優於女 速度男優於女
	8～11	特殊運動能力	垂直跳男優於女 投球擲遠男優於女
	11～12	精確特殊技術	具備良好動作技巧 敏捷性女優於男

參考資料：林惠雅（2003）；Gallahue, D. (1988); Stillwell (2002)

第四節　兒童動作技巧及概念

　　適當運動對於任何年齡層而言都是相當重要的，兒童天生好動，不需特別注意其運動量，然而有些兒童則是屬於被動式發展，透過體能活動能有效的與其他領域互相配合，不只是提升兒童本身的身體健康，且可以增進兒童認知、

情意和社會發展。兒童透過運動形成基本的認知機能，對兒童而言，運動是為學習自己與自己的世界所需的情報蒐集裝置，體能因運動而提升，因此體能活動應該是一種以「運動」為主體，以「遊戲」為方法，以「教育」為指導，以「培養幼兒身心發展的基礎能力為目標」的活動（曹菁菱，2002）。換句話說，透過運動的指導，可使兒童了解並學會巧妙運用自己的身體，發展其意志、社交認知或機能，並能夠有創意的表達自己，促進情緒的成熟和社會性發展。Steiner（1981）曾說：「如果我們能給予適當的體能工作，他的雙手肌肉就會變得強壯有力。同樣的，如果孩子們能從周遭環境中接收到正確的印象，他們的腦和其他器官都將健全地成長」。由此可知，身體運動經驗對於兒童發展的重要性。因此，有必要在兒童動作技巧發展的建構過程中，對兒童提供適當的生、心理健康發展環境，使身體和四肢均衡發展。

能自由活動身體是兒童的重要課題，運動遊戲在此時期扮演重要角色，是奠定兒童成為具創造性人類之基礎。所以體能教育課程中可配合兒童身體發展，設計出具簡單性、教育性、多元性、複雜性、經濟性、持續性、簡單易行性、多樣性、樂趣性、冒險性、刺激性及安全的課程有助於學習各項運動技能。

動作發展技巧是兒童透過身體運動而學習基礎動作概念；身體運動是兒童探索周圍環境的媒介，藉由基礎動作技能學習，獲得認知概念；一般運動能力經由反覆操練的過程獲得，並積極朝社會化及自然概念的發展。因此，透過前面三項運動的能力習得特殊運動能力，建構成專項動作技能，形成精確特殊技術的專項運動，諸如游泳、球類、體操等複雜運動能力，並作為終生運動的基礎。這些技巧就如同蓋房子般由第一層地基面的基礎動作概念（圖1-1）。

圖 1-1　兒童動作發展技巧與概念圖

資料來源：劉怡君、林秀卿、蘇蕙芬（2011b）

一、基礎動作概念

　　一般而言，基礎動作概念應是了解身體運動的關鍵所在，因此，透過動作的結構分析，逐一認識，並經有目的的設計，自可達到身體活動的有效學習。基礎動作概念的目的在教育兒童了解身體在從事動作時的變化，啟發兒童基礎動作概念（Gallahue, 1988; Portman, 1996; Wuest, 1999）包括四個領域為：(1)身體概念；(2)努力層級；(3)空間概念；(4)關係層級。

（一）身體概念

運用身體不同部位表達動作時的知覺。

1. 感知：依身體不同部位、機能表達不同的動作與姿勢。
2. 覺知：透過身體動作表達心裡想法或感受、肢體用力或放鬆。
3. 認知：能指出個人與他人在動作使用時，全身或部分身體部位的名稱及其位置。

（二）努力層級

指個人從事基礎動作教育時，動作表現的質感，如：身體如何移動。

1. 流暢：不同的身體姿勢，影響身體流暢的程度，如跑、跳的流暢感。
2. 力量：不同重量的物體，身體使用力量的強弱，如重、輕、力道大小。
3. 時間：不同重量的物體，身體擺動的時機及造成物體落下的時間差，如快、慢、適中。

（三）空間概念

指個人從事基礎動作教育時，身體可活動的範圍，如：身體移動而不會遭碰撞或限制。

1. 方向：從事動作時的姿勢配合方向性，如：前、後、左、右、上、下。
2. 層次：從事動作時的姿勢配合層次性，如：高、中、低、遠、近。
3. 範圍：從事動作時的姿勢配合範圍性，如：圓形、正方形、長方形、不規則形。

（四）關係層級

指個人從事基礎動作教育時，身體與自己、他人（團體）、物體或環境的

配合。

1. 人：從事動作時與他人間的互動，如雙人、團體。

2. 物：從事動作時與物體間的互動，如球、球棒、氣球、彩帶、呼拉圈等。

二、基礎動作技能

　　基礎動作技能意指人類在活動中的身體動作。例如：兒童具備了攀、爬、跑、跳、投擲等的基礎動作概念組成的聯合運動技能，在不同的動作表達時，較能得心應手。簡單來說，基礎動作概念與基礎動作技能就像蓋房子般，地基鑿得夠深，泥漿材料夠扎實後，房子才能一層層往上加蓋。基礎動作概念與基礎動作技能則是由地基與泥漿所共同組成，複雜的專項運動則成為地上高樓，要有優異的專項技能表演，則須從小或依順序學習為佳，否則，欲速則不達，揠苗助長，均非教與學雙方所樂見。遺憾的是，國人對兒童體能學習常是不分年齡大小，不分動作難易，不分先後程序，於基礎教育階段即授予高難度之複雜動作技能，致使基礎動作概念與基礎動作技能未能適時建構，造成終生動作笨拙，舉手投足間，無法顯現出曾接受多年體能薰陶的效果，而失去對運動的興趣。

　　基礎動作技能是自然而然養成的，由神經機能、感覺器官、關節機能的作用所支配，具有控制調整行動的作用。中時晚報（2002）刊登，台灣每四位兒童就有一位有動作協調能力不足的問題，其比例高於歐美各國。對兒童而言，其意義在於促使兒童不需刻意設計動作技巧課程的情況下，學會各種身體運動課題和熟練各種運動的能力。因此，在體能活動的設計應以循序漸進的方式設計基礎動作技能，可以改善兒童的動作協調能力。兒童動作發展階段中，尚憶薇（2008）將基礎動作技能分為：「穩定性技巧—平衡性」、「移動性技巧—協調性」及「操作性技巧—敏捷性」等三項因素。

（一）穩定性技巧

意指身體維持在一個定點，身體軀幹和四肢向四周做平衡或垂直的移動，穩定性是在動態、靜態平衡姿勢時的動作，包括：揮動、擺動、扭轉、旋轉、彎曲、捲曲、伸展、蹲、抖動、支撐。

（二）移動性技巧

指身體水平或垂直方向移動，從一個定點到另一個定點的轉移，包括翻滾、走路、跑步、墊步跑、雙足跳躍、單足跳躍、踏跳、滑步、跨跳、前併步、側併步、攀爬。

（三）操作性技巧

意指身體移動配合物體的操作，身體執行給予或接受物體的力量，包括投擲、接、滾、踢、運球、舉球、彈跳、高踢、盤球、打擊。

上述三種技巧是兒童在日後學習運動技能時，須具備的基本技巧。指導體能活動的教育工作者應依據兒童的身體發展和年齡，配合基礎動作概念設計適性的動作技能課程，以增進兒童身體發展、身體適能和運動認知，並符合個別性差異，讓每位兒童都能快樂的學習，日後運用於精熟的運動技術。

三、一般運動能力

運動能力是一般人在閒暇時候從事各項運動，如徒手運動、球類運動、水上運動等，需要適當的一般運動體能和技巧，包括肌力（爆發力）、肌耐力、心肺耐力、速度、柔軟性、平衡性、穩定性、敏捷性、協調性、反應時間等體能要素。下列針對運動體能中常見的專有名詞做簡易說明。

（一）肌力

是發展成為體能主要的關鍵。肌力又稱為爆發力或瞬發力，是指身體在短時間內產生力量的能力，包括速度與力量兩個因素。

（二）肌耐力

肌耐力也稱為持久力，肌肉承受某種適當的負荷時，反覆次數的多寡或持續運動時間的長短為代表。

（三）心肺耐力

心肺耐力在健康上特別受到重視，它所代表的是身體整體氧氣供輸系統能力的優劣。

（四）速度

速度是指身體在短時間內移動身體快慢的能力，是參與各項運動必備的基本條件之一。

（五）柔軟性

是指關節可活動的範圍。柔軟性比較好的人，其身體動作表現比較優美，並有助於減少運動傷害。柔軟性是檢測體適能健康要素中的其中一項指標。

（六）平衡性

平衡是指身體維持穩定的能力，包括靜態平衡與動態平衡兩部分。

1. 靜態平衡：是人體在固定位置上，保持均勢的能力。如：單足站立在平衡板上。

2. 動態平衡：為人體在運動中保持均勢的能力。如：溜冰、走在平衡木上或彈跳於彈簧床上。

（七）穩定性

穩定性的範圍較為廣泛，分為心理與生理兩方面，代表性的運動如射箭或射擊運動。在生理方面，心情與肌耐力的穩定度會呈現出標靶上得分點的高低，另外在大、小比賽中壓力的心理因素，也會影響運動成績的優劣，如：在大比賽時因緊張而導致無法突破或維持自己最佳成績。

（八）敏捷性

敏捷性是以一種協調的方式，使身體迅速移動位置和快速改變方向的運動能力表現（林宗賢，1997）。敏捷能力也是空間知覺不可缺乏的一部分，其中包含物體的移動與空間的關係。敏捷的生活價值，則以騎車摔倒可以保護自己、下樓梯踩空可以因為優異的敏捷能力避免摔倒顯示出來。

（九）協調性

指身體各部分動作時間的配合，以產生正確、和諧與優雅的身體活動能力。協調可細分為：一般身體的操控、手眼協調、足眼協調；足眼協調是最困難的，如足球射門的動作。

（十）反應時間

是指身體對於刺激的反應快慢。如起跑動作時對槍聲的反應。

四、特殊運動能力

　　特殊運動能力是結合上一段一至三項動作能力的應用，須由動作技巧的基本概念加上基礎動作技巧以及良好的一般運動能力所形成的綜合技術，並不是純粹源自於個體的成熟，而是要透過教導及練習才有所改善（Stillwell, 2002）。

　　基本技巧是在加入各專項運動訓練之前就得先學會的基本動作，如要當游泳選手，就必須得先學會游泳的一般基本技巧；游泳的基本姿勢又分蝶式、仰式、蛙式、捷泳四種，即是所謂的綜合技術，當技術、體能、心理層面成熟時便可應用所學的技術參加競賽。附帶一提的是，也有只學會捷泳或蛙泳的任一種姿勢就參加比賽的，目的是在讓初學者參與比賽時檢驗自己辛苦訓練時的成果，同時也能增加選手的自信心。

五、精確特殊技術

　　精確特殊技術是個人在進入專項運動發展前，必須且已經具備各專項運動中特殊的運動能力。這些專項運動的選手，事實上已融入了一般運動能力及特殊運動能力程度的技術。每一運動項目其運動素質能形成各種攻防對峙狀況的綜合性協調體能（許牟池、蔡明志、陳靜玲，2004）。運動競賽因技術與運動能力有時是相關聯的，因而無法做細部分類，只能以表面性分類為格鬥型競賽，如跆拳道、柔道、武術等；團體型競賽，如球類運動；自我突破型單項競賽，如田徑、游泳等，各種專項運動所需的綜合性體能。

　　運動技巧並不是純粹源自於個體的成熟，而是要透過教導及練習才有所改善（Stillwell, 2002）。因此，好的體能活動規劃與設計需要依據兒童的個人特質、身體發展、年齡和性別差異的發展來適應的體能活動，包括體型、技巧層級、興趣和動機（Garcia, Garcia, Floyd & Lawson, 2002），配合基礎動作概念、運動能力設計適性的動作技能課程，利用不同類型的設備、器材、空間、指導方法刺激兒童從事體能活動，以促進肌肉神經的協調和強度，同時透過體

能課程來增加多層次的社交經驗。各項體能活動必須有計畫、循序漸進、從頭到腳、軀幹到四肢，以及身體的前後左右四個方向的訓練課程來加以增強。另外，體能活動設計也需要包含粗大的肌肉活動，進展到精細小肌肉的活動。

第二章

體能運動的意義及重要性

　　運動是人類生活的基本要件，而體能是運動的基礎。「活動，活動，活著就要常常動」，有這樣的觀念體能才會隨著運動而提升。由於環境變遷、公寓大廈林立，兒童的活動、遊戲空間越來越少，他們就像鴿子一樣，時間到就回家，等到隔天上課時再放出來，每天陪伴的就是電視、電腦和上不完的課後學習及才藝課程，這也突顯出體育活動和肢體活動的不足。Marcus、Selby和Rossi（1992）認為，青少年和兒童的基礎動作和運動技能發展較差的原因，主要是在於學齡前兒童沒有學習適當的運動技能。另外，依據研究指出，台灣地區兒童體能狀況與發育狀況均比日本學齡前兒童差，且台灣地區兒童肥胖率逐漸增加，體能狀況有逐漸下滑的趨勢（自立晚報，2002）。教育部（教育部體育司，2007）調查資料顯示，目前世界各國的體適能表現都不盡理想，而我國兒童的體適能表現更是不如其他國家，有逐年下降的趨勢。營養過剩，體重日漸上升，再加上缺乏身體的活動，導致體能衰退，也造就過度肥胖與心理疾病的兒童日益增加，這與生活形態的改變和缺乏運動有絕對的關係。也顯示出在教育養成的過程中，兒童的身體素質不僅沒有隨著年紀的增長而進步，反而呈現遲滯不前的狀況（陳淑照、周禾程，2008）。美國教育學者Wileman曾提到：「幼兒教育內容的70%是體能遊戲，平均可以增加8.5的智力。而且從幼兒持續至大學時期。」兒童時期的個人運動經驗，對於運動意圖具有影響

力（Godin & Shephard, 1986）。綜合上述觀點，培養良好的運動經驗與觀念應由兒童階段開始，透過改善學校體能課或教學行為模式，提升兒童身體活動量，進而建立終身良好的運動技能與習慣。

第一節　體能與律動之定義

1. 律動：運用音樂、舞蹈、帶動唱安排的課程或活動。而活動中僅搭配音樂卻無基礎動作概念、運動技能、操練稱之為律動。
2. 操練：反覆運用非移動性技巧（穩定性）、移動性技巧、操作性技巧、運動技能於課程或活動中，較為無聊呆板，提不起兒童參與的興趣。
3. 體能：運用運動專業操練、遊戲的課程或活動，可搭配音樂、故事、遊戲，提升兒童學習興趣、引起動機，如：暖身操、體能類的團康遊戲。

　　兒童透過體能課程協助身心發展，包括：大小肌肉均衡發展、粗細動作發展、身體成長、健康、智能、邏輯等各種活動。同時透過運動培養耐力、體力、自信心、生活技能與體驗等，也建立各種良好的人際關係與運動習慣。體能活動能有效的與其他領域互相配合，不只是提升兒童本身的身體健康，且可以增進兒童認知、情意和社會發展（劉怡君等，2011a）。因此，為培養兒童參與體能運動與養成良好的運動習慣，體能活動設計時的基礎動作與運動技能發展成為主要性的發展目標。

第二節　體能與發展的關係

　　兒童的發展是一種藉由成長、經驗、成熟、適應為主要因素，間接或直接作用而展開的機能。在發展過程中，遊戲則扮演牽引的角色，遊戲若結合身體運動技能設計出多樣化的體能活動，則有助長兒童發展。Piaget曾提出重要的教育觀點：「孩子智慧的根源，是來自嬰幼兒期的感覺及運動發展」。適當的運動，對於任何年齡層而言都是相當重要的。而現今更有許多有研究者也發

現：「體能運動是可以增加與提升兒童腦部細胞連結物質的分泌，對於越早展開身體運動刺激的兒童，智慧開發的作用就越大」（劉怡君等，2011a）。從小就開始著手與培養體能運動，對兒童有下列的益處：

一、影響粗大動作及大肌肉發展

兒童進行體能活動時，大肌肉的動作，如：跑步、跳躍、滑步可以促進全身感官發展與肌肉活動，使身體的肌肉會直接或間接地得到鍛鍊的機會。兒童運用積木遊戲的搬運、堆排、重建，達到訓練粗大動作或大肌肉的目的，將有助於身體健康（黃志成、林貞谷、張培英，2004）。

二、增進小肌肉發展及精細動作

兒童時期隨著中樞神經系統的髓鞘化及逐漸成熟，精細的小肌肉動作會獲得改善，透過大小肌肉統合的動作——投、接、踢、托、穿珠子、組合模型等活動，其手眼協調及平衡能力也會因此大有進步（郭靜晃、黃志成、黃惠如，2005b）。如能運用積木協助兒童抓、握、擺，也能達到訓練小肌肉、精細動作、動靜平衡動作的發展。

三、有助於骨骼發育

兒童骨骼成分膠質較多，石灰較少，所以我們常常說兒童的骨骼是軟的。此外，兒童的骨骼連接尚未完成，骨骼與骨骼之間尚有空隙，所以有賴兒童在遊戲活動中予以促進。骨骼與肌肉，如果未成熟即加以使用的話，反而會得到反效果。例如：年紀太小就送去學體操、拉筋，雖然成效明顯，但是對兒童的健康都是一種傷害。

四、促進體內器官的進行

　　兒童體能活動是基於促進體內器官作用的生理需要（黃志成、林少雀、王淑楨，2010），肺臟的重量在兒童時期已發育成出生時的十倍，肺容積與身體的相對比增加，呼吸速率隨著肺容積的加倍而變慢且變深（郭靜晃、黃志成、黃惠如，2005a）。體能活動可以調節呼吸作用以及循環作用，甚至於對消化作用也有助益。兒童肺臟很小，體能活動可以使胸部擴大，增加肺活量，促進身體循環的流通。

五、調節體能發展

　　體能指的是身體機能的能力，例如：心、肺及循環系統的功能，肌肉強度及彈性。當幼兒精力過剩時，就會將這些過剩的精力花到遊戲上（王紹正譯，2005）。然而，據美國教育改革後的研究顯示，強調學科訓練及延長教學時間，反而造成兒童缺乏時間遊戲及做體能運動（Forst, 1992）。兒童每天平均在戶外上體育課時的運動時間不到20分鐘，卻花過多時間在排隊等遊樂設施、聊天或追逐。一個人有了旺盛的精神，充沛的體力，便要找個機會發洩，兒童的體力需發洩時，自己也會東奔西跑，直到充沛的體力耗盡了為止，然而兒童的體力雖然消耗了，卻達到新陳代謝作用的效果，使身心保持均衡的發展（黃志成等，2010）。

六、知覺發展

　　指兒童知覺解釋感覺資料，以及透過活動反應的能力，包括時間、空間、方向及視聽覺的察覺（Poest, Williams, Witt, & Atwood, 1990）。Weikart（1987）指出兒童知覺，尤其是視覺、聽覺及時間的察覺力方面與體能皆有日漸衰退的趨勢。

七、運動技巧發展

指動作概念、基本位移、身體能力、操弄、平衡、基礎動作、技巧動作、精確特殊技術的發展。運動技巧包含大肌肉動作，又稱移動與姿勢改變動作，即運用軀幹四肢的動作，如：跑、走、跳等。小肌肉動作，又稱精細動作，即運用手眼協調的手指動作，如：畫畫、寫字等（林惠雅，2003）。運動技巧並不是純粹源自於個體的成熟，是要透過教導及練習才會有所改善（Stillwell, 2002）。多數人認為是自然而然發展完成的，所以較容易被成人忽略，但實際上，運動技巧的發展是一切行為的基礎，對兒童許多層面都有影響。運動技巧結合身體的大、小肌肉活動、察覺活動（身體、空間、方向、平衡）、整合性及表達性活動，透過訓練課程來加以增強身體的操控能力。由此可見，遊戲、體能活動與兒童的動作發展有絕對的關係。

八、體能與語言發展

在語言功能未發展的嬰兒時期，完全以自我的生理需求為主，透過臉部表情、聲音和動作表示語言，如：張開雙臂表示需要擁抱，由此可見身體活動就是一種語言，藉由彼此間的身體活動與相互接觸，可以助於語言的發展。身體活動透過遊戲方式進行時，兒童為了能在體能活動中溝通，必須使用大量的語言，此時語言便在體能活動中扮演重要角色，提供兒童很多語言互動的機會，所以體能遊戲在語言發展上亦有重要地位。

九、體能與情緒發展

兒童是經由個體與玩的刺激來引發反應獲得安全的依戀（吳幸玲，2003）。在社會化的過程中，追求個人自主性的發展，兒童為迎合社會規範的約束，在成長的過程中將承受相當大的壓力，身體活動就變成兒童表達情感的一種媒介，可從中學習有建設性的情緒控制。如果兒童成長時的環境與社會環

境不允許，無法提供足夠的時間、空間、玩物以及良好遊戲、休閒的媒介，那兒童將難以發展自我及對他人產生健康的態度（吳幸玲，2003）。就消極面而言，兒童透過體能遊戲，可以紓解負面情緒，如焦慮、恐懼等；就積極面而言，喜歡體能活動是兒童的天性，常常在活動的歡樂中，自然能培養正向的情緒。兒童在參與體能活動時，除了可增加身體的操控能力外，還提供兒童適度表達情緒的機會，學習控制負面情緒對自己的影響，也會誘發兒童自我尊重、自我滿足、培養情緒的穩定性，與持續力、彈力、堅毅力等，這些都有助於兒童情緒的正向發展。

十、體能與社會發展

　　社會化的團體生活是人類長久以來的生活模式，兒童最早接觸的社會場所是家庭和學校，再來才是非結構式接觸的同儕，社會發展是延續一生且持續的。兒童的社會發展並非屬於單一性的，必須與身體發展、認知發展及情緒發展相互交替應用，才能建立完整的全人發展，如缺少其中一個發展領域，容易造成兒童成長時期的社會行為缺陷（尚憶薇，2008）。社會學習理論認為學習是由觀察和模仿他人行為而來（Bandura & Walters, 1963）。兒童的社會性活動，乃是經由同儕間共同模仿、觀察、幻想、設計出來的情節，在角色分派上多數只屬於分享、溝通的能力，並漸漸形成社會化。體能活動則應用團隊遊戲、分組競賽學習社會技巧的機會，讓兒童在體能活動中，有機會學習與人合作、相處、分享、助人、商議、遵守遊戲規則、領導能力等，練習及熟練社會技巧，進而運用技巧融入團體中。

十一、體能與認知發展

　　認知能力是兒童時期一個重要的發展里程，包含智能、物體恆存概念、保留能力、問題解決能力等。體能活動除了幫兒童解決情緒調節的問題，還能激發兒童智能方面的發展。Rubin、Fein和Vandenberg（1983）認為兒童在虛構

的遊戲中有：(1)去除自我中心：了解自己及其扮演角色的意義；(2)可逆性：從角色扮演中回到原來的角色，這兩項保留概念的認知操作。Bruner（1972）認為遊戲可增加兒童對行為的選擇而促進其對問題的解決能力，而體能活動嘗試以不同的玩法幫助兒童日後解決問題的能力。除了上述認知能力外，體能活動能透過遊戲具象徵性、想像和新奇的特性，刺激兒童認知思考、空間概念、假設推理、創造力等，創造力的內涵另外還包括敏感性、精進性、流暢性、變通性、獨創性，兒童在體能活動中，自然能培養各項能力。

第三節 體能活動之功能

國際兒童教育協會「以兒童為中心的幼稚園：立場白皮書」中提出，兒童的身體、社會、情緒、智力的成長與發展是重要的全人教育，並建議「體能遊戲是必須的」，是構成一個以兒童為中心的幼兒園之重要因素之一，由此可知，國際幼教團體、學者對兒童體能之重視。體能活動對於兒童身心發展有全面性的影響，其本質與活動特徵如下：

一、體能活動本質

1. 兒童對體能活動是有興趣，且覺得好玩，並會主動參與。
2. 兒童體能活動的學習可以達到認知、技能和情意的目標。
3. 教師以有規劃、引導、常以競賽的方式進行，體能活動能有效達成學習目的。
4. 體能活動過程具有輕鬆、有趣、新奇、刺激、複雜性，和有不可預測性。
5. 體能活動中兒童可自訂規則，且須遵守規則。
6. 體能活動形態可以操作、肢體表演、唱歌表現、角色扮演、比賽等方式進行。
7. 不同性質的體能活動會培養不同能力，如科學性的體能遊戲能培養探索、發現等能力。

二、體能活動特徵

　　兒童體能活動是自動自發、不拘形式的，並不需大人的催促，自己就可以玩起來，這和大人要他工作是不同的，特別是年齡較小的，往往不受時間限制，玩到該吃飯或睡覺的時候，仍不肯罷手；且時間、地點也不固定，道具也沒有一定的形式。較小的兒童大多無組織，一個人就能玩得很起勁，再大的兒童會三兩個人玩得很起勁，有時會各玩各的，誰也不管誰，即使有組織，也不很嚴密。黃志成等（2010）在《幼兒遊戲》一書中綜合各學者對遊戲的論點、特徵整理，其特徵同樣適用於體能活動當中：

（一）遵循一定的發展模式

　　兒童最初的體能活動是為了滿足感官所受的刺激而發出的自由活動，內容都是一些很簡單的動作，例如空間感。

（二）隨著年齡的增加而有所變化

　　兒童體能活動的種類隨著年齡而變化，年齡越大，種類越多，但是有些較簡單的體能會隨著年齡的增加而被淘汰。例如一個未滿周歲的嬰兒，給他搖鈴他會玩得很起勁，但年齡稍長後，搖鈴已提不起他的興趣了。兒童參加活動的時間也隨年齡的增長而改變，兒童年齡越小，越無法專心於某一遊戲活動，因隨著年齡的增長專注力與活動時間逐漸增長，身體上的活動，也將隨著年齡的增長而減少了。

（三）兒童體能活動是冒險的

　　周圍環境的一切對兒童來說都是有趣的、新奇的，兒童好奇心大，模仿力強，喜歡試探，然而他們的思考力、辨別力不足，不論活動對他們是否適合，

自己能力夠不夠，都會毫不遲疑的去活動來滿足好奇心和模仿性，例如：單手玩單槓，雖然含有冒險性，但兒童可在活動的互動中學習到克服可能的危險。

（四）活動是重複的

兒童做任何一種活動，動作常是重複的，兒童會在椅子上爬上、爬下，透過重複練習，能熟悉體能活動的技巧，使活動適應自己，自己適應活動。

（五）體能活動是有目的的

兒童可以藉著身體活動來克服困難，或是滿足自己的需要及願望，舉凡兒童內心所想的，都可以在遊戲中表露無遺。例如：拿著掃把當吉他彈，想像著自己是樂手。

（六）體能活動受文化的影響

不同文化背景的兒童，各有其特殊的遊戲模式，文化與教育的思潮不同，其體能活動也有不同變化。例如：美國兒童獨自在後院玩彈跳床，而台灣家長卻認為是危險活動，會造成骨折等傷害。

三、體能活動功能

體能活動不僅僅是對兒童在身體、認知、情緒、社會發展方面有益處，良好的體能活動觀念與習慣將會延伸至成人。

體能活動的功能有：

（一）治療功能

體能遊戲可治癒兒童的痛苦、壓力及無聊。例如：狂野嬉鬧的活動就是這一類功能的最佳代表；成年後有運動習慣者，在下班過後的時間將會從事有興趣的運動，抒發工作上壓力的不適，減少憂鬱症及慢性病的發生。

（二）生活技能演練

隨著兒童年齡成長與身體運動技能成熟，身體上的自主性也有所增強。兒童需要機會去練習這些能力，而體能活動便提供這種練習與熟練某些技能的最佳機會，尤其是日常生活中必備的技巧。常活動的成年人，身體靈活度較好，反應快，學習新事物的效能也優於較不運動者。

（三）自尊心與成就的建立能力

兒童從不同能力來獲得自我形象的意念，他們可能發展出一個包含了身體的自我、社會的自我、智慧的自我的基模，兒童若成功參與運動競賽或成為運動校隊，可幫助其發展正面的自我概念。自尊心發展有兩種心理取向，一是任務取向：強調支配內在標準及自我改善，具這種取向者較注意遵守他人的標準，而且只要感覺自己玩得很棒，就能獲得滿足，相信競賽遊戲的成功是經由每個人的努力而得來；此種類型較具有合作性，是較好的運動家，有較多的內在動機，較能享受運動競賽。二是自我取向：強調外在標準，也就是與他人比較表現好壞，具有此種取向的兒童較看重勝利，或者是想表現比其他人更好，他們相信成功是藉由能力而不是努力來達成，較不具運動家精神，較具有高度侵略及攻擊性，也較看重比賽的輸贏。

（四）休閒功能

　　休閒活動如同兒童體能活動一般，是出於自願、自動、自由、好玩、高興、內發性的活動。休閒活動的形式很廣泛，舉凡於在有空閒的時間做自己喜歡的事，都屬於休閒活動。如：琴棋書畫、視聽娛樂、觀光旅遊、健身運動等。健康與休閒是成人最佳的生活嚮往，應由小培養興趣及習慣。在體能活動方面對兒童具有短期和長期的效益，從短期效益觀點，運動可增加兒童心臟血管健康，身體比較健康的兒童皆是常從事競賽及體育活動的。長期效益來看，兒童期的運動參與可以讓心臟血管疾病產生的可能性降低，研究也發現兒童時期有參與體能活動的習慣，並從中獲得樂趣，也使他們在邁入成年人階段後仍會採取積極的態度保持運動，並將此種運動鍛鍊融入其日後的生活方式。

第四節　體能運動教學與發展

　　此課程是將目的、目標與教材範圍、延續性、內容加以組織的歷程，並透過每日生活經驗來了解社會文化的生活知識（吳幸玲，2003；David, 1996）。兒童體能課程則以「運動」主體、遊戲「方法」及「教育」指導，來培養兒童身心發展的基礎能力為目標。體能活動在家長的心目中無非就是帶著孩子在外面蹦蹦跳跳，其實不然，一節好的體能活動除了強身健體外，還對其智力、觀察力、注意力、記憶力、團隊精神等方面都能充分的培養和提高。根據報導指出，兒童於三至六歲階段腦部吸收學習能力高達70%，20歲之後成年階段腦部吸收學習能力只剩不到5%，可見一個健康活潑的兒童，其生理發育、心理發育是至關重要的，兒童各階段的學習是我們不能忽視的一環。但須注意的是，並非每位兒童在此階段都能以強大的吸收能力完成學習，兒童因環境生長背景的不同而有不同的學習百分比，而唯一能讓兒童增強其學習能力的萬靈丹就是生活與環境中的「刺激」。腦部開發完全，吸收能力會增強，學習能力自然增加，兒童體能課程是基礎，兒童學習的基礎本能，也是「刺激學習」最具效果的一環。由兒童喜愛的活動出發，便是遊戲訓練，是最自然的生活訓練。

一、學習因素與動機

　　把握自發的學習原理。喜愛遊戲是兒童的天性，是與生俱來的，同時，兒童更能在遊戲的進行中，非常專注於遊戲中的過程而忘卻遊戲的目的，藉此能達到遊戲中成人世界中所刻意附加的學習（遊戲）目的。遊戲是教育，遊戲是學習，當然也可將遊戲視為兒童生活的一部分，將生活與學習中感受有如遊戲般的遊玩，也在遊戲中習得所學。若能將兒童體適能的課程設計成比較有趣的遊戲形態與愉快的氛圍，自然會提高兒童的學習興致，並在無形中增加體能與課程中所帶入的重點。黃永寬（2009）指出，遊戲對兒童而言是取之不盡、用之不竭的泉源，可惜這泉源卻日益枯竭，此警訊值得深入關心。兒童的生活就是遊戲，遊戲也是兒童學習的主要來源之一。廖信達（2003）則提出遊戲分為六項特徵：(1)遊戲由內在動機引起，兒童可以在他想玩的時候選擇自己喜歡的遊戲，是自發的不需要成人的介入；(2)遊戲重過程而輕結果，在遊戲中，兒童對於遊戲乃是感到好玩及持續玩的動力，而不在乎可以玩出什麼結果；(3)遊戲具有歡樂的特質，兒童經常是快樂且興奮的在玩遊戲，雖然有時是競爭、有時是恐懼、驚嚇，但他們還是一再的玩；(4)遊戲沒有外在強加的結果，在遊戲中兒童彼此取得共識，一起配合進行溝通以便調整規則；(5)兒童自願且主動參與遊戲，兒童通常自由選擇遊戲且主動的參與，兒童也常將工作認定是遊戲，所以他們自願做玩的工作；(6)遊戲是一種轉介行為，沒有固定的玩法，對兒童來說假裝的事和物在遊戲中都被視為真實的，其表徵行為不受時空之限制。

　　適當的運動從兒童就開始培養好的運動技能與習慣，養成建立終身運動的優良習性。體能活動能有效的與其他領域互相配合，不只是提升兒童本身的身體健康，且可以增進兒童認知、情意和社會發展。Smith於1988年指出，兒童學習主要環境可分為三個因素：個人因素、家庭因素、學校與社會環境因素（引自呂翠夏，2002）。

（一）影響兒童角色學習的個人因素

1. 性別與性別角色認知：社會環境對於不同性別的兒童會有不同的期待。
2. 身心健康與外貌：不同的健康條件、不同的外貌美醜、不同的動機及抱負皆會影響兒童角色學習的能力及狀況。
3. 年齡：隨著年齡的增長，認知與學習能力也會加強，且在團體中扮演的角色也不相同，例如領導者及追隨者。

（二）影響兒童角色學習的家庭因素

1. 父母的管教態度與教養方式。
2. 父母的社經地位。
3. 兒童的出生序。
4. 家庭結構——大家庭、核心家庭、單親家庭等。

（三）影響兒童角色學習的學校與社會環境因素

1. 同儕：同儕之間的學習、模仿、競爭與合作。
2. 教育工作者的人格特質與教學：身教、言教及因教育觀點不同所形成的教學與班級經營方式。
3. 大眾傳播媒體：例如看電視時間的多寡、電視節目中角色的行為對兒童的影響。
4. 社會文化因素：各地的風俗習慣、政經制度、生活形態及價值觀等。

　　由此可知，除了學習環境對兒童學習興趣與熱誠有著相當的影響因素，如何讓兒童正確的發展運動技能是所有教育者應該重視的議題。兒童在正確的體能運動、技能與發展中，將關係到兒童身體成長、生理機能發展、情緒、智能和社交發展等，甚至心理上都會產生極大的影響，這些生命發展階段對兒童的

未來有著非常重要的角色。近年來，政府在各級學校提倡體適能活動，良好的運動習慣確實應由兒童開始，如何養成兒童對於參與體育活動的動機及達到積極動態的生活模式，是相當重要的歷程，尤其在成長的發展過程中，自我意識的學習是兒童最大的動機來源，藉由兒童對遊戲與運動所產生的動機，反覆的從事類似的遊戲與運動。遊戲與運動技能的提高則相對的對更高難度的遊戲與運動產生更高一層的需求，以藉此滿足兒童自我的滿足感及優越感。

二、教學策略

　　兒童體能課程是一種專精的遊戲，透過遊戲的方式有效的刺激生理、心理各方面的發展，同時了解、觀察、發現、探究、研究周遭的環境，學習身體的運動及動作技能，是最自然、最有效果、最能吸引兒童興趣的課程來達到最佳的正面幫助與刺激效果。另外「有組織的運動活動」是指有比賽規則的活動，且形式多樣，在兒童期此種遊戲形式很明顯不斷地在持續增強，且大部分活動都應具有組織性。運動，可促進個體身心均衡發展及健康狀態的維護，又是無壓力的方式進行活動，因此體能課程普遍受到各年齡層的歡迎，由此可見，課程設計中更應該再仔細規劃與實施。體能運動的實施，著重於「設計任何可以使兒童身體活動」的情境。所以，進行身體活動課程設計的體能活動教育工作者，必須是樂於活動肢體，善用安全且多元化的活動教材，巧妙運用生活經驗、時間、個人及全體空間，設計出依兒童需要、興趣轉移而定期變換，更彈性而有趣的身體活動教學實施方式。因此，身體動作領域課程實施過程中，體能活動教育工作者必須提供安全化、樂趣化、社會化、個別化、多樣化、競爭化、統整化的教學策略。下列七項普遍性的教學原則可供設計參考：

（一）安全化策略

　　「安全」是任何體能活動或教學課程中首要要求的重點，在體能運動的過程中，教師應積極注意客觀環境的安全要求，體能架構的兼顧性、尺度的適合

性、細部處理的周詳度及維修的頻率等都會影響體能空間的安全性。教學現場必須有提供安全保障的設施以及須避免影響安全的任何事物，這是一般常忽略的問題，但卻是攸關生命安全的問題。設計體能課程時每一個細節都必須考量周全，避免危險性的發生。另外，在師生主觀環境中也應對師生的身心狀況加強注意（彭文蓉，1997），對於不利於體能運動教學的狀況，應有輔導措施的設計。若發生意外事件時，也應有最快速的應變措施。下列四點供教師在教學時參考。

1. 協助兒童建立動作遊戲規則：隨意且自由的活動或遊戲，不表示兒童不需要規範。建立適當的活動規則，可避免擦、撞、碰、跌倒等意外的發生。

2. 協助建立個人與全體的身體活動空間概念：活動場地須事先準備且劃分界線，準備場地也是一種肢體活動設計，較大的活動場地，可用繩子或膠帶標示界線。

3. 提供兒童充足的體能遊戲時間：允許兒童配合課程以自己的興趣與身體活動方式參與活動，自由的在戶外奔跑、跳躍，或在室內進行類似體操或律動性的體能遊戲，每次約30至40分鐘。活動時間太短，無法有完整的暖身及和緩運動，容易造成運動傷害。

4. 維持活動安全，營造愉快自信的氛圍：活動時，盡可能在各類設備下方鋪設適當厚度的保護墊，以防墜落造成嚴重傷害；適時以具體且真誠的方式稱讚兒童，以提升肢體動作的自信。

（二）樂趣化策略

教學絕不等同於訓練，不需要過度刻板、機械、精準式的學習，所以教育工作者在課程設計上，可以考慮以兒童為中心，滿足兒童學習的慾望與樂趣。然而「樂趣化的體能運動教學其基礎應建立在以教育的理念來引導遊戲，以遊戲的方式創造知能的學習」的觀念（張維嶽，1998）；在這樣的認知下，體能活動教育工作者在活動設計時，對於技能學習的順序，可以稍作調整以維持兒童的高度學習興趣（江輝祺、陳麗萍，1998；莊美玲主編，1993）。

1. 運用挑戰策略，激發兒童動作潛能：正向挑戰能激發兒童的動作潛能，體能活動教育工作者可用「請想出四種讓球滾動的方法……」等引導，暗示兒童可以挑戰更高能力。

2. 激發兒童身體動作的想像力與創意性：拋除「最正確」或「最好」答案的觀點。引導兒童思考如何將球丟得更遠？如何將球彈跳得更高或低？

3. 變換組別或團隊合作，增加活動趣味性：藉兩人配搭、小組互動、班級團隊的合作性體能遊戲，並採用音樂節奏及故事扮演，增加活動的趣味性及與活動同儕相互支持。

4. 多樣教材與設備，以體驗各種身體動作：體能活動教育工作者應有計畫的使用固定性設備、自然性設備、可移動性教具、騎乘玩具、感統教具、體育運動器材以及創造性教具，同時配合體能活動空間的組構、設備或遊戲等應能引發兒童玩的興趣，讓兒童體驗各種移動性及操作性之身體動作。

（三）社會化策略

主要是應用Bandura的社會學習理論，透過提供學習典範或模仿對象的方式，增進兒童的學習成效。另一方面來看，因為增加兒童運動的機會，可以更深入了解以及促進兒童間的人際關係，並有效的分擔教師的部分工作。

（四）個別化策略

由於個別差異的問題，體能運動發展也因人而異，所以教育工作者在進行體能活動教學時，也應設計出多項個別指導的策略，以彌補教學過程中師生互動的不足。體能活動教育工作者在課程設計或教學過程中能夠加以運用，提供兒童更具深度的學習。下列的三種方法，可以讓老師在體能運動教學時，給予具備關照自我需求以及其有比較成熟思考能力的兒童一些指導：

1. 了解（understanding）：本項策略重點在於藉由了解兒童發展思考建立日後解決問題的能力，而使得讓兒童漸漸成為獨立的學習者（Goldman, S.

R. Williams, Sherwood, Hasselbring., 1999）。

2. 主動（initiative）：主動的意涵與Neide（2000）所提的Active-Learning
相同，表示兒童是在主動尋求的狀態（searching mode）而非被動接受
的狀態（reactive mode），所以不論是體能活動教育工作者交代的任務
（task）或者自我本身的需求（need），兒童均能透過主動的歷程，尋找
與創造解決的方案，並且不會認為是一種負擔。

3. 自我鍛鍊（self-pacing）：其主要是指兒童在經過一段學習歷程之後，能
夠向更高層次的技能做自我的調整與練習（周宏室，2001）。

（五）多樣化策略

課程中安排多樣化的教學策略，可免除兒童學習中覺得枯燥乏味而難以控
制秩序及學習成效，因此在活動安排時應妥善應用變化性、創造性、藝術性、
參與性融入活動中。

1. 變化性：活動的種類、設計的語彙及遊具的設計等應因地制宜，可利用不
同的手法達到相同活動的目的。

2. 創造性：體能場即是一種空間環境，它需要設計，設計就要有創造性的體
能空間，一個有創造性的體能空間，更能激發兒童的想像力和創作本能。

3. 藝術性：兒童體能活動不僅要好玩，也要好看，所謂「體能景觀」，指體
能空間的本身對環境景觀的影響很大，優美的體能場是可以增進景觀美
質。

4. 參與性：教育工作者在設計的過程中能引導兒童參與，將兒童的意念納入
設計中，或預留些空間給兒童做自己可以動手創作的東西，從參與中得到
營造遊戲環境的體驗是幼教學者強調的理念與原則。

（六）競爭化策略

有句話說「比較」和「計較」是最多信徒的兩大教派，競爭的策略

是應用兒童不服輸的個性,透過競爭論的「五種競爭力架構（five-forces framework）」（高登第、李明軒譯,2001）中與競爭對手的比較,藉以提升其學習動機,激發兒童更積極學習的態度與行為。競爭的另一個功能,就是可藉此轉化或超越兒童對學習新的或是自覺困難的體能動作時,可能產生莫名的恐懼,在轉移注意力與焦點的同時,逐步減低兒童對恐懼源頭的感受。

（七）統整化策略

1. 教學活動要統整:由於體能運動課程設計面向,除生活自理、衛生整潔、學習活動、運動與遊戲外,還包含團隊凝聚力與自信心的建立。而生活自理與學習能提高活動頻率,團隊凝聚力更是體能運動學習的要項,但大多分散在各學習領域中,若身體動作能強化主題統整的課程,不但讓兒童有機會了解各學習領域間的關聯,同時,讓兒童得到充分的活動機會,並獲得相對完整性的學習經驗。

2. 指導方法要統整:體能活動教育工作者在面對所謂的錯誤或不協調肢體動作時,必須尊重兒童的年齡發展及個別差異,提供多元的教學策略及調整方法,尊重兒童自我統整的修正步驟及調整風格。詳細說明正確與錯誤動作差異處,如單腳跳與雙腳跳有何不同、再度示範分解動作、延長觀摩時間、私下練習困難展現的肢體動作等各種方法,以降低兒童動作未完成的失敗或挫折感。

三、教學原則與方法

　　體能課程除了好的課程規劃、單元設計與活動實施外,在教學前盡可能運用教學原則與活動中的教學方法相互配合,才能有效的達成教學目標。而有效率的教育工作者,會根據兒童的需要修正其教學行為。然而特殊教學方式的運用,大多取決於兒童明確的動作發展、理解力、服從性及運動技術的學習,有效的運用各種教學方式將有助於兒童學習運動技能。

（一）教學原則

1. 準備原則：教學前要了解兒童能力、教材教法的編配應用，整理教學環境及示範動作的練習。教學時務必配合教學目標、學習內容，徹底實施暖身運動，激發兒童學習動機。

2. 安全原則：事先檢查器材、教具，教材難易的選擇。教法應用的適當，要考慮兒童的能力，勿使過度超負荷。

3. 興趣原則：教法、教具多所變化，配合兒童身心發展的需求，使能樂在其中，並積極、生動的學習。

4. 均等原則：教學資源的數量要充足，使兒童有均等使用的機會，保持其高度的學習活動力。

5. 回饋原則：回饋是教學活動的重要骨幹，目標的增刪、教法的選擇、設計的改進，都應根據訊息的回饋，教學中更應適時讓兒童了解自己表現的情況，優者給予嘉勉，劣者幫助改進修正。

6. 效果原則：效果是教與學的終極目的，不管何種教學方式，都應以效果為依歸。其中反覆練習是學習技能的最重要方法，但要變換反覆練習的方式，以免流於枯燥、呆板，影響學習效果。

（二）教學方法

　　教育工作者經常在面臨如何選取一套合適的教學法時，產生疑惑與混亂，經驗就是很好的實例，經過持續不斷的審慎評估，才是獲得成功的關鍵。許義雄譯（1997）在《兒童發展與身體教育》一書中提到：有些技術高超的教育工作者能透澈的精通各種教學方式，能透視學生需求與特定的課程目標，實際有效的應用各種教學法而游刃有餘。教學是一種學習而來的行為，所以也可以修改與變化。活動中教導兒童的同時，教育工作者也在教導的過程中進步，從兒童活動時的反應獲得經驗的累積。一般而言，教學方式多樣化，因教育工作者的人格、評價、價值觀；兒童的年齡、行為、興趣、軟硬體設施等，間接影響

教學方式的選擇。下列為兒童體能活動課程可採用的教育方法供參考。

1. 直接命令式教學法：屬於傳統式的教學法，以教育工作者為中心。利用簡短的解釋與技巧示範讓兒童模仿學習，兒童動作模仿後，被稱讚或指示出錯誤接著再進一步練習，直至完成適當的活動技巧。

2. 練習式教學法：教育工作者控制所要練習的內容及如何操作表現。解說與示範不同程度的動作，讓兒童依照自己的方式與能力練習指定的動作，幫助有困難的兒童從挑戰中不斷進步。

3. 可控性體育訓練法：在教育工作者的指導、控制下進行兒童活動能力的訓練，如指導兒童做體操、韻律操、牽手上下樓梯等，訓練兒童的活動能力，進行身體鍛鍊促進兒童生長發育。

4. 探索式教學法：給予廣泛的動作挑戰，教育工作者不示範、不給予詳細說明，並且不要求正確答案的各種問題。著重的焦點在於學習過程本身，而不是學習結果。

5. 引導式教學法：教育工作者提出各種動作挑戰，讓兒童自行尋求解決方法，允許兒童充分表達與創造。過程中限制兒童用何種方式來呈現某些動作，例如請兒童找出三種可以讓球彈高的方法。

6. 遊戲式教學法：遊戲是兒童特別喜歡的活動之一，運用遊戲具娛樂性、趣味性的特點，進行體能活動教學，選擇適當的遊戲則為重要，如數字遊戲、抓魚兒、抱球搶攤等。激發兒童潛在的肢體活動意願，提高參與積極性，並能滿足他們自由意志的表現。

7. 體育競賽教學法：在體育競賽當中，讓兒童去實踐運用合理的方法完成比賽，或教授其比賽的方法，使其在日常生活中選擇練習、比賽，此種方法即可豐富體育知識又可開發智力，對兒童發展具有不可估計的作用。

8. 情境教學法：有意識的設置體育環境，如多媒體、掛圖錄影等，讓孩子認識體育知識同時再到識字、學語說話的功能。

　　兒童體能是一種專精的遊戲，透過活動的方式去了解、觀察、發現、探究、研究周遭的環境，所以任何玩物最好都能帶給兒童正面的幫助。另外有組

織的運動活動指有比賽規則的活動且形式多樣，在兒童期此種遊戲形式很明顯不斷地在持續增強，大部分活動都是具有組織。在台灣，雖然在高度學科取向、升學競爭的教育制度之下，兒童在下課之餘也是最常參與此種運動競賽，而兒童普遍反映體育是他們最愛的課程之一。因此，在課程設計方面更應持續依照體能活動的特質設計與規劃出更具教育性、系統性、安全性、正確性、持續性、簡單易行性、多元樣式性、樂趣性、經濟性、冒險性、刺激性及複雜性，提高兒童對體能活動的熱愛度使其延續至成人，讓每個人都能擁有健康快樂的生活品質。

第二部分

兒童體能活動設計概念

第三章

穩定性技巧

穩定性技巧意指身體維持在一個定點，身體軀幹和四肢向四周做平衡或垂直的動作執行，穩定性技巧動作包括揮動、擺動、扭轉、旋轉、彎曲、捲曲、伸展、蹲、抖動、支撐。此種動作技能不需移動身體，又稱為非移動性技巧或靜態穩定性平衡。穩定性技巧活動設計可以與移動性技巧相互結合成為動態平衡，動態平衡是指在動態的活動空間中維持身體重心的平衡動作。常見的動作有閃躲物體、平衡木上移動或身體滾動等。本章只針對靜態的穩定性活動技巧做說明，動作解釋如下：

1. 揮動：指兒童能夠大幅度的揮舞手臂。
2. 擺動：指身體部位有節奏的前後左右來回移動。
3. 扭轉：指固定身體的支點，做有限度的轉動。
4. 旋轉：指兒童能以360度轉動各身體部位，轉動時腳的位置會做改變。
5. 彎曲：彎曲身體的各部位。
6. 捲曲：彎曲身體的各部位，將這些部位緊緊靠往身體。
7. 伸展：將身體各部位做水平或垂直的延伸。
8. 蹲：雙腿彎曲，身體向下沈。
9. 抖動：身體有節奏的前後來回震動。
10. 支撐：身體或手臂擔負重量時（揹著、抱著、提著、倒立）的平衡與支

撐。

　　雖然兒童的穩定性動作技能會自然發展，但仍須在活動設計上注意兒童所參與的活動種類及次數，以促進兒童熟練穩定性動作反應的均衡發展，並適時給予高層次動作技能練習及刺激感知的發展。然而，在活動指導中動作名稱及相關詞彙也能反覆練習，間接提升兒童技能認知、知覺發展。

　　由上述動作說明後發現，穩定性技巧與肌耐力是相關聯的，身體各部位肌肉的操控能力及持久度會影響動作的正確與優雅。換句話說，穩定性技巧的動作是否平穩、優美、動作執行是否如預期，都是與肌耐力占有相當大的關係。

　　穩定性技巧在活動設計上有目的配合：(1)身體概念：感知、覺知、認知；(2)努力層級：流暢、力量、時間；(3)空間概念：方向、層次、範圍；(4)關係層級：與人、與物。四個領域的基礎動作概念，讓兒童了解身體在從事動作時的變化，除啟發兒童對穩定性技巧的動作概念外，也讓身體的活動達到有效學習。

一、活動性主題：揮動、擺動　

（一）教學目標

1. 認知領域
(1) 能明瞭揮動、擺動的動作技能。
(2) 能說出揮動、擺動的動作技能。

2. 技能領域
(1) 能做出正確的揮動、擺動動作。
(2) 能藉由簡單的揮動、擺動在遊戲中做出順暢的協調動作。

3. 情意領域
(1) 能選擇合適的活動地點，進行揮動、擺動的活動。
(2) 能遵守遊戲規則，不做惡劣行為影響他人，並樂於參與。

（二）學習活動

		揮動的動作概念	擺動的動作概念
努力	力量	單次、多次、連續揮動 用力、不用力揮動	單次、多次、連續擺動 用力、不用力擺動
	時間	慢、快的揮動動作 揮動的頻率逐漸由慢加快 揮動的頻率逐漸由快變慢 轉換快慢的節奏揮動	慢、快的擺動動作 擺動的頻率逐漸由慢加快 擺動的頻率逐漸由快變慢 轉換快慢的節奏擺動
	流暢	身體僵硬的揮動 身體柔軟的揮動 站立、躺著揮動 單邊僵硬、一邊柔軟的揮動	身體僵硬的擺動 身體柔軟的擺動 站立、躺著擺動 單邊僵硬、一邊柔軟的擺動
空間	層級	高、中、低層級的揮動 不同層級迅速或緩慢的揮動 不同層級平穩或不平穩的揮動	高、中、低層級的擺動 不同層級迅速或緩慢的擺動 不同層級平穩或不平穩的擺動
	方向	在身體前、後方揮動 在身體左、右方揮動 在身體上、下方揮動 隨哨音變換揮動方向	在身體前、後方擺動 在身體左、右方擺動 在身體上、下方擺動 隨哨音變換擺動方向
	範圍	在原地的空間揮動 雙臂小範圍的揮動 雙臂大範圍的揮動	在原地的空間擺動 雙臂小範圍的擺動 雙臂大範圍的擺動
關係	物體	手持各種樂器揮動 手持各材質物體揮動 手持各種形狀物體揮動	手持各種樂器擺動 手持各材質物體擺動 手持各種形狀物體擺動
	同伴	與同伴同速度一起揮動 與同伴面對面一起揮動 與同伴並排躺著、站著一起揮動 隨意揮動，但不碰觸任何人	與同伴同速度一起擺動 與同伴面對面一起擺動 與同伴並排躺著、站著一起擺動 隨意擺動，但不碰觸任何人

資料來源：自行整理

二、活動性主題：扭轉、旋轉

（一）教學目標

1. 認知領域

   (1) 能明瞭扭轉、旋轉的動作技能。

   (2) 能說出扭轉、旋轉的動作技能。

2. 技能領域

   (1) 能做出正確的扭轉、旋轉動作。

   (2) 能藉由簡單的扭轉、旋轉在遊戲中做出順暢的協調動作。

3. 情意領域

   (1) 能選擇合適的活動地點，進行扭轉、旋轉的活動。

   (2) 能遵守遊戲規則，不做惡劣行為影響他人，並樂於參與。

（二）學習活動

<table>
<tr><td colspan="2"></td><td>扭轉的動作概念</td><td>旋轉的動作概念</td></tr>
<tr><td rowspan="9">努力</td><td rowspan="3">力量</td><td>單次、多次扭轉</td><td>單次、多次旋轉</td></tr>
<tr><td>同力量、小角度連續扭轉</td><td>同力量、小角度連續旋轉</td></tr>
<tr><td>同力量、大角度連續扭轉</td><td>同力量、大角度連續旋轉</td></tr>
<tr><td rowspan="3">時間</td><td>慢速扭轉至極限動作</td><td>慢、中速重複旋轉動作</td></tr>
<tr><td>扭轉後維持時間的長、短</td><td>旋轉的頻率逐漸由慢加快</td></tr>
<tr><td>身體快速扭轉去拿後方物品
身體慢速扭轉去拿後方物品</td><td>旋轉的頻率逐漸由快變慢
轉換快慢節奏的方式旋轉</td></tr>
<tr><td rowspan="3">流暢</td><td>站姿、坐姿、躺姿扭轉</td><td>站姿、坐姿、躺姿旋轉</td></tr>
<tr><td>上肢、下肢扭轉</td><td>上肢、下肢旋轉</td></tr>
<tr><td>單手手指關節、手腕扭轉</td><td>腕、肘、腰、膝、踝關節的旋轉</td></tr>
</table>

		扭轉的動作概念	旋轉的動作概念
空間	層級	高、中、低層級的扭轉 不同層級迅速或緩慢的扭轉 不同層級平穩或不平穩的扭轉	高、中、低層級的旋轉 不同層級迅速或緩慢的旋轉 不同層級平穩或不平穩的旋轉
空間	方向	雙手手指關節、手腕扭轉 雙手同方向、不同方向手腕扭轉 上肢、下肢不同方向扭轉 隨音樂節奏變換扭轉方向	肢體呈前、後方向旋轉 肢體呈左、右方向旋轉 配合不同聲音改變旋轉方向
空間	範圍	在原地的空間扭轉 肩、手、腰、腿小範圍的扭轉 肩、手、腰、腿大範圍的扭轉	在原地的空間旋轉 肩、手、腰、腿小範圍的旋轉 肩、手、腰、腿大範圍的旋轉
關係	物體	手扶各材質物體扭轉 手持各種形狀物體扭轉 身體包裹各材質物體扭轉	手扶各材質物體旋轉 手持各種形狀物體旋轉 身體包裹各材質物體旋轉
關係	同伴	與同伴同速度一起扭轉 與同伴面對面不同方向一起扭轉 與同伴面對面同方向一起扭轉 隨意扭轉，但不碰觸任何人	與同伴同速度一起旋轉 與同伴面對面不同方向一起旋轉 與同伴面對面同方向一起旋轉 隨意旋轉，但不碰觸任何人

資料來源：自行整理

三、活動性主題：彎曲、捲曲

（一）教學目標

1. 認知領域

(1) 能明瞭彎曲、捲曲的動作技能。

(2) 能說出彎曲、捲曲的動作技能。

2. 技能領域

(1) 能做出正確的彎曲、捲曲動作。

(2) 能藉由簡單的彎曲、捲曲動作在遊戲中做出順暢的協調動作。

3. **情意領域**

(1) 能選擇合適的活動地點，進行彎曲、捲曲的活動。

(2) 能遵守遊戲規則，不做惡劣行為影響他人，並樂於參與。

（二）學習活動

<table>
<tr><td colspan="2"></td><td>彎曲的動作概念活動</td><td>捲曲的動作概念活動</td></tr>
<tr><td rowspan="9">努力</td><td rowspan="3">力量</td><td>單次、多次、連續做彎曲動作</td><td>單次、多次、連續做捲曲動作</td></tr>
<tr><td>同力量、小角度連續做彎曲動作</td><td>同力量、小角度連續做捲曲動作</td></tr>
<tr><td>同力量、大角度連續做彎曲動作</td><td>同力量、大角度連續做捲曲動作</td></tr>
<tr><td rowspan="4">時間</td><td>慢速彎曲至極限動作</td><td>慢、中速重複捲曲動作</td></tr>
<tr><td>彎曲後維持時間的長、短</td><td>捲曲的頻率逐漸由慢加快</td></tr>
<tr><td>身體快速彎曲去拿後方物品</td><td>捲曲的頻率逐漸由快變慢</td></tr>
<tr><td>身體慢速彎曲去拿後方物品</td><td>轉換快慢節奏的方式捲曲</td></tr>
<tr><td rowspan="2">流暢</td><td>站姿、坐姿、躺姿彎曲</td><td>站姿、坐姿、躺姿捲曲</td></tr>
<tr><td>上肢、下肢彎曲
單手手指關節、手腕彎曲</td><td>上肢、下肢捲曲
腕、肘、腰、膝、踝關節的捲曲</td></tr>
<tr><td rowspan="6">空間</td><td rowspan="3">層級</td><td>高、中、低層級的彎曲</td><td>高、中、低層級的捲曲</td></tr>
<tr><td>不同層級迅速或緩慢的彎曲</td><td>不同層級迅速或緩慢的捲曲</td></tr>
<tr><td>不同層級平穩或不平穩的彎曲</td><td>不同層級平穩或不平穩的捲曲</td></tr>
<tr><td rowspan="2">方向</td><td>雙手手指關節、手腕彎曲
雙手同方向、不同方向手腕彎曲</td><td>肢體向前方向捲曲至最小
肢體向左、右方向捲曲至最小</td></tr>
<tr><td>上肢、下肢不同方向彎曲
隨音樂節奏變換彎曲方向</td><td>配合不同聲音改變捲曲方向</td></tr>
<tr><td>範圍</td><td>在原地的空間彎曲
肩、手、腰、腿小範圍的彎曲
肩、手、腰、腿大範圍的彎曲</td><td>在原地的空間捲曲
肩、手、腰、腿小範圍的捲曲
肩、手、腰、腿大範圍的捲曲</td></tr>
</table>

		彎曲的動作概念活動	捲曲的動作概念活動
關係	物體	手腳配合各種形狀物體彎曲 身體包裹各材質物體彎曲	手腳配合各種形狀物體捲曲 身體包裹各材質物體捲曲
	同伴	與同伴同速度一起彎曲 與同伴面對面不同方向一起彎曲 與同伴面對面同方向一起彎曲 隨意彎曲，但不碰觸任何人	與同伴同速度一起捲曲 與同伴面對面不同方向一起捲曲 與同伴面對面同方向一起捲曲 隨意捲曲，但不碰觸任何人

四、活動性主題：伸展

（一）教學目標

1. 認知領域

(1) 能明瞭伸展的動作技能。

(2) 能說出伸展的動作技能。

2. 技能領域

(1) 能做出正確的伸展動作。

(2) 能藉由簡單的伸展動作在遊戲中做出順暢的協調動作。

3. 情意領域

(1) 能選擇合適的活動地點，進行伸展的活動。

(2) 能遵守遊戲規則，不做惡劣行為影響他人，並樂於參與。

（二）學習活動

伸展的動作概念活動		
努力	力量	同力量、小角度連續做伸展動作 同力量、大角度連續做伸展動作
	時間	慢速伸展至極限動作 伸展後維持時間的長、短 身體慢速伸展去拿前、後方物品
	流暢	站姿、坐姿伸展 肢體正、反面左邊、右邊伸展 上肢、下肢伸展 單手手指關節、手掌、手腕伸展
空間	層級	高、中、低層級的伸展 不同層級緩慢的伸展 不同層級平穩的伸展
	方向	肢體向前、後方向伸展至極限 肢體向左、右方向伸展至極限 肢體向上、彎曲方向伸展至極限
	範圍	在原地的空間伸展 肩、手、腰、腿伸展呈大範圍
關係	物體	手持物體協助肢體做伸展 手扶物體協助肢體做伸展 身體包裹各材質物體伸展
	同伴	與同伴同相互協助做伸展 與同伴面對面同方向一起伸展 與同伴背對背不同方向一起伸展 隨意伸展，但不碰觸任何人

五、活動性主題：蹲

（一）教學目標

1. 認知領域

   (1) 能明瞭蹲的動作技能。

   (2) 能說出蹲的動作技能。

2. 技能領域

   (1) 能做出正確的蹲動作。

   (2) 能藉由簡單的蹲動作在遊戲中做出順暢的協調動作。

3. 情意領域

   (1) 能選擇合適的活動地點，進行蹲的活動。

   (2) 能遵守遊戲規則，不做惡劣行為影響他人，並樂於參與。

（二）學習活動

蹲的動作概念活動		
努力	力量	單次、多次、連續做蹲的動作 用力、不用力做蹲的動作 同力量、小角度連續做蹲的動作 同力量、大角度連續做蹲的動作
	時間	慢、中速重複做蹲的動作 蹲的頻率逐漸由慢加快 蹲的頻率逐漸由快變慢 轉換快慢節奏的方式蹲
	流暢	軀幹僵硬、柔軟做蹲的動作 雙手插腰、貼住身體做蹲的動作

蹲的動作概念活動		
空間	層級	設定高、中、低層級的蹲 不同層級迅速或緩慢的蹲 不同層級平穩或不平穩的蹲
	方向	肢體微向前、後方向的蹲 配合不同聲音改變蹲的方向
	範圍	在原地的空間蹲 在大、小空間做蹲的動作
關係	物體	手持形狀大、小、長、短物體的蹲 手扶物體協助肢體做蹲 身體包裹各材質物體的蹲
	同伴	模仿同伴蹲的動作 與同伴同速度一起做蹲的動作 與同伴面對面同和不同方向一起蹲 配合音樂隨意走動後蹲下，但不碰觸任何人

六、活動性主題：抖動

（一）教學目標

1. 認知領域

(1) 能明瞭抖動的動作技能。

(2) 能說出抖動的動作技能。

2. 技能領域

(1) 能做出正確的抖動動作。

(2) 能藉由簡單的抖動動作在遊戲中做出順暢的協調動作。

3. 情意領域

(1) 能選擇合適的活動地點，進行抖動的活動。

(2) 能遵守遊戲規則，不做惡劣行為影響他人，並樂於參與。

（二）學習活動

抖動的動作概念活動		
努力	力量	單次、多次、連續抖動的動作 用力、不用力抖動的動作 維持手臂伸直、彎曲抖動的動作
	時間	快、慢的抖動動作 抖動的頻率逐漸由慢加快 抖動的頻率逐漸由快變慢 限定時間內，抖動次數多、少 轉換快慢的節奏抖動
	流暢	軀幹僵硬、柔軟的抖動 雙手僵硬、柔軟的抖動 雙手、單手的抖動動作 雙腳、單腳的抖動動作 腿部站立、微蹲、移動、不移動做抖動的動作
空間	層級	高、中、低層級的抖動 不同層級迅速或緩慢的抖動 不同層級平穩或不平穩的抖動 坐著、跪著、躺著的抖動
	方向	雙手、單手在身體前、後方抖動 雙手、單手在身體左、右方抖動 雙手、單手在身體上、下方抖動 雙腳、單腳在身體前、後方抖動 雙腳、單腳在身體左、右方抖動 雙腳、單腳在身體上、下方抖動 隨音樂節奏變換抖動方向
	範圍	在原地的空間抖動 雙臂大、小範圍的抖動 雙手同時左、右、上、下交換的抖動 雙手分開做左、右、上、下交換的抖動

抖動的動作概念活動		
關係	物體	配合物體形狀大、小的抖動
		配合物體材質軟、硬的抖動
		配合物體質量輕、重的抖動
	同伴	與同伴同速度一起抖動
		與同伴面對面一起抖動
		與同伴並排躺著、站著一起抖動
		隨意抖動，但不碰觸任何人

七、活動性主題：支撐

（一）教學目標

1. 認知領域

(1) 能明瞭支撐的動作技能。

(2) 能說出支撐的動作技能。

2. 技能領域

(1) 能做出正確的支撐動作。

(2) 能藉由簡單的支撐動作在遊戲中做出順暢的協調動作。

3. 情意領域

(1) 能選擇合適的活動地點，進行支撐的活動。

(2) 能遵守遊戲規則，不做惡劣行為影響他人，並樂於參與。

（二）學習活動

支撐的動作概念活動		
努力	力量	雙手、單手支撐的動作 用力、不用力支撐的動作 維持手臂伸直、彎曲支撐的動作
	時間	快、慢速的支撐起身體的動作 支撐的時間逐漸由短變長 限定時間內，支撐與放鬆次數多、少 轉換快慢的節奏支撐起身體的動作
	流暢	軀幹僵硬、柔軟的支撐 雙手僵硬、柔軟的支撐 單手僵硬、柔軟的支撐 腿部伸直、微蹲的支撐動作 右手、左手、左右手互換的支撐動作
空間	層級	角度的高、中、低層級支撐動作 不同層級迅速或緩慢的支撐 不同層級雙手、單手的支撐 趴著、跪著的支撐
	方向	雙手在身體前、後方支撐 單手在身體前、右前、左前、右後、左後方支撐 隨音樂變換支撐方向 身體呈直線、彎曲的支撐動作
	範圍	在原地的空間支撐 在大、小空間做支撐動作
關係	物體	配合物體形狀大、小的支撐 配合物體材質軟、硬的支撐 配合物體質量輕、重的支撐
	同伴	與同伴面對面相互支撐 與同伴雙手、單手做支撐動作 扶著同伴身體各部位做支撐

第四章

移動性技巧

　　移動性技巧是指身體在空間中用水平或垂直的方法,由一定點移動到另一定點的轉移動作,是兒童於穿越空間的技能(尚憶薇,2008;楊聯琦,1994)。移動性技巧包含:翻滾、走路、跑步、墊步跑、雙足跳躍、單足跳躍、踏跳、跨跳、前併步、後併步、側併步、滑步、攀爬。移動性技巧動作解釋如下:

1. 翻滾:身體躺於地面向左、右翻動;捲曲身體的部位向前、後滾動。
2. 走路:雙腳交替跨步前進或後退,雙臂配合腳步擺動。
3. 跑步:雙腳交替跨步前進或後退時,雙腳會短暫離開地面,雙臂配合腳步擺動。
4. 墊步跑:墊著腳尖用腳趾頭跑。
5. 雙足跳躍:能以雙腳起跳,將身體向上帶動,並且雙腳著地的動作。
6. 單足跳躍:能以單腳起跳,將身體向上帶動,並以同隻腳落地的動作。
7. 踏跳:先由前導腳做一次步行的動作,再接著做一次單腳跳的動作,如此有節奏地交替而行。
8. 跨跳:能將身體向上提起,完成向前跨越的動作,空中停留的時間比跑步時腳踩在地上的時間要長。
9. 前、後併步:用同一隻前導腳,以後腳尖接續前腳跟的方式,依序的向前

移動。後併步方向改變外，步伐亦同。

10. 側併步：身體面向側面，以拖曳腳接續前導腳的方式，向左或向右移動。

11. 滑步：雙膝微彎，前導腳往前外側移動時，重心先置於另一腳上，當前導腳著地後，再將重心轉移至前導腳，左右腳與重心持續互換動作。

12. 攀爬：同時運用手與腳，爬上有高度的物體。

由上述動作說明後發現，移動性技巧與協調性是相關聯的，身體的各部分動作時間的配合，以產生正確、和諧與優雅的身體活動，是協調能力最好的解釋。換句話說，移動性技巧的動作是否優美、順暢，身體移動的定點是否如預期的位置，都是與協調性占有相當大的關係。

移動性技巧在活動設計上有目的配合：(1)身體概念：感知、覺知、認知；(2)努力層級：流暢、力量、時間；(3)空間概念：方向、層次、範圍；(4)關係層級：與人、與物。四個領域的基礎動作概念，讓兒童了解身體在從事動作時的變化，除啟發兒童對移動性技巧的動作概念外，也讓身體的活動達到有效學習。

一、活動性主題：翻滾

（一）教學目標

1. 認知領域

   (1) 能明瞭翻動（側滾翻）、滾動（前滾翻、後滾翻）的動作技能。

   (2) 能說出翻動（側滾翻）、滾動（前滾翻、後滾翻）的動作技能。

2. 技能領域

   (1) 能做出正確的翻動（側滾翻）、滾動（前滾翻、後滾翻）動作。

   (2) 能藉由簡單的翻動（側滾翻）、滾動（前滾翻、後滾翻）動作在遊戲中做出順暢的協調動作。

3. 情意領域

(1) 能選擇合適的活動地點,進行翻動(側滾翻)、滾動(前滾翻、後滾翻)的活動。

(2) 遵守遊戲規則,不做惡劣行為影響他人,並樂於參與。

(二)學習活動

		翻動的動作概念	滾動的動作概念
努力	力量	單次、多次翻動 連續翻動 用力翻動	單次、多次滾動 連續滾動 用力滾動
	時間	盡可能翻動越快越好 盡可能翻動越慢越好 慢慢翻動漸漸進入快快翻動 轉換快慢的節奏翻動	盡可能滾動越快越好 盡可能滾動越慢越好 慢慢滾動漸漸進入快快滾動 轉換快慢的節奏滾動
	流暢	身體僵硬的翻動 身體柔軟的翻動 雙手貼身體翻動 雙手上舉貼耳翻動	身體僵硬的滾動 身體柔軟的滾動 雙手貼身體滾動 雙掌貼耳滾動
空間	層級	高、中、低層級的翻動 不同層級迅速或緩慢的翻動 不同層級平穩或不平穩的翻動	高、中、低層級的滾動 不同層級迅速或緩慢的滾動 不同層級平穩或不平穩的滾動
	方向	向左、右翻動 直線、彎曲翻動 側邊、斜邊翻動	向前、後滾動 向左、右滾動 直線、彎曲滾動 側邊、斜邊滾動
	範圍	在原地的空間翻動 大、小範圍的翻動 遠距離翻動次數越多、越少越好 近距離翻動次數越多、越少越好	在原地的空間滾動 大、小範圍的滾動 遠距離滾動次數越多、越少越好 近距離滾動次數越多、越少越好

		翻動的動作概念	滾動的動作概念
關係	物體	順著路線翻動 翻動繞過各材質、形狀障礙物 裹著各材質衣物翻動	順著路線滾動 滾動繞過各材質、形狀障礙物 裹著各材質衣物滾動
	同伴	與同伴同速度一起翻動 與同伴雙手伸直牽著翻動 與同伴並排躺著一起翻動 隨意翻動，但不碰觸任何人	與同伴同速度一起滾動 與同伴並排一起滾動 隨意滾動，但不碰觸任何人

資料來源：自行整理

二、活動性主題：走路、跑步、墊步跑

（一）教學目標

1. 認知領域

(1) 能明瞭走路、跑步、墊步跑的動作技能。

(2) 能說出走路、跑步、墊步跑的動作技能。

2. 技能領域

(1) 能做出正確的走路、跑步、墊步跑動作。

(2) 能藉由簡單的走路、跑步、墊步跑動作在遊戲中做出順暢的協調動作。

3. 情意領域

(1) 能選擇合適的活動地點，進行走路、跑步、墊步跑的活動。

(2) 能遵守遊戲規則，不做惡劣行為影響他人，並樂於參與。

（二）學習活動

走路、跑步、墊步跑的動作概念		
努力	力量	用腳尖走路、跑步、墊步跑 膝蓋伸直腳走路、跑步、墊步跑 用輕或重的方式走路、跑步、墊步跑 身體僵硬或柔軟的方式走路、跑步、墊步跑
	時間	走路、跑步、墊步跑，且越快越好 走路、跑步、墊步跑，且越慢越好 由慢的方式走路、跑步、墊步跑，逐漸加快 由快的方式走路、跑步、墊步跑，逐漸緩慢 用快慢穿插的方式轉換走路、跑步、墊步跑的節奏
	流暢	用平穩的方式走路、跑步、墊步跑 用速度不一的方式走路、跑步、墊步跑 腿部固定雙手擺動的走路、跑步、墊步跑 雙手固定腿部擺動的走路、跑步、墊步跑
空間	層級	高、中、低層級的方式走路、跑步、墊步跑 不同層級迅速或緩慢的方式走路、跑步、墊步跑 不同層級平穩或不平穩的方式走路、跑步、墊步跑
	方向	身體正面向前、後、左、右的方式走路、跑步、墊步跑 身體正面向斜前、斜後的方式走路、跑步、墊步跑 直線、彎曲、M、N、S、Z字型的方向轉換走路、跑步、墊步跑
	範圍	在原地的空間走路、跑步、墊步跑 大、小範圍的空間走路、跑步、墊步跑 以大步走路、跑步、墊步跑的方式，且越遠、越近越好 以小步走路、跑步、墊步跑的方式，且越遠、越近越好 利用大、小範圍的方式做極大步走路、跑步、墊步跑 利用大、小範圍的方式做極小步走路、跑步、墊步跑
關係	物體	在線上、線外的走路、跑步、墊步跑 以繞過、穿越障礙物的方式走路、跑步、墊步跑 配合音樂節奏快（輕）、慢（重）的方式走路、跑步、墊步跑
	同伴	跑在同伴前、後、左、右邊 與同伴同速度、不同速度的方式一起走路、跑步、墊步跑 與同伴同方向、反方向的方式走路、跑步、墊步跑 與同伴走路、跑步、墊步跑在不同形狀的線上 與同伴牽手、搭肩一起走路、跑步、墊步跑 與同伴手交錯牽在身體的前、後、左、右，走路、跑步、墊步跑 隨意走路、跑步、墊步跑，但不碰觸任何人

三、活動性主題：雙足跳躍

（一）教學目標

1. 認知領域

(1) 能明瞭雙足跳躍的動作技能。

(2) 能說出雙足跳躍的動作技能。

2. 技能領域

(1) 能做出正確的雙足跳躍動作。

(2) 能藉由簡單的雙足跳躍動作在遊戲中做出順暢的協調動作。

3. 情意領域

(1) 能選擇合適的活動地點，進行雙足跳躍的活動。

(2) 能遵守遊戲規則，不做惡劣行為影響他人，並樂於參與。

（二）學習活動

雙足跳躍的動作概念活動		
努力	力量	輕、重落地，落地時發出或不發出聲音 用輕或重的轉換方式落地 用力擺動或輕微擺動雙手的方式跳躍 雙手側平舉、向上伸直的方式跳躍
	時間	雙足跳躍讓身體待在空中的時間久、短 雙足跳躍的頻率逐漸變快、慢 用快、慢穿插的方式轉換雙足跳躍的節奏 不同層級迅速或緩慢的方式雙足跳躍 不同層級平穩或不平穩的方式雙足跳躍
	流暢	定點向上、前、後、左、右的方式跳躍 雙腳伸直、彎曲的方式跳躍 雙腳合併、分開的方式跳躍 雙手、單手伸直貼著腿的方式跳躍 雙手、單手伸直擺動或不擺動雙手的方式跳躍

雙足跳躍的動作概念活動		
空間	層級	高、中、低層級的雙足跳躍動作 雙足跳起後，後腳跟彎曲的高、中、低層級 改變高、中、低層級交錯轉換的雙足跳躍
	方向	身體正面向上、前、後、左、右的方式雙足跳躍 身體正面向斜前、斜後的方式雙足跳躍 直線、彎曲、M、N、S、Z字型不同方向轉換的方式雙足跳躍
	範圍	在原地的空間雙足跳躍 大、小範圍的空間雙足跳躍 以大步雙足跳躍的方式，且越遠、越近越好 以小步雙足跳躍的方式，且越遠、越近越好 利用大、小範圍的方式做極大步雙足跳躍 利用大、小範圍的方式做極小步雙足跳躍 利用遠、近距離的方式雙足跳躍落在大範圍 利用遠、近距離的方式雙足跳躍落在小範圍
關係	物體	在線上、線外雙足跳躍 以繞過、穿越、跳越障礙物方式的雙足跳躍 配合圖案間隔距離大、小方式的雙足跳躍 配合音樂節奏快（輕）、慢（重）的方式下雙足跳躍
	同伴	雙足跳躍在同伴前、後、左、右邊 與同伴同速度、不同速度的方式一起雙足跳躍 與同伴同方向、反方向的方式雙足跳躍 與同伴雙足跳躍在不同形狀的線上 與同伴牽手、搭肩的方式一起雙足跳躍 與同伴面對面，掌對掌的方式雙足跳躍 與同伴手交錯牽在身體的前、後、左、右的方式雙足跳躍 隨意雙足跳躍，但不碰觸任何人

四、活動性主題：單足跳躍

（一）教學目標

1. 認知領域

(1) 能明瞭單足跳躍的動作技能。

(2) 能說出單足跳躍的動作技能。

2. 技能領域

(1) 能做出正確的單足跳躍動作。

(2) 能藉由簡單的單足跳躍動作在遊戲中做出順暢的協調動作。

3. 情意領域

(1) 能選擇合適的活動地點，進行單足跳躍的活動。

(2) 能遵守遊戲規則，不做惡劣行為影響他人，並樂於參與。

（二）學習活動

單足跳躍的動作概念活動		
努力	力量	單次、多次連續的單足跳躍的動作 單足跳躍的動作在落地時發出或不發出聲音方式 用輕、重的落地方式交互轉換的單足跳躍的動作 左、右腳轉換的單足跳躍的動作
	時間	單足跳躍的動作逐漸變輕、重 單足跳躍的頻率逐漸變快、慢 用快、慢穿插的方式轉換單足跳躍的節奏
	流暢	定點向上、前、後、左、右的方式單足跳躍 單足伸直、彎曲的方式跳躍 雙手伸直貼著腿、放胸前的方式單足跳躍 同節拍與不同節拍左、右腳交互轉換的方式單足跳躍

單足跳躍的動作概念活動		
空間	層級	高、中、低層級的單足跳躍 改變高、中、低層級交錯轉換的單足跳躍 不同層級迅速或緩慢的方式單足跳躍
	方向	身體正面向上、前、後、左、右的方式單足跳躍 身體正面向斜前、斜後的方式單足跳躍 直線、彎曲、M、N、S、Z字型不同方向轉換的方式單足跳躍
	範圍	在原地的空間單足跳躍 大、小範圍的空間單足跳躍 以大步單足跳躍的方式，且越遠、越近越好 以小步單足跳躍的方式，且越遠、越近越好 利用大、小範圍的方式做極大步單足跳躍 利用大、小範圍的方式做極小步單足跳躍 利用遠、近距離的方式單足跳躍落在大範圍 利用遠、近距離的方式單足跳躍落在小範圍
關係	物體	在線上單足跳躍 以繞過、穿越、跳越障礙物方式的單足跳躍 配合圖案間隔距離大、小方式的單足跳躍 配合音樂節奏快（輕）、慢（重）的方式下單足跳躍
	同伴	與同伴同速度、不同速度的方式一起單足跳躍 與同伴單足跳躍在不同形狀的線上 與同伴牽手、搭肩的方式一起單足跳躍 與同伴面對面，掌對掌的方式單足跳躍 隨意單足跳躍，但不碰觸任何人

五、活動性主題：踏跳

（一）教學目標

1. 認知領域

 (1) 能明瞭踏跳的動作技能。

 (2) 能說出踏跳的動作技能。

2. 技能領域

 (1) 能做出正確的踏跳動作。

 (2) 能藉由簡單的踏跳動作在遊戲中做出順暢的協調動作。

3. 情意領域

 (1) 能選擇合適的活動地點，進行踏跳的活動。

 (2) 能遵守遊戲規則，不做惡劣行為影響他人，並樂於參與。

（二）學習活動

踏跳的動作概念活動		
努力	力量	單次、多次連續的踏跳動作 踏跳的動作在落地時發出或不發出聲音方式 用輕、重的落地方式交互轉換的踏跳動作 左、右邊轉換的踏跳動作
	時間	踏跳的動作逐漸變輕、重 踏跳的頻率逐漸變快、慢 用快、慢穿插的方式轉換踏跳的節奏
	流暢	定點向上、前、後、左、右的方式踏跳 雙手伸直貼著腿、放胸前的方式踏跳 同節拍與不同節拍左、右腳交互轉換的方式踏跳

踏跳的動作概念活動		
空間	層級	高、中、低層級的踏跳 改變高、中、低層級交錯轉換的踏跳 不同層級迅速或緩慢的方式踏跳
	方向	身體正面向上、前、後、左、右的方式踏跳 身體正面向斜前、斜後的方式踏跳 直線、彎曲、M、N、S、Z字型不同方向轉換的方式踏跳
	範圍	在原地的空間踏跳 大、小範圍的空間踏跳 以大步踏跳的方式，且越遠、越近越好 以小步踏跳的方式，且越遠、越近越好 利用大、小範圍的方式做極大步踏跳 利用大、小範圍的方式做極小步踏跳 利用遠、近距離的方式踏跳落在大範圍 利用遠、近距離的方式踏跳落在小範圍
關係	物體	在線上踏跳 以繞過、穿越、跳越障礙物方式的踏跳 圖案配合間隔距離大、小方式的踏跳 配合音樂節奏快（輕）、慢（重）的方式下踏跳
	同伴	與同伴同速度、不同速度的方式一起踏跳 與同伴同節奏、不同節奏的方式一起踏跳 與同伴踏跳在不同形狀的線上 與同伴牽手、搭肩的方式一起踏跳 與同伴面對面的方式一起踏跳 隨意踏跳，但不碰觸任何人

六、活動性主題：滑步

（一）教學目標

1. 認知領域

(1) 能明瞭滑步的動作技能。

(2) 能說出滑步的動作技能。

2. 技能領域

(1) 能做出正確的滑步動作。

(2) 能藉由簡單的滑步動作在遊戲中做出順暢的協調動作。

3. 情意領域

(1) 能選擇合適的活動地點，進行滑步的活動。

(2) 能遵守遊戲規則，不做惡劣行為影響他人，並樂於參與。

（二）學習活動

		滑步的動作概念活動
努力	力量	單次、多次連續的滑步動作 用輕、重的落地方式交互轉換的滑步動作 左、右邊轉換的滑步動作
	時間	滑步的頻率逐漸變快、慢 用快、慢穿插的方式轉換滑步的節奏
	流暢	雙腳伸直僵硬、柔軟的滑步 身體伸直、前彎的滑步 雙手伸直貼著腿、放胸前方式的滑步 定點向前、後、左、右方式的滑步 同節拍與不同節拍左、右腳交互轉換的方式滑步

滑步的動作概念活動		
空間	層級	高、中、低層級的滑步 改變滑步躍起的高、中、低層級交錯轉換 不同層級迅速或緩慢的方式滑步
	方向	身體正面向前、左、右的方式滑步 身體正面向斜前、斜後的方式滑步 直線、彎曲、Ｍ、Ｎ、Ｓ、Ｚ字型不同方向轉換的方式滑步
	範圍	大、小範圍的空間滑步 以大步滑步的方式，且越遠、越近越好 以小步滑步的方式，且越遠、越近越好 利用大、小範圍的方式做極大步滑步 利用大、小範圍的方式做極小步滑步 利用遠、近距離的方式滑步落在大範圍 利用遠、近距離的方式滑步落在小範圍
關係	物體	以繞過、穿越、跳越障礙物方式的滑步 配合間隔距離大、小方式的滑步 配合音樂節奏快（輕）、慢（重）的方式下滑步
	同伴	與同伴同速度、不同速度的方式一起滑步 與同伴同節奏、不同節奏的方式一起滑步 與同伴滑步在不同形狀的線上 與同伴牽手、搭肩的方式一起滑步 隨意滑步，但不碰觸任何人

七、活動性主題：跨跳

（一）教學目標

1. 認知領域

(1) 能明瞭跨跳的動作技能。

(2) 能說出跨跳的動作技能。

2. **技能領域**

(1) 能做出正確的跨跳動作。

(2) 能藉由簡單的跨跳動作在遊戲中做出順暢的協調動作。

3. **情意領域**

(1) 能選擇合適的活動地點,進行跨跳的活動。

(2) 能遵守遊戲規則,不做惡劣行為影響他人,並樂於參與。

（二）學習活動

跨跳的動作概念活動		
努力	力量	單次、多次連續的跨跳動作 跨跳的動作在落地時發出或不發出聲音方式 用輕、重的落地方式交互轉換的跨跳動作 左、右邊轉換、不轉換的跨跳動作
	時間	跨跳的動作逐漸變輕、重 跨跳的頻率逐漸變快、慢 用快、慢穿插的方式轉換跨跳的節奏
	流暢	雙腳伸直僵硬、柔軟的跨跳動作 身體伸直、前彎的跨跳動作 雙手伸直貼著腿、放胸前方式的跨跳 同節拍與不同節拍左、右腳交互轉換的方式跨跳
空間	層級	高、中、低層級的跨跳動作 改變跨跳動作的高、中、低層級交錯轉換 不同層級迅速或緩慢的方式跨跳
	方向	身體正面向上、前、左、右的方式跨跳 身體正面向斜前、斜後方式的跨跳動作 直線、彎曲、M、N、S、Z字型不同方向轉換的方式跨跳

跨跳的動作概念活動		
空間	範圍	在原地空間的跨跳動作 大、小範圍空間的跨跳動作 依標記在地上的路線進行跨跳動作 以大步跨跳動作的方式，且越遠、越近越好 以小步跨跳動作的方式，且越遠、越近越好 利用大、小範圍的方式做極大步跨跳動作 利用大、小範圍的方式做極小步跨跳動作 利用遠、近距離的方式跨跳動作落在大範圍 利用遠、近距離的方式跨跳動作落在小範圍
關係	物體	以繞過、穿越、跳越障礙物方式的跨跳動作 配合間隔距離大、小的方式跨跳動作 配合音樂節奏快（輕）、慢（重）的方式下跨跳動作
	同伴	與同伴同速度、不同速度的方式一起跨跳動作 與同伴同節奏、不同節奏的方式一起跨跳動作 與同伴跨跳動作在不同形狀的線上 與同伴牽手、搭肩的方式一起跨跳動作 隨意跨跳動作，但不碰觸任何人

八、活動性主題：前併步、側併步

（一）教學目標

1. 認知領域

(1) 能明瞭前併步、側併步的動作技能。

(2) 能說出前併步、側併步的動作技能。

2. 技能領域

(1) 能做出正確的前併步、側併步動作。

(2) 能藉由簡單的前併步、側併步動作在遊戲中做出順暢的協調動作。

3. 情意領域

 (1) 能選擇合適的活動地點，進行前併步、側併步的活動。

 (2) 能遵守遊戲規則，不做惡劣行為影響他人，並樂於參與。

（二）學習活動

併步的動作概念活動		
努力	力量	單次、多次連續的前併步、側併步動作 前併步、側併步的動作在落地時發出或不發出聲音方式 用輕、重的落地方式交互轉換的前併步、側併步動作 左、右邊轉換、不轉換的前併步、側併步動作
	時間	前併步、側併步的動作逐漸變輕、重 前併步、側併步的頻率逐漸變快、慢 用快、慢穿插的方式轉換前併步、側併步的節奏
	流暢	身體伸直、前彎的前併步、側併步動作 雙腳伸直僵硬、柔軟的前併步、側併步動作 雙手伸直貼著腿、放胸前方式的前併步、側併步動作 左右腳交互轉換、不轉換方式的前併步、側併步動作 同節拍、不同節拍交互轉換方式的前併步、側併步動作
空間	層級	高、中、低層級的前併步、側併步動作 改變前併步、側併步動作的高、中、低層級交錯轉換 不同層級迅速或緩慢方式的前併步、側併步動作
	方向	僅做同方向的前併步、側併步動作 身體正面向上、前、後、左、右方式的前併步、側併步動作 身體正面向斜前、斜後方式的前併步、側併步動作 直線、彎曲、M、N、S、Z字型不同方向轉換的前併步、側併步動作

併步的動作概念活動		
空間	範圍	在原地空間的前併步、側併步動作 大、小範圍空間的前併步、側併步動作 依標記在地上的路線進行前併步、側併步動作 以大前併步、側併步的方式移動，且越遠、越近越好 以小前併步、側併步的方式移動，且越遠、越近越好 利用大、小範圍的方式做極大步的前併步、側併步動作 利用大、小範圍的方式做極小步的前併步、側併步動作 利用遠、近距離的方式前併步、側併步動作落在大範圍 利用遠、近距離的方式前併步、側併步動作落在小範圍
關係	物體	以繞過、穿越、跳越障礙物方式的前併步、側併步動作 配合間隔距離大、小的方式做前併步、側併步動作 配合音樂節奏快（輕）、慢（重）方式的前併步、側併步動作
	同伴	與同伴同速度、不同速度的方式一起前併步、側併步動作 與同伴同節奏、不同節奏的方式一起前併步、側併步動作 與同伴前併步、側併步在不同形狀的線上 與同伴牽手、搭肩的方式一起做前併步、側併步動作 與同伴面對面、掌對掌的方式一起做前併步、側併步動作 隨意的方式做前併步、側併步動作，但不碰觸任何人

九、活動性主題：攀爬

（一）教學目標

1. 認知領域

(1) 能明瞭攀爬的動作技能。

(2) 能說出攀爬的動作技能。

2. 技能領域

(1) 能做出正確的攀爬動作。

(2) 能藉由簡單的攀爬動作在遊戲中做出順暢的協調動作。

3. **情意領域**

(1) 能選擇合適的活動地點，進行攀爬的活動。

(2) 能遵守遊戲規則，不做惡劣行為影響他人，並樂於參與。

（二）學習活動

攀爬的動作概念活動		
努力	力量	單次、多次連續的攀爬動作 攀爬動作落在物體上時發出或不發出聲音方式 攀爬動作落在物體上時逐漸變輕、重 攀爬動作時用輕、重交互轉換的方式落在物體上 左、右邊轉換、不轉換的攀爬動作落在物體上
	時間	攀爬動作的頻率逐漸變快、慢 用快、慢穿插的方式轉換攀爬動作的節奏
	流暢	身體貼近、不貼近物體的攀爬動作 同節拍與不同節拍交互轉換方式的攀爬動作 僅用單邊做同方向的攀爬動作
空間	層級	高、中、低層級的攀爬動作 改變攀爬動作的高、中、低層級交錯轉換 不同層級迅速或緩慢方式的攀爬動作
	方向	身體正面向斜前、斜後方式的攀爬動作 左右邊交互轉換、不轉換方式的攀爬動作 身體正面向上、前、後、左、右、下的方式做攀爬動作 身體背面向下、前、後、左、右、下的方式做攀爬動作 直線、彎曲、M、N、S、Z字型不同方向轉換的攀爬動作
	範圍	大、小範圍空間的攀爬動作 依標記在地上的路線進行攀爬動作 以大幅度攀爬的方式移動，且越高越好 以小幅度攀爬的方式移動，且越高越好 利用大、小範圍的方式做極大步的攀爬動作 利用大、小範圍的方式做極小步的攀爬動作

攀爬的動作概念活動		
關係	物體	以繞過、穿越、跳越障礙物方式的攀爬動作 配合間隔距離大、小的方式做攀爬動作 配合音樂節奏快（輕）、慢（重）方式的攀爬動作
	同伴	與同伴同速度、不同速度的方式一起攀爬動作 與同伴同節奏、不同節奏的方式一起攀爬動作 與同伴攀爬動作在不同形狀的物體上 隨意的方式做攀爬動作，但不碰觸任何人

第五章

操作性技巧

操作性技巧是身體在移動時配合物體的操作，身體將執行給予或接受物體的力量，意指掌握和控制物體動作的能力。兒童藉著操作物體而熟悉物體的特性，藉由廣泛參與操作性技巧的活動，將刺激兒童各方面協調技巧，如：手眼、足眼等協調，這是發展複雜技能的先決條件也是體能活動中很重要的一項。操作性技巧包括：

1. 投擲：引用上臂力量，手腳動作對稱，扭動腰部來投球或物品。

2. 接：眼睛會看著球或物品，依照其飛行、移動的高度及速度調整動作，並用手掌接球或物品。

3. 滾：用雙手或單手將物體貼於地面向任何方向滾動。

4. 踢：用腳對物體（如：球）發動力量的動作。

5. 運球：以手指指腹或手掌拍球，手臂、腰、手掌與手指要隨球律動。

6. 舉球：兩手上舉過頭，雙手拇指與食指形成一三角形，透過此三角形的中央瞄球。球觸手時手指放軟，讓球順勢掉進手指再像彈簧一樣把球送出。

7. 彈跳：運用雙手或單手將物體向地面方向用力，使物體接觸地面後反彈度的高度。

8. 高踢：用腳將落下中的球往前、往後或往上踢。

9. 盤球：將球以兩腳控制，使其隨著身體移動，藉以向目標前進的動作。

10. 打擊：以慣用手在上，非慣用手在下，轉身、扭腰水平揮棒，打擊定位球或物品。

一、活動性主題：投擲

（一）教學目標

1. 認知領域

   (1) 能明瞭各種操作性物品投擲的動作技能。

   (2) 能說出各種操作性物品投擲的動作技能。

2. 技能領域

   (1) 能做出正確的投擲的動作技能。

   (2) 能藉由簡單的投擲動作在遊戲中做出順暢的協調動作。

3. 情意領域

   (1) 能選擇合適的活動地點，進行投擲的活動。

   (2) 遵守遊戲規則，不做惡劣行為影響他人，並樂於參與。

（二）學習活動

投擲的動作概念		
努力	力量	單次、多次、連續做投擲的動作 用力、不用力做投擲的動作
	時間	盡可能以慣用、非慣用手投擲的動作越快越好 盡可能以慣用、非慣用手投擲的動作越慢越好 盡可能快速、緩慢扭轉身體的投擲動作 轉換快慢節奏的投擲動作
	流暢	雙手、單手的投擲動作 肢體盡可能僵硬、柔軟的做投擲的動作 利用最多、最少身體部位移動做投擲的動作 腿部、軀幹不動，做投擲的動作 右手、左手、左右手互換的投擲動作
空間	層級	設定投擲目標的高、中、低層級動作 轉換不同層級投擲的目標 站著、跪著、坐著的投擲動作 不同層級迅速或緩慢的投擲動作 不同層級平穩或不平穩的投擲動作
	方向	物體向前、後的投擲動作 物體向左、右的投擲動作 物體呈直線、拋物線的投擲動作 身體不動、物體呈斜邊的投擲動作
	範圍	在原地空間的投擲動作 可移動範圍的大、小做投擲動作 投擲後物體離身體的遠、近、高、低距離
關係	物體	配合物體形狀大、小的投擲動作 配合物體材質軟、硬的投擲動作 配合物體質量輕、重的投擲動作 將物體投擲進入至大、小、高、低的籃子或設定的範圍中 將物體投擲飛越至大、小、高、低的障礙物
	同伴	與同伴互相做投擲的動作 與同伴同速度一起的投擲動作 與同伴做不同層次投擲的動作 與同伴同時將物體投擲至籃子或設定的範圍中 與同伴維持一定的距離做投擲的動作 隨意投擲物體的動作，但物體及個體均不可碰觸任何人

資料來源：自行整理

二、活動性主題：接物

（一）教學目標

1. 認知領域

   (1) 能明瞭接的動作技能。

   (2) 能說出接的動作技能。

2. 技能領域

   (1) 能正確做出接的動作。

   (2) 能藉由接的簡單動作在遊戲中做出順暢的協調動作。

3. 情意領域

   (1) 能選擇合適的活動地點，進行接的活動。

   (2) 能遵守遊戲規則，不做惡劣行為影響他人，並樂於參與。

（二）學習活動

接物的動作概念		
努力	力量	盡可能在接物體動作時產生極大、小聲音 維持手臂伸直、彎曲接物體的動作 單次、多次、連續做接的動作
	時間	有、無物體的接物動作 盡可能慣用、非慣用手做接物的動作 盡可能在等待接物時的時間長、短的改變 盡可能讓物體在空中移動的速度快、慢改變的接物動作 轉換快慢節奏的接物動作

接物的動作概念		
努力	流暢	雙手、單手的接物動作 肢體盡可能僵硬、柔軟的做接物動作 利用最多、最少身體部位移動做接物的動作 軀幹移動、不移動的接物動作 腿部站立、微蹲、移動、不移動做接的動作 右手、左手、左右手互換的接物動作 左眼、右眼、左右眼互換閉上接物動作
空間	層級	設定高層級、中層級、低層級的接物目標 轉換不同接物的目標 站著、跪著、坐著接物動作
	方向	向前、後的接物動作 向左、右的接物動作 側邊、斜邊的接物動作 物體呈直線、拋物線的接物動作 物體在身體前方、兩側、不同方向接物動作
	範圍	在原地空間的接物動作 可移動範圍的大、小做接物動作 利用身體不同部位接物動作 手臂於不同位置接物動作
關係	物體	配合物體形狀大、小的接物動作 配合物體材質軟、硬的接物動作 配合物體質量輕、重的接物動作 將物體接入手持的大、小、深、淺的籃子或設定的範圍中
	同伴	模仿同伴接物的姿勢 與同伴互相做投、接的動作 與同伴做不同層次接物的動作 與同伴一起用雙手、單手做接物動作 與同伴維持一定的距離做接物的動作

三、活動性主題：滾物

（一）教學目標

1. 認知領域

(1) 能明瞭滾物的動作技能。

(2) 能說出滾物的動作技能。

2. 技能領域

(1) 能正確做出滾物的動作。

(2) 能藉由滾物的動作，以遊戲的方式做出順暢的協調動作。

3. 情意領域

(1) 能選擇合適的活動地點，進行滾物的活動。

(2) 能遵守遊戲規則，不做惡劣行為影響他人，並樂於參與。

（二）學習活動

滾物的動作概念		
努力	力量	單次、多次、連續做滾物的動作 用力、不用力做滾物的動作
	時間	盡可能慣用、非慣用手將物體滾動的速度越快越好 盡可能慣用、非慣用手將物體滾動的速度越慢越好 盡可能快速、緩慢扭轉身體的滾物動作 轉換快慢節奏的滾物動作
	流暢	雙手、單手的滾物動作 運用不同部位做滾物動作 腿部、軀幹不動，做滾物的動作 肢體盡可能柔軟、僵硬的做滾物動作 右手、左手、左右手互換的滾物動作 利用最多、最少身體部位移動做滾物的動作

滾物的動作概念		
空間	層級	設定滾物目標的高層級、中層級、低層級動作 轉換不同層次滾物的目標 站著、跪著、坐著、躺著做滾物動作 不同層次迅速或緩慢的滾物動作 不同層次平穩或不平穩的滾物動作
	方向	物體向前、後的滾物動作 物體向左、右的滾物動作 物體呈直線、曲線的滾物動作 側邊、斜邊的滾物動作 物體在身體前方、朝不同方向的滾物動作
	範圍	在原地空間的滾物動作 可移動範圍的大、小做滾物動作 物體滾離身體於停止後，物體距離身體的遠近 身體移動、不移動的向前做滾物動作 身體移動、不移動的向後做滾物動作
關係	物體	配合物體形狀大、小的滾物動作 配合物體材質軟、硬的滾物動作 配合物體質量輕、重的滾物動作 將物體滾入至大、小、高、低的籃子或設定的範圍中 將物體滾動穿越空間大、小的障礙物
	同伴	模仿同伴滾物的姿勢 與同伴互相做滾物的動作 與同伴同速度一起的滾物動作 與同伴維持一定的距離做滾物的動作 改變自己或同伴的位置，並將物體滾向同伴或由同伴將物體滾 　　向自己 與同伴一起用雙手、單手做滾物動作

四、活動性主題：踢物

（一）教學目標

1. 認知領域

(1) 能明瞭踢物的動作技能。

(2) 能說出踢物的動作技能。

2. 技能領域

(1) 能正確做出踢物的動作。

(2) 能藉由踢物的動作，以遊戲的方式做出順暢的協調動作。

3. 情意領域

(1) 能選擇合適的活動地點，進行踢物的活動。

(2) 能遵守遊戲規則，不做惡劣行為影響他人，並樂於參與。

（二）學習活動

踢的動作概念		
努力	力量	用力、不用力做踢物的動作 單次、多次、連續做踢物的動作 非支撐腳向後做大、小擺動，做輕踢的動作 非支撐腳向後做大、小擺動，做重踢的動作
	時間	盡可能以慣用、非慣用腳踢動的速度越快越好 盡可能以慣用、非慣用腳踢動的速度越慢越好 盡可能以慣用、非慣用腳將物體踢離的速度越快越好 盡可能以慣用、非慣用腳將物體踢離的速度越慢越好 盡可能快速、緩慢扭轉身體的踢物動作 轉換快慢節奏的踢物動作

踢的動作概念		
努力	流暢	支撐腳膝蓋彎曲、伸直做踢物動作 手臂擺動、不擺動做踢物動作 腿部、軀幹不動，做踢物的動作 肢體盡可能柔軟、僵硬的做踢物動作 右腳、左腳、左右腳互換的踢物動作 運用足部各部位做踢物動作 運用足部以外的部位做踢物動作
空間	層級	設定踢物目標的高層級、中層級、低層級動作 轉換不同層級踢物的目標 不同層級迅速或緩慢的踢物動作
	方向	物體向前、後的踢物動作 物體向左、右的踢物動作 物體呈直線、弧線的踢物動作 物體在身體前方、朝不同方向的踢物動作
	範圍	在原地空間的踢物動作 踢物後物體距離身體的遠、近 可移動範圍的大、小步伐做踢物動作 身體移動、不移動的向前做踢物動作 身體移動、不移動的向後做踢物動作
關係	物體	配合物體形狀大、小的踢物動作 配合物體材質軟、硬的踢物動作 配合物體質量輕、重的踢物動作 配合目標大、小做踢物動作 將物體踢入至大、小、高、低的籃子或設定的範圍中 將物體滾動飛越空間大、小的障礙物
	同伴	模仿同伴踢物的姿勢 與同伴互相做踢物的動作 與同伴同速度一起的踢物動作 將物體依不同方向、速度踢向同伴 與同伴維持一定的距離做踢物的動作 改變自己或同伴的位置，並將物體踢滾向同伴或由同伴踢滾向自己

五、活動性主題：運球

（一）教學目標

    1. 認知領域

      (1) 能明瞭運球的動作技能。

      (2) 能說出運球的動作技能。

    2. 技能領域

      (1) 能正確做出運球的動作。

      (2) 能藉由運球的動作，以遊戲的方式做出順暢的協調動作。

    3. 情意領域

      (1) 能選擇合適的活動地點，進行運球的活動。

      (2) 能遵守遊戲規則，不做惡劣行為影響他人，並樂於參與。

（二）學習活動

運球的動作概念		
努力	力量	用力、不用力做運球的動作 單次、多次、連續做運球的動作
	時間	運球的速度快、慢 轉換快慢節奏的運球動作 盡可能以慣用、非慣用手運球動作的速度越快越好 盡可能以慣用、非慣用手運球動作的速度越慢越好
	流暢	手臂彎曲、伸直做運球動作 腿部彎曲、伸直做運球的動作 肢體盡可能柔軟、僵硬的做運球動作 右手、左手、左右手互換的運球動作 運用手掌部位做運球動作 運用手掌以外的部位做運球動作

運球的動作概念		
空間	層級	設定運球目標的高層級、中層級、低層級動作 雙手轉換不同層級的運球目標 站著、跪著、坐著的運球動作 不同層級迅速或緩慢的運球動作
	方向	物體向前、後的運球動作 物體向左、右的運球動作 物體呈 8、V 字圍繞在身體周圍的運球動作 物體在身體前方，手腕向左、右方向接觸球面運球
	範圍	運球時呈 S、8、Z、M、N 型路線移動 在原地空間的運球動作 可移動範圍的大、小步伐做運球動作 身體移動、不移動的向前做運球動作 運球時盡可能離身體遠、近
關係	物體	配合物體形狀大、小的運球動作 配合物體材質軟、硬的運球動作 配合物體質量輕、重的運球動作 運球時穿越空間大、小的障礙物
	同伴	模仿同伴運球的姿勢 與同伴互相做運球的動作 與同伴配合節奏一起運球 與同伴一前一後邊跑邊運球 與同伴同速度一起的運球動作

六、活動性主題：舉球

（一）教學目標

1. 認知領域

(1) 能明瞭舉球的動作技能。

(2) 能說出舉球的動作技能。

2. 技能領域

(1) 能正確做出舉球的動作。

(2) 能藉由舉球的動作，以遊戲的方式做出順暢的協調動作。

3. 情意領域

(1) 能選擇合適的活動地點，進行舉球的活動。

(2) 能遵守遊戲規則，不做惡劣行為影響他人，並樂於參與。

（二）學習活動

舉球的動作概念		
努力	力量	單次、多次、連續做舉球的動作 盡可能用力、不用力做舉球的動作
	時間	舉球的速度快、慢 轉換快、慢節奏的舉球動作 限定時間內，舉球次數多、少
	流暢	手臂彎曲、伸直的做舉球動作 手指放鬆、僵硬的做舉球動作 肢體盡可能柔軟、僵硬的做舉球動作 雙腳微彎、伸直，手臂放鬆舉球

舉球的動作概念		
空間	層級	設定舉球目標的高層級、中層級、低層級動作 連續舉球的距離遠、近、高、低 不同層級迅速或緩慢的舉球動作 站著、跪著、坐著、躺著做舉球動作
	方向	球體向前、後的舉球動作 球體向左、右的舉球動作 球體向上、向牆面的舉球動作
	範圍	在原地空間的舉球動作 可移動大、小範圍的舉球動作 舉球時盡可能離身體遠、近、高、低 舉球時向前、後、左、右、斜前、斜後路線移動
關係	物體	配合物體形狀大、小的舉球動作 配合物體材質軟、硬的舉球動作 配合物體質量輕、重的舉球動作 舉球時物體飛越高、低的障礙物
	同伴	改變舉球方向朝向同伴 與同伴互相做舉球的動作 與同伴配合節奏一起舉球

七、活動性主題：彈跳

（一）教學目標

1. 認知領域

(1) 能明瞭彈跳的動作技能。

(2) 能說出彈跳的動作技能。

2. 技能領域

(1) 能正確做出彈跳的動作。

(2) 能藉由彈跳的動作,以遊戲的方式做出順暢的協調動作。

3. 情意領域

(1) 能選擇合適的活動地點,進行彈跳的活動。

(2) 能遵守遊戲規則,不做惡劣行為影響他人,並樂於參與。

(二)學習活動

彈跳的動作概念		
努力	力量	單次、多次、連續做使物體彈跳的動作 肢體盡可能用力、不用力做使物體彈跳的動作 肢體盡可能僵硬、柔軟的做使物體彈跳的動作
	時間	物體彈跳速度的快、慢 限定時間內,物體彈跳次數多、少 盡可能以慣用、非慣用手使物體彈跳的速度越快越好 盡可能以慣用、非慣用手使物體彈跳的速度越慢越好
	流暢	手臂彎曲、伸直的做使物體彈跳動作 手指放鬆、僵硬的做使物體彈跳動作 肢體盡可能柔軟、僵硬的做使物體彈跳動作 雙腳微彎、伸直,手臂放鬆做使物體彈跳動作 右手、左手、左右手交互更換的使物體連續彈跳動作

彈跳的動作概念		
空間	層級	設定目標做高層級、中層級、低層級的動作使物體彈跳 物體單一彈跳距離遠、近、高、低 物體連續彈跳距離遠、近、高、低 不同層級迅速或緩慢的物體彈跳動作 站著、跪著、坐著、躺著做使物體彈跳動作
	方向	雙手或單手使物體向前、後的物體彈跳動作 雙手或單手使物體向左、右的物體彈跳動作 雙手或單手使物體向上、向牆面的彈跳動作
	範圍	在原地空間的物體彈跳 可移動大、小範圍的物體彈跳動作 物體彈跳後盡可能離身體遠、近 物體彈跳後盡可能離身體高、低
關係	物體	配合物體形狀大、小的物體彈跳動作 配合物體材質軟、硬的物體彈跳動作 配合物體質量輕、重的物體彈跳動作 物體彈跳後越過高、低的障礙物 將物體彈跳至大、小、高、低的籃子或設定的範圍中
	同伴	與同伴互相做使物體彈跳動作 改變不同方向的物體彈跳朝向同伴 改變不同層次的物體彈跳朝向同伴

八、活動性主題：盤球

（一）教學目標

1. 認知領域

(1) 能明瞭盤球的動作技能。

(2) 能說出盤球的動作技能。

2. 技能領域

　　(1) 能正確做出盤球的動作。

　　(2) 能藉由盤球的動作，以遊戲的方式做出順暢的協調動作。

3. 情意領域

　　(1) 能選擇合適的活動地點，進行盤球的活動。

　　(2) 能遵守遊戲規則，不做惡劣行為影響他人，並樂於參與。

（二）學習活動

盤球的動作概念		
努力	力量	單次、多次、連續做盤球的動作 盡可能僵硬、柔軟的做盤球的動作
	時間	盤球的速度快、慢 盤球的時間長、短 盡可能快速、緩慢扭轉身體的盤球動作 轉換快慢節奏的盤球動作
	流暢	手臂擺動、不擺動做盤球動作 雙腳膝蓋彎曲、伸直做盤球動作 肢體盡可能柔軟、僵硬的做盤球動作 運用足部各部位做盤球動作
空間	層次	設定盤球目標的高層次、中層次、低層次動作 轉換不同層次盤球的目標 不同層次迅速或緩慢的盤球動作 不同層次平穩或不平穩的盤物動作
	方向	向前、後移動的盤球動作 向左、右移動的盤球動作 物體在身體前方，朝不同方向的盤球動作
	範圍	呈 S、8、Z、M 字型移動的盤球動作在圓形、正方形、長方形、不規則形狀的範圍內做盤球動作 在原地空間做盤球動作 可移動範圍的大、小步伐做盤球動作

盤球的動作概念		
關係	物體	配合物體形狀大、小的盤球動作 配合物體材質軟、硬的盤球動作 配合物體質量輕、重的盤球動作 配合目標遠、近做盤球動作 盤球時穿越空間大、小的障礙物
	同伴	模仿同伴盤球的姿勢 與同伴互相做盤球的動作 與同伴同速度一起做盤球動作 與同伴維持一定的距離做盤球動作

九、活動性主題：打擊

（一）教學目標

1. 認知領域

　　(1) 能明瞭打擊的動作技能。

　　(2) 能說出打擊的動作技能。

2. 技能領域

　　(1) 能正確做出打擊的動作。

　　(2) 能藉由打擊的動作，以遊戲的方式做出順暢的協調動作。

3. 情意領域

　　(1) 能選擇合適的活動地點，進行打擊的活動。

　　(2) 能遵守遊戲規則，不做惡劣行為影響他人，並樂於參與。

（二）學習活動

打擊的動作概念		
努力	力量	打擊時揮動的力量重、輕動作 單次、多次、連續做打擊的動作 打擊動作與接觸至物體時產生極大、小的聲音
	時間	打擊動作速度快、慢 雙手持物、不持物的打擊動作 慣用、非慣用邊做打擊的動作 轉換快慢節奏的打擊動作 等待打擊時的時間長、短的改變 物體在空中速度快、慢改變的打擊動作
	流暢	手臂僵硬、柔軟的打擊球 軀幹旋轉、不旋轉的接物動作 腿部站立、微蹲、移動、不移動的打擊動作 左右邊互換的打擊動作 單眼互換的打擊動作 打擊時肢體揮動的動作僵硬、柔軟動作
空間	層級	設定高層級、中層級、低層級的打擊動作 設定目標物於高層級、中層級、低層級的打擊動作 轉換不同層次打擊的目標物
	方向	打擊後物體向前、上、下方向移動 打擊後物體向左、右的方向移動 打擊後物體呈直線、拋物線、滾地或彈跳的方向移動
	範圍	在原地空間做打擊動作 利用身體不同部位做打擊動作 在寬廣、窄小的空間做打擊動作 可移動範圍的大、小做打擊動作

打擊的動作概念		
關係	物體	配合物體形狀大、小的打擊動作 配合物體材質軟、硬的打擊動作 配合物體質量輕、重的打擊動作 打擊物體飛越、穿越障礙物 朝目標物揮動，並擊中物體的打擊
	同伴	模仿同伴打擊的姿勢 與同伴做不同層次的打擊動作 與同伴一人投球一人打擊 與同伴一起打擊，投不同層次的球給同伴打擊 自拋自打，將球打擊至不同方向，讓同伴練習接球

第六章

感覺統合技巧

第一節　關於感覺統合

　　感覺統合（sensory integration），是指兒童在適應環境的歷程中，透過感官如眼睛、耳朵、皮膚、口鼻、關節、前庭器等，來接收視覺、聽覺、觸覺、味覺、嗅覺、前庭平衡覺、本體感受覺（運動覺）等感覺訊息，以察知自身的狀況及外在環境的狀況。兒童的感覺系統在出生前就已經開始發展，出生後四周就會變得明顯，一歲左右，各項感覺就會發展到接近成人的程度，兩歲時則趨於成熟。感覺統合理論處理所有感覺系統，包含了前庭覺、觸覺、本體覺、視覺、聽覺等（汪宜霈，2009；許厚蟬，2005；高麗芷，2009；黃謙瑄、張文瀚、許翠端、廖笙光，2010；陳文德，2000；陳威勝、陳芝萍譯，2010；羅鈞令，1998）。

　　感覺統合理論首先由A. Jean Ayres提出，他以神經科學領域的知識和理論為基礎，發展出感覺統合理論。Ayres博士的感覺統合理論，是指中樞神經系統的各部位將個體來自不同神經系統傳來的各種感覺，如內耳前庭平衡覺、皮膚觸覺、本體感受覺、聽覺及視覺等輸入，進行組織整合，使個體順利的與環境接觸。各種學習能力的發展是由大腦對各種感覺刺激做有選擇性的吸收，再加以整理組織，提供正確的訊息並做出適當的反應，Ayres將感覺統合定義

為「將來自身體及環境的感覺訊息加以重整、組織，並產生適當反應的神經過程」；並將個體的基本感覺分為五種，分別為視覺、聽覺、觸覺、前庭覺及本體覺（任彥懷等，2010；陳俊湰，2004）。

當個體進入某個環境，藉由身體感覺系統接收外在環境資訊，透過大腦的組織和統合功能，完成各項行為或任務，即稱為感覺統合。舉例來說，當兒童玩盪鞦韆時，能透過視覺確定位置、方向，調整身體平衡，準確坐在鞦韆上，並藉由肢體的協調、擺盪，使自己保持平衡的坐在鞦韆前後擺動，這就是一種感覺統合。感覺統合指的是我們的腦部在正常情況下會經由身體接收各種不同的感官訊息，並針對這些訊息加以詮釋、理解，然後做出適當的反應，透過在日常生活中整合應用各種感官知覺的正常神經歷程，我們可以求生或是學習，並讓身體功能順暢的發揮。感覺統合發生的過程可分為感覺登錄、定向、解釋、組織反應、執行反應等五個元素，當我們接觸或感覺到某個事件時，這個事件會登錄於我們的腦部，透過感覺定向讓我們注意並接收新的感覺資訊，整合感覺資訊的內容及品質並選擇做出適當的反應，執行最後對於感覺信息的動作、認知或情緒反應，這些從感知到做出回應的歷程就是一種感覺統合的歷程（陳威勝、陳芝萍譯，2010）。

個體自出生以來，甚至是在胎兒時期，感覺神經系統就不斷的自行接收資訊、相互比對和連結，發展正確及可運用之功能，一個人能否與周遭環境、人群有良好的互動，感覺神經扮演了關鍵的角色，感覺神經統合良好的個體，對於生活周遭事物的感受會有適當而良好的反應，並能解決環境中所帶來的種種問題。通常，我們認為各種感覺是分開的，但實際上感官知覺是整體運作的，各種感覺能形塑一個人的外觀、所處的位置和身邊發生的事件等完整資訊，再做出適當的反應；以吃檸檬為例，當我們看到或聞到檸檬時，雖然我們還沒有吃到，但嘴巴已經有種酸酸的感覺了，這是因為視覺、嗅覺和味覺經驗整合的結果。

第二節　感覺系統與感覺統合的發展歷程

一、感覺系統

（一）前庭覺系統

　　一般來說前庭系統包括受器、腦幹部位的前庭神經核和神經束，以及大腦神經相關聯的部分。前庭系統提供了有關動作、重力及頭部位置變化的資訊，讓個體可以知道自己的動作方向和速度，經由前庭系統與地表建立的關聯性，讓我們不必透過視覺就確定了目前的姿勢。前庭系統是所有行動的基礎，對於調節其他感覺系統，如軀幹四肢、情緒行為的發展、眼部運動、視知覺及聽覺等有著重要的關鍵影響，並有助於平衡進入體內的各項感覺刺激，幫助自我調節和維持適當的警覺度。

　　人類發展的關鍵之一是要能掌握個體對於重心需求能力，前庭系統可以區辨動作的速度和透過維持肌肉張力的資訊來保持平衡，並保護身體免於受傷，透過對於肢體動作所帶來的舒適感，有助於發展個體的安全感。此外，前庭系統與聽覺之間有著極密切的關聯，兒童在參與某些動作活動時，能透過聽覺與前庭系統與某些神經功能的連結，產生較多的發聲和語言表達，這是前庭系統與聽覺系統在構造和功能有所連結的影響。前庭系統同時會影響眼球動作的發展，包括視覺追蹤和眼神專注，並幫助身體維持直立因素，與視覺系統亦有密切的關聯性。

（二）本體覺系統

　　本體感覺也可稱為深層感覺，主要來自於肌肉、肌腱、關節、韌帶、骨骼等深層組織的感覺，當肌肉或肌腱受到牽動時，刺激會傳入神經纖維並進入脊髓，部分直接與神經元連結，對於危險緊急的情況做直接快速的反應，其他則

匯入小腦，與平衡產生密切的關聯；大部分的本體覺刺激只傳送到腦幹，除非特別注意肌肉和關節的動作，否則，通常不必透過大腦來控制我們的肌肉或關節就能做出良好的動作或是維持姿勢或平衡。本體感覺與前庭和觸覺系統具有相互影響、協調作用，大腦對於本體感覺所得到的訊息會經由大腦整理後，將行動的訊息傳回肌肉做出反應，透過這樣不斷重複的過程，大腦會不斷的進行修正和調整，並做出適當的動作，透過良好的本體感覺功能，可以使個體確知自己的肢體空間位置，並運用肢體完成各項動作。

本體感覺除了對於動作的發展有影響外，本體感覺刺激配合前庭系統共同調節眼部肌肉，使眼睛能看清楚物體，並影響了個體對於形狀與空間的視覺發展；良好的本體感覺功能，能讓個體對於控制自己的動作有信心，也能增進其勇於探索環境和學習事物的能力，並維持平穩的情緒。本體感覺與其他的感覺系統相互配合和作用下，能幫助個體的身心健全發展。

（三）觸覺系統

觸覺系統是發展最基本和最具影響力的感覺系統之一，觸覺系統發展得極早，對於嬰幼兒時期的發育成長甚至是對於兒童發展都具有重要的意義。觸覺反應在嬰兒時期經由反射所控制，並具有生存和保護生命的意義；隨著大腦的成熟、分化與觸覺刺激的累積，個體逐漸能夠較精確的指出被觸碰的位置，並做有意義的反應。

觸覺刺激主要可以分為簡單觸覺和辨別性觸覺二類：簡單觸覺包括輕觸或對於皮膚表面的輕壓和觸摸以及對於觸覺的概略定位，這一類刺激屬於單純且非特定的刺激，占大部分的觸覺刺激，主要傳至腦幹，經腦幹判斷刺激是否有危險性以便做反應後，就不再往上傳導到大腦皮質，這樣的觸覺刺激對於人類的發展具有重要的意義，並隨時進入腦中，刺激網狀結構興奮組織，以保持大腦在一個清醒狀態。辨別性觸覺指的是對於特定觸覺刺激的感覺，這樣的辨別性觸覺需要感覺中樞的參與，又稱為皮質感覺，也就是個體會對於自己本身的感覺做更進一步的解釋，包括描繪觸感、定位感、認識物體形狀大小的實體感

覺和重量感覺等。

　　觸覺刺激是穩定嬰兒情緒的最主要因素，母親與嬰兒的接觸除了刺激其大腦發展外，舒服的觸覺刺激並能幫助嬰兒建立對母親的依附情緒，並使得嬰兒具有探索外界環境的信心和從懼怕中安定的能力。精確的觸覺系統可以幫助個體藉由觸碰外界的事物認識自己的肢體存在，並學習操縱物體，發展出成熟的動作能力。此外，透過觸覺系統，可以幫助兒童更容易的建立視知覺和空間知覺能力。

（四）視覺系統

　　視覺系統是一個兒童與外界互動的重要橋樑，對於動作發展和感覺統合功能扮演重要的角色。個體的視覺形成歷程是來自於物體反射出來的光線刺激到眼睛，並透過角膜、水晶體的折射投影在視網膜上，此刺激影像透過視覺通路傳入大腦後，透過左右大腦半球的整合和溝通，賦予視覺刺激特定的解釋和定義。視覺是形成視知覺的基本要件，當視覺系統與前庭系統和本體感覺相互影響，將視覺刺激透過健全的前庭系統和本體感覺解釋和定義，即形成視知覺；與感覺統合相關的視知覺有：

1. 視覺注意力：指個體能專注並適當選擇視覺相關訊息。
2. 視覺記憶：個體能將所接收到的視覺訊息與先前經驗整合。
3. 視覺區辨：分辨視覺刺激，並進行視覺辨認、分類和配對，包含了物體區辨和空間區辨的能力。
4. 視覺想像：指個體能在心中描繪特定人、事、物的圖像能力。

（五）聽覺

　　聽覺是發展語言的基礎，聽覺的器官包含了外耳、中耳和內耳，外耳中的鼓膜受到氣體的振動後，到中耳經過聽小骨（鎚骨、砧骨、鐙骨）的擴大作用傳遞到內耳耳蝸內的液體震動，並刺激聽覺神經，耳蝸神經和前庭神經會彙整

成第八對腦神經進入腦幹，聽覺系統聽到聲音時，除了可以辨識聲音的來源，還能轉變成神經訊息傳入大腦，並以過去的聽覺經驗來產生適當的行為反應。

　　各種感覺系統對於訊息的統合能讓個體判斷並針對訊息做適切的反應，個體的感覺統合能力經由其不同發展階段的發展需求，透過不同的刺激與學習經驗讓個體精確、迅速的回應，並解決各種生活上的問題。

二、感覺統合之發展階段

　　Ayres博士將大腦中關於感覺的統合過程分為四個不同的階段，呈現個體從感覺的輸入到統合感覺歷程的發展階段（許厚蟬，2005）：

1. 第一階段：以觸覺系統發展為主，提供嬰兒吸吮與飲食等滿足快感以及親子關係等舒適觸覺。並透過前庭系統（重力與動作）和本體感應覺（筋肉與關節）的聯合，形成眼球活動、身體姿勢平衡、肌肉感覺以及重力安全感的良好發展。

2. 第二階段：個體將觸覺系統、前庭系統與本體覺系統等三個基本感覺系統整合後，建立了個體對於身體知覺、身體兩側協調、注意力集中、情緒穩定的能力、活動水準呈現以及運動計畫執行能力。

3. 第三階段：經由聽覺與前庭感覺、身體知覺以及其他相關功能的統合，使得個體能學習說話並了解語言的意義。另外，透過視覺與三個基本感覺——觸覺、前庭與本體感應覺的相互協調和統整，提供個體正確、詳細的視知覺以及眼—手的協調並能夠對所見所聞的事物賦予意義，讓每一個行為更具有其目的性和重要性。

4. 第四階段：在此階段裡，個體將發生在第一階段裡的感覺刺激傳導的訊息，透過視覺讓所看到的訊息賦予其意義，並以聽覺將所見到的事物加以詮釋，協助個體形成抽象之認知思想，再加上專注力、組織能力，以進行更深入的學習；而身體雙側和大腦半球功能的專責化，讓大腦發揮了最大的成效。

　　下頁圖6-1將個體的感覺統合發展以階段性呈現，個體在發展的歷程中，每一階段與階段間的發展具有其連續性，前一階段的能力發展，影響著下一階段的發展情況，若前一階段的能力發展不佳，則後一階段的能力也相對會有不好的表現。

第三節　感覺統合活動設計與運用

　　個體能透過感覺統合活動以學習並統合各種感覺刺激，感覺統合活動的目的是為了要改善中樞神經系統的感覺統合功能，因此，活動本身並非為某一特定活動或運動技巧的學習，而是要依據活動所提供的感覺刺激類型、活動目標以及對於兒童的挑戰性等來進行設計，活動設計的重點在於如何提供兒童適當的刺激，幫助兒童進行適當的統合，針對目標做出適當而有效的反應，以提升其大腦的感覺統合功能，並提升學習的能力。

一、感覺統合活動設計基本原則

　　感覺統合活動主要是透過活動提供兒童適當的感覺刺激，藉由感覺刺激和感覺動作經驗來促進大腦統合功能，其基本的活動設計原則為（任彥懷等，2010；羅鈞令，1998）：

1. 配合孩子的發展階段，提供難易度符合其能力發展的活動，讓孩子盡可能的藉由成功經驗接收，並組織活動中的感覺刺激，做出適當的反應。

2. 提供兒童覺得有趣和有意義的活動，讓兒童能主動參與活動，利用其興趣和重視的事物，提升其參與活動的動機。活動進行時，隨時依兒童的反應調整活動內容，重視兒童在活動中的行為反應，針對其行為反應判斷其拒絕活動的原因，不強迫其參與活動。

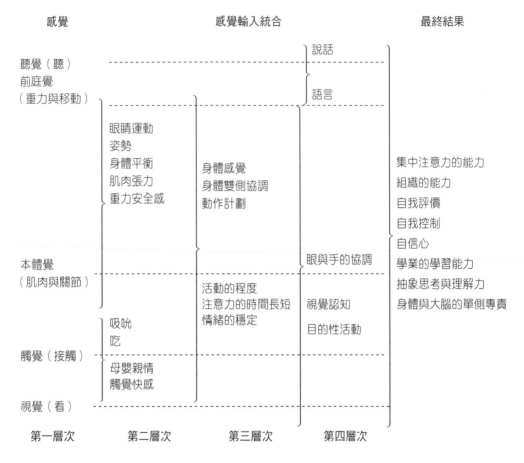

圖 6-1　感覺統合發展歷程圖

資料來源：Ayres, A. J., & Robbins, J. (2008).

3. 給予兒童嘗試錯誤的機會，隨時提醒其活動的目標，給予適當的回饋，引導兒童朝目標前進，肯定其嘗試和努力。並考量活動進行時的環境因素，活動的環境是否有多餘的刺激讓兒童分心，兒童是否有更重要的需求未被滿足，例如飢餓、害怕缺乏安全感等，帶活動者應當要具有敏銳的觀察力和對兒童的了解度，幫助其投入於活動中。

4. 針對其興趣滿足其重複的需要，重複性的活動內容可以讓兒童有機會獲得充分經驗，並更穩固的建立其基礎能力，活動更應配合兒童本身的個別差

異來決定活動時間的長短或是次數的多寡，尊重其感受，依其情況給予活動的質與量，不過分勉強其參與。

5. 活動的進行應包含動態與靜態活動，做過刺激的活動後，應搭配能緩和身體機能和平穩神經系統的靜態活動，導引孩子的大腦組織與整合刺激，做出適當的反應。

6. 在活動中養成良好的工作習慣，讓兒童在平常的經驗中養成積極主動、專心和不怕挫折的習慣，提高其自信心，建立正確的價值觀和自我評價。

二、感覺統合活動之活動設計內容

1. 感覺統合活動練習類型：配合感覺系統清楚規劃感覺統合活動進行的類型，例如前庭系統、視知覺或本體覺等練習活動。

2. 活動名稱：將活動的功能、類型透過令兒童感到有興趣的名稱，更吸引兒童嘗試練習活動的動機。

3. 活動目的：清楚列出並說明想要達到的活動功能，例如增加視知覺概念或前庭系統刺激等。

4. 活動目標：具體將兒童所需達到的具體行為加以描述並有清楚的量化指標。

5. 適用年齡：考量兒童體能發展，確認適用的年齡層，以符合其年齡發展的活動，才能達到應有的活動成效。

6. 活動教具、器材名稱：透過標示清楚的教具或器材，並以色彩鮮豔、材質耐用的多元化感覺統合教具，增加兒童操作的興趣。

7. 活動內容：具體而清楚列出各項活動實施的步驟與流程，避免籠統的文字敘述。

8. 觀察注意事項：事先評估兒童在活動前的行為並觀察其身體狀況，對於活動中較具難度的動作，應配合安全性叮嚀，以協助兒童完成活動之效果。

9. 活動評量：針對活動目標評量兒童在活動中的表現。

10. 檢討與省思：活動結束後，針對兒童的行為表現和整體的活動內容，包含

活動進行中指導者的指導方式進行檢討與省思，以不斷改善活動內容和進行方式提供更適合兒童的感覺統合活動。

三、感覺統合活動之教具器材
（任彥懷等，2010；高麗芷，2006c）

感覺統合活動要能達到其功效，不可或缺的是良好合宜的感覺統合教具器材，目前國內外設計、發行的教具很多，依據不同的訓練類別，有不同的教具器材。

1. 促進前庭覺的教具器材：常見的如盪鞦韆、溜滑梯、翹翹板等玩樂設施或烏龜墊、平衡木、平衡板、搖搖車、大龍球、大陀螺……等。

2. 促進本體覺的教具器材：韻律球、迴旋球、跳跳馬、彈跳床、彩虹滾筒以及各種大肌肉的訓練球組，或是常見的拔河、跳格子等活動。

3. 增加觸覺刺激的教具器材：為促進觸覺刺激以及身體平衡，可透過觸覺刷、觸覺牆、觸覺球、觸覺棒及常見的球池等。

4. 提升視知覺的教具器材：為讓兒童的視知覺、手眼協調有更好的發展，可以透過投擲組、巧拼板、套杯或串珠等器材或者是投籃、穿線、丟接球、穿線遊戲等活動。

5. 促進聽知覺的教具器材：促進聽知覺的教育器材目前較少，大多以各類的樂器作為練習聽知覺的器材。

6. 其他：除了現成的教具器材之外，指導者亦可把握感覺統合活動的教學原則和兒童本身對於感覺統合的需求，自行製作簡易的器材使用，例如自行製作不同材質的沙包或是沙鈴等，可增進兒童的視知覺和聽知覺等。

第四節　結語

感覺統合是個體透過感覺系統和感官接收外界刺激並探索外在環境的基礎能力，藉由接收外來的刺激和資訊進行不斷的整合和反應，能夠增進兒童對於

各項感覺系統的敏銳度，也能提升其本體知覺和動作能力的發展。一般來說，感覺統合的運用可以分為兩個層面，一個層面是針對感覺統合異常的孩子，例如行為與學習障礙、智能障礙、腦性麻痺或是自閉症等兒童，目的是經由感覺統合訓練增進其腦功能正常發展，並對於外在環境的刺激做適當的回應；另一層面則是針對一般兒童，透過感覺統合活動，可以更提升其對於感官的敏銳度和反應能力（任彥懷等，2010）。透過感覺統合活動，對於兒童的各項基礎能力例如感官知覺、動作發展、情緒、語言等都能有正向的影響，家長及教保人員若能對於兒童的感覺和需求有更多的了解，就能提供安全、快樂的學習環境，讓兒童能健康發展、平安成長。

第七章

器材類運動

　　現今科技技術發達，坊間許多專為兒童設計的遊戲、運動、體能課程器材樣式多樣且多變化，價格昂貴占空間，並非園所都具備這樣的器材，因此本章僅針對常見設備做介紹。

　　多數器材類運動為平常體能活動中常見的設備，但有些設備會因兒童年齡與發展造成一定的危險性，所以年紀大一點的兒童體能課程設計上較會安排器材類課程。器材類運動分為固定設備、移動設備、手具設備三大項。針對不同年齡層的兒童應配合不同類型的器材使用與操作，來培養兒童基礎動作技巧，進而促進其生理、心理的發展與團體生活的適應性。余美麗（2000）在教材資源中心網頁中對下列器材類設備做簡易介紹：

1. 固定設備：常設立於住家附近的公園、學校、戶外探索場等。設備有鞦韆、翹翹板、單槓、雲梯、攀鷹架、溜滑梯、綜合式山訓攀登設備等，目的在培養兒童操作肢體與器材的使用方法。

2. 移動設備：此設備較占據活動空間，一般只在專業運動場館、學校體操館、體能課時才會看見這類型的設備。移動設備較屬於男子體操運動所使用的器材，唯獨平衡木是屬於女子韻律體操所使用。移動設備有墊子、跳箱、平衡木、鞍馬、跳板、輪胎等。培養兒童翻滾、跑、跳躍、併步、攀爬、支撐、跳躍等基礎動作技巧，及增進其肌力、肌耐力、速度、柔軟

性、敏捷性、協調性、平衡性、反應時間等一般運動能力。

3. 手具設備：運用各種輕器材如繩索、呼拉圈、棍棒等，培養兒童操作性技巧，增進其手眼協調及時間性的掌控能力。

器材類設備均有一定的危險性；因此教育工作者在動作指導上一定要時時提高警覺，並且經常性的提醒兒童注意安全，及避免不必要的危險動作出現。器材類活動指導要領如下（謝在明，2000）：

一、固定設備部分

1. 教學前、活動時應檢視各項遊戲設備是否安全、穩固後再使用。
2. 活動時能提示兒童遵守秩序並安排活動的動線流暢。
3. 多運用輔助教具如：球、繩索、布條、橡皮筋、呼啦圈、跳箱……等，配合進行練習，以提高學習興趣。
4. 各種遊戲方法，應由師生共同研討設計。
5. 發現兒童有危險性動作時應立即指正。

二、移動設備部分

1. 上課時多準備安全且合適的器材，提供兒童充分練習。
2. 安排多樣性的場地布置，提高兒童學習興趣。
3. 妥當安排分組，並以循環式的練習隊形操作使兒童方便觀察他人的動作。
4. 練習時隨時給予兒童正向的回饋，並指導學習口訣與要領提高動作的正確性。
5. 善用輔助教具，如踏跳板、桌子、斜木板、球、橡皮筋、粉筆等，提高兒童學習興趣。

三、手具部分

1. 兒童練習時至少二至四人擁有一份用具。
2. 練習場地空間要大,且避免有其他障礙物。
3. 教師在指導兒童練習時應把握由簡而繁,由易而難的原則。
4. 能安排小組表演及分組練習,以提高兒童合作、團隊的精神。
5. 動作熟練後,應設計綜合性比賽或表演,以提高兒童學習興趣。

　　針對上述三項器材類設備,參考教材資源中心網頁中的遊戲,並簡要的將教學活動於表7-1至7-12表格之中,表內分為活動名稱、教學目標、活動指導、教學活動四項分享。本表內的活動範例非一節課能完成,可配合兒童生理發展及學習成效做配套設計活動教學。

表 7-1　器材教學活動:固定設備(攀登架)

活動名稱	固定設備(攀登架)
教學目標	1. 了解固定設備的名稱及安全的遊戲方法 2. 學會攀登架遊戲的動作技能 3. 學會單槓正、握懸垂動作 4. 培養兒童遵守團隊精神,不做危險動作 5. 遊戲時能注意自身及同儕的安全
活動指導	1. 指導兒童捉握(正握、反握)的方法 2. 攀爬時可由外側爬行、懸吊移動 3. 兒童若中途體力不支,應暫停遊戲 4. 須注意活動場所之安全及鋪設墊子於攀登架下方
教學活動	手握攀登架的轉動技巧:正握、反握、正反握

表 7-1　器材教學活動：固定設備（攀登架）（續）

活動名稱	固定設備（攀登架）
教學活動	攀登架遊戲 1. 猴子盪鞦韆（攀登於架上，往前移動） 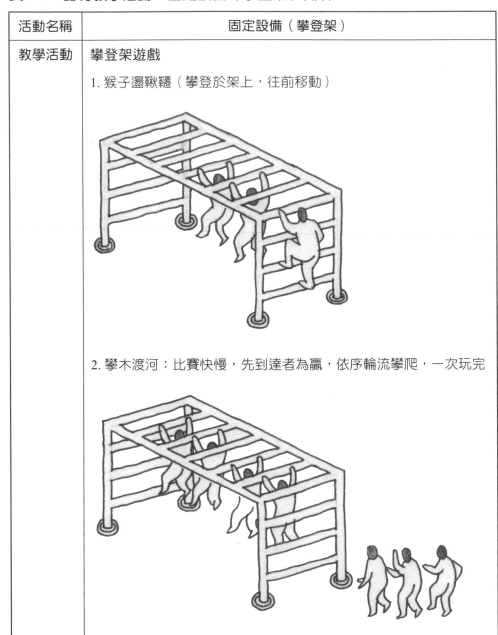 2. 攀木渡河：比賽快慢，先到達者為贏，依序輪流攀爬，一次玩完

表 7-1　器材教學活動：固定設備（攀登架）（續）

活動名稱	固定設備（攀登架）
教學活動	3. 攀岩懸吊：運用綜合攀登技能到達終點

文字資料來源：教育部數位教學資源入口網（2000）

圖：自行繪製

表 7-2　器材教學活動：固定設備（單槓）

活動名稱	固定設備（單槓）
教學目標	1. 了解單槓懸垂的動作要領 2. 學會低單槓動作要領和安全的練習方法 3. 養成兒童安全熟練運用單槓練習的能力 4. 能對低單槓遊戲發生興趣，並認真練習
活動指導	1. 合理控制練習次數，以免手掌磨破皮 2. 單槓下方鋪好墊子並做好保護措施 3. 兒童若有身體不適，應暫停遊戲，或加入遊戲備案

表 7-2　器材教學活動：固定設備（單槓）（續）

活動名稱	固定設備（單槓）
教學活動	**分組練習：三人一組分別練習，熟練單槓各種握法的懸垂動作** 1. 烤乳豬：正反手握練習　　　　　　2. 掛豬肉：反手練習 **單槓遊戲** 1. 碰球遊戲：以能用腳碰觸到球為目標 2. 拋球遊戲：以能將球擲出一公尺外為目標

表 7-2　器材教學活動：固定設備（單槓）（續）

活動名稱	固定設備（單槓）
教學活動	跳上撐槓 1. 藉助跳箱練習　　　　　　　　2. 握槓法（與肩同寬） 3. 雙腳向上跳：雙手、身體伸直支撐在槓上、眼視前方正面圖 4. 猜拳遊戲

表 7-2　器材教學活動：固定設備（單槓）（續）

活動名稱	固定設備（單槓）
教學活動	5. 擺振（兩手正握、屈膝向前上方擺振、雙腳伸直盪） 6. 懸垂穿臂：兩腳尖觸地屈膝上提→雙腳從雙手中間穿越→腳尖觸地後立即屈膝上提→圓背、身體收回→雙腳著地

文字資料來源：教育部數位教學資源入口網（2000）

圖：自行繪製

表 7-3　器材教學活動：固定設備（溜滑梯）

活動名稱	固定設備（溜滑梯）
教學目標	1. 了解溜滑梯的規則及投球的時機 2. 學會在溜滑梯的過程中投球的動作 3. 養成兒童掌握時機及守法的精神
活動指導	1. 安全第一，預備時勿讓兒童坐太近滑梯下緣 2. 嚴禁兒童互相推擠、手牽手同時動作 3. 哨音要明確，可加旗號 4. 未輪到的兒童蹲下預備

表 7-3　器材教學活動：固定設備（溜滑梯）（續）

活動名稱	固定設備（溜滑梯）
教學活動	**分組練習** 1. 二或三人（視滑梯道數決定人數）分別練習 2. 各組練習溜滑梯二至三次以熟練溜滑梯動作 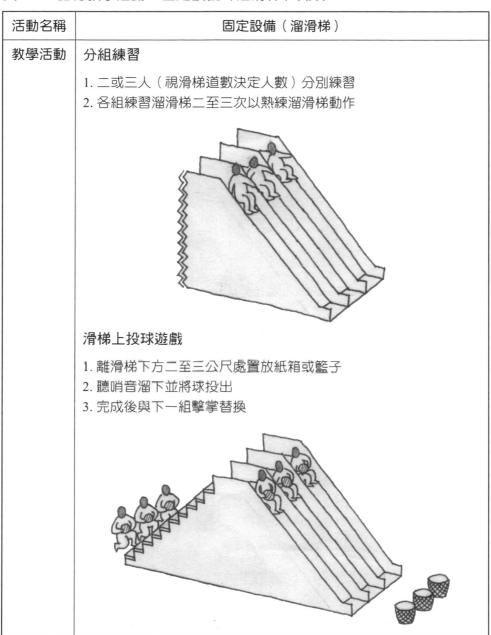 **滑梯上投球遊戲** 1. 離滑梯下方二至三公尺處置放紙箱或籃子 2. 聽哨音溜下並將球投出 3. 完成後與下一組擊掌替換

文字資料來源：教育部數位教學資源入口網（2000）

圖：自行繪製

表 7-4　器材教學活動：移動設備（墊上活動）

活動名稱	移動設備（墊上活動）
教學目標	1. 了解蝸牛走路、不倒翁、抱膝搖籃動作的要領 2. 學會蝸牛走路、不倒翁、抱膝搖籃的動作 3. 能在遊戲中和同儕互相觀摩學習，欣賞彼此動作 4. 能在練習中和同儕互相幫助，爭取團隊榮譽
教學活動	**蝸牛走路** 1. 雙腳跪地，胸部靠近大腿前趴，手臂彎曲「手肘碰地，雙手夾住頭兩側同時伸出食指成蝸牛觸角狀 2. 向前移動時應以腹部的肌力為前進的動力，雙手要同時前進，雙腳也要同時向前移動 3. 分組練習：全班可以分成四組，面相對如下圖的排列，教師可充分掌握教學情境 **不倒翁** 1. 左右足掌相對盤坐，左右搖晃練習

表 7-4　器材教學活動：移動設備（墊上活動）（續）

活動名稱	移動設備（墊上活動）
教學活動	2. 雙腳盤坐，左右足掌相對，雙手握住左右足背（右圖），依序右（左）膝著地→右（左）肩→左（右）肩→左（右）膝→繞一圈，回復到盤坐姿勢

3. 雙人練習：一位練習做動作，另一位幫忙推動

抱膝搖籃

1. 雙腳併攏下蹲，胸部收縮含胸，下巴收緊，眼睛注視胸部，依序由臀部先著地→背部→後腦……→背部→臀部→回到原來全蹲的位置（如圖）

2. 雙人練習：一位練習搖籃動作，另一位幫忙搖擺

表 7-4　器材教學活動：移動設備（墊上活動）（續）

活動名稱	移動設備（墊上活動）
教學活動	單人遊戲 1. 連續兔跳 2. 小魚躍前滾翻 3. 跳前滾翻

文字資料來源：教育部數位教學資源入口網（2000）

圖：自行繪製

表 7-5　器材教學活動：移動設備（平衡木）

活動名稱	移動設備（平衡木）
教學目標	1. 了解各種動物走路的方式及要領 2. 學習在平衡木上的各種行進方法 3. 能在遊戲中和同儕互相觀摩、學習、幫助，提高學習興趣
指導要領	1. 為了減低兒童對平衡木的恐懼感，應從低平衡木或在地面上開始教學 2. 平衡木教學先以簡單到困難性動作，並以遊戲方式進行教學，以提升兒童的自信心與興趣 3. 特別注意嚴禁穿襪子上平衡木，避免滑倒發生危險
教學活動	**單人遊戲** 1. 小狗爬行　　　　　　　　2. 老公公老婆婆走路 3. 螃蟹走路　　　　　　　　4. 毛毛蟲走路（坐著走路） 5. 向前走、向後走、墊步向前

表 7-5　器材教學活動：移動設備（平衡木）（續）

活動名稱	移動設備（平衡木）
教學活動	6. 側併步、交叉步

7. 小步前進　　　　　　　　　8. 金雞獨立平衡練習

雙人遊戲

1. 兩人一組向前、向後行進（兩支平衡木併排，兒童手牽手同時進行）

表 7-5　器材教學活動：移動設備（平衡木）（續）

活動名稱	移動設備（平衡木）
教學活動	單人練習：一人在平衡木上練習，另一人在旁邊幫助和保護 1. 向前行進　　　　　　　2. 向後行進 3. 踢正步行進　　　　　　4. 側交叉行進 雙人練習：兩人站在平衡木上，面相對、手牽手同時進行向前、後行進

文字資料來源：教育部數位教學資源入口網（2000）

圖：自行繪製

表 7-6　器材教學活動：移動設備（輪胎遊戲）

活動名稱	移動設備（輪胎遊戲）
教學目標	1. 了解並學會滾輪胎的動作與方法 2. 了解並學會單腳、雙腳跨跳輪胎的方法 3. 能在遊戲中遵守秩序、互相合作完成比賽，爭取團體榮譽
指導要領	1. 以分組方式進行教學，可增進學習效果，及培養互助合作的精神 2. 可以利用單、雙腳跳進跳出的方式來變化跳躍性遊戲，以提升學習興趣 3. 利用趣味競賽方式來達到教學目標，也可以變化輪胎的排列以增進教學效果
教學活動	滾輪胎遊戲 1. 個人與輪胎賽跑遊戲　　2. 兩人一組近距離互相滾輪胎 3. 兩人一組共同滾輪胎　　4. 兩人一組與輪胎賽跑

表 7-6　器材教學活動：移動設備（輪胎遊戲）（續）

活動名稱	移動設備（輪胎遊戲）
教學活動	跳躍遊戲 1. 兩人一組，在輪胎上跳躍 2. 單人單腳跳進跳出 3. 雙人單腳跳進跳出 4. 單人雙腳跳進跳出

表 7-6　器材教學活動：移動設備（輪胎遊戲）（續）

活動名稱	移動設備（輪胎遊戲）
教學活動	5. 雙人雙腳跳進跳出 6. 單腳連續跳 7. 雙腳連續跳 8. 分腿跳躍（併排輪胎）

表 7-6　器材教學活動：移動設備（輪胎遊戲）（續）

活動名稱	移動設備（輪胎遊戲）
教學活動	9. 三人一組，繞障礙物跑 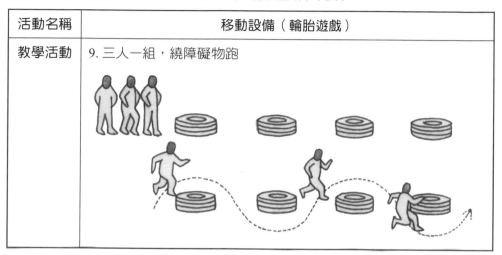

文字資料來源：教育部數位教學資源入口網（2000）

圖：自行繪製

表 7-7　器材教學活動：移動設備（跳箱）

活動名稱	移動設備（跳箱）
教學目標	1. 能了解並說出跨越、雙腳跳躍動作的要領和安全的練習方法 2. 能學會跨越、雙腳跳躍、雙腳踩跳板遊戲的動作 3. 能在跳箱練習中和同儕互相觀摩，互相學習
指導要領	1. 先以簡單的單腳踩跳板（舊經驗），來引起學習動機 2. 在地上做單腳起跳、雙腳落地的動作 3. 活動時先以近距離踩跳板練習，再逐漸拉長助跑距離及跳箱高度 4. 練習過程： 　·助跑→雙腳踩跳板→踩跳箱→落地（在落地時可自行加入變化動作，例如十字跳下、任一拍掌位置跳下等） 　·助跑→雙腳踩跳板→雙腳躍過跳箱→落地時要做出結束動作

表 7-7　器材教學活動：移動設備（跳箱）（續）

活動名稱	移動設備（跳箱）
教學活動	**單腳跳躍** 1. 跨越橡皮筋 2. 跨越河溝（河溝寬度 70 ～ 80 公分） 30 ～ 40 公分　　70 ～ 80 公分 可加設小島供跨越用 3. 踏板跨越橡皮筋

表 7-7　器材教學活動：移動設備（跳箱）（續）

活動名稱	移動設備（跳箱）
教學活動	4. 單腳踩跳板跨越跳箱 5. 單腳踩踏板跨越跳箱（跳箱高度距離地面 30 ～ 40 公分） **雙腳跳躍** 1. 在地上練習走一步雙腳併攏跳躍及落地 2. 雙腳踩跳板動作練習

表 7-7　器材教學活動：移動設備（跳箱）（續）

活動名稱	移動設備（跳箱）
教學活動	3. 跳箱跳下落地動作練習 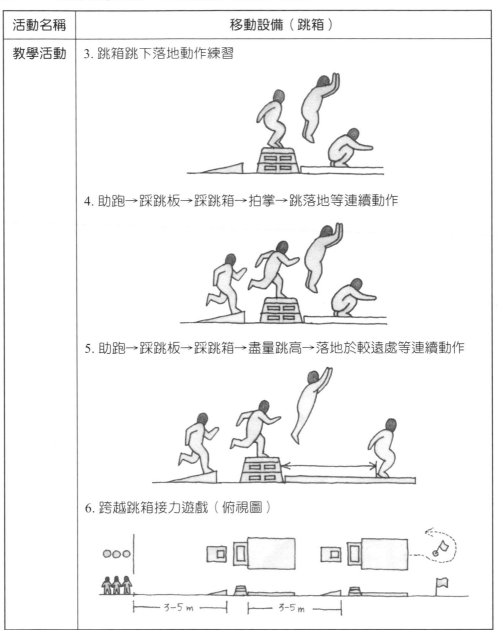 4. 助跑→踩跳板→踩跳箱→拍掌→跳落地等連續動作 5. 助跑→踩跳板→踩跳箱→盡量跳高→落地於較遠處等連續動作 6. 跨越跳箱接力遊戲（俯視圖） 3-5 m　　3-5 m

文字資料來源：教育部數位教學資源入口網（2000）

圖：自行繪製

表 7-8　器材教學活動：手具活動（棍棒）

活動名稱	手具設備（棍棒）	
教學目標	1. 了解棍棒遊戲的要領與方法 2. 學會棍棒遊戲的動作、安全使用方法及嚴格禁止動作 3. 養成和同儕快樂參與遊戲的態度	
教學活動	1. 用棍棒做體操：快樂的扭一扭、動一動 2. 平衡遊戲：將棍棒自由的豎立在身體各部位 雙腳夾　　　　頭上　　　　腳背上 大腿上　　　　肩上　　　　掌上	

表 7-8　器材教學活動：手具活動（棍棒）（續）

活動名稱	手具設備（棍棒）
教學活動	3. 各種跑跳遊戲 　　跑 　單腳跳 　跳格子

文字資料來源：教育部數位教學資源入口網（2000）

圖：自行繪製

表 7-9　器材教學活動：手具活動（彩帶）

活動名稱	手具設備（彩帶）
教學目標	1. 了解彩帶遊戲動作要領、方法與安全使用規範 2. 學會利用彩帶設計的各種遊戲動作 3. 培養與同儕相互合作，共同完成遊戲
指導要領	1. 器材可用皺紋紙、布條、彩帶或報紙等替代 2. 彩帶長度可依年紀、動作困難度自行調整 3. 動作可由單人到雙人至多人活動 4. 嚴格禁止危險動作發生，如繞頸、勾腳等
教學活動	**單人彩帶遊戲** 1. 彩虹滿天（由一支開始，熟練後使用兩支）：操弄彩帶〔上下、側面、高低、字形（S、N、M、O、8、波浪）、拋接〕  2. 一道彩虹：成隊形跟隨〔可自由操弄彩帶或上下、左右擺動畫圈。走直線字形（S、N、M、O、8、波浪）〕 3. 鏡子遊戲：兩人一組模仿對方動作

表 7-9　器材教學活動：手具活動（彩帶）（續）

活動名稱	手具設備（彩帶）
教學活動	4.雙人拋接：一人拋另一人接

文字資料來源：教育部數位教學資源入口網（2000）

圖：自行繪製

表 7-10　器材教學活動：手具活動（跳繩）

活動名稱	手具設備（跳繩）
教學目標	1. 了解跳繩的遊戲要領與方法 2. 學會跳繩遊戲的動作 3. 培養愛好跳繩運動及合作的精神
指導要領	1. 活動中可伴隨音樂，以增加趣味性 2. 活動時應注意兒童前後及左右間隔距離，避免受傷
教學活動	1. 徒手原地雙腳跳：原地跳時，教師要求兒童配合哨音頻率完成動作，可分成數組進行，其他兒童在一旁觀摩並個別練習 　單腳原地跑跳、向前跳　　　　　　　　原地跳躍

表 7-10　器材教學活動：手具活動（跳繩）（續）

活動名稱	手具設備（跳繩）
教學活動	2. 徒手原地手部擺動：手臂在身體兩側畫圈，畫圈的速度與原地跳相同 3. 單手持跳繩在身體前方做交叉甩地練習 4. 持跳繩原地雙腳跳加手部擺動 5. 穿山洞遊戲：可單人、雙人同時進入，或反向進入做跳躍

文字資料來源：教育部數位教學資源入口網（2000）

圖：自行繪製

表 7-11　器材教學活動：手具活動（呼拉圈）

活動名稱	手具設備（呼拉圈）
教學目標	1. 了解呼拉圈的遊戲要領與方法 2. 學會肢體不同部位操作呼拉圈的動作 3. 培養兒童樂於與同儕分享遊戲的樂趣、互助合作的觀念
指導要領	可依兒童年齡調整呼拉圈大小及重量，避免發生危險
教學活動	**單人遊戲** 1. 滾呼拉圈：將呼拉圈滾離身體至一定距離後呼拉圈自動返回，可使用右手操作右去左回或左手操作左去右回 2. 呼拉圈套在手臂繞轉

表 7-11　器材教學活動：手具活動（呼拉圈）（續）

活動名稱	手具設備（呼拉圈）
教學活動	3. 呼拉圈往上拋套住身體或手、腳 **雙人遊戲** 1. 左右滾轉 2. 前後滾轉

表 7-11　器材教學活動：手具活動（呼拉圈）（續）

活動名稱	手具設備（呼拉圈）
教學活動	3. 雙人拋接 4. 穿越大小呼拉圈障礙比賽

文字資料來源：教育部數位教學資源入口網（2000）

圖：自行繪製

表 7-12　器材教學活動：手具活動（竹竿）

活動名稱	手具活動（竹竿）
教學目標	1. 了解竹竿的其他用途及遊戲要領 2. 學會竹竿遊戲的各種動作 3. 培養團隊的默契及合作的態度
指導要領	1. 活動過程中可伴隨音樂，以增加趣味性 2. 可依竹竿長度、數量的增加來搭配遊戲人數 3. 注意竹竿在活動中可能造成的傷害，並時時提醒兒童注意

表 7-12　器材教學活動：手具活動（竹竿）（續）

活動名稱	手具活動（竹竿）
教學活動	團結合作（可自行增加竹竿數量） 1.組員同側握法一致（正、反、正反握），以哨音為信號，原地前、後、上、下、左、右、蹲、立、伸展操 2.縱、橫向齊步走：教師可指導兒童握竿於肩上、頭頂或腰際行進 竹竿遊戲（可自行增加竹竿數量） 1.竹竿拔河

表 7-12　器材教學活動：手具活動（竹竿）（續）

活動名稱	手具活動（竹竿）
教學活動	2. 跳竹竿遊戲（竹竿舞）

文字資料來源：教育部數位教學資源入口網（2000）

圖：自行繪製

結論

　　精彩的活動內容需要完善的課程設計、輔助教具擺設等方面相互連結與規劃，更需要完整的體能運動教學計畫。兒童身心發展快速成長與變化，倘若學習歷程有缺失，將會影響兒童一生的肢體動作、身體健康與運動觀念。有品質的體能活動有助於兒童未來的休閒品質，讓兒童在學習運動技巧之餘，能享受團隊合作及運動樂趣，培養兒童養成規律的運動習慣，並擁有良好的身體適應能力。提供具簡單性、教育性、多元性、複雜性、經濟性、持續性、簡單易行性、多樣性、樂趣性、冒險性、刺激性及安全的體能課程，才能教導兒童健康觀念。

第八章

球類運動

　　球類運動的項目種類很多，一般大眾大多以形體的大小來分辨球類運動。例如大球有籃球、排球、足球等，小球有棒球、壘球、網球、桌球、高爾夫球等。體育運動類型的分法卻是用人數來分，小球屬於個人運動項目，而大球則意指多人的團體活動，此時大家一定會與籃球、排球等聯想在一起，但也別忘了棒球、壘球也是團體項目中的一種。

　　球類活動普遍為一般人所喜愛，兒童也不例外，在活動的設計原則中建議運用較自由沒有太多規範的學習方式，提供操弄、想像、創作的學習情境，將滾、拍、接、擲、投、踢等的操作性動作技能融入於遊戲當中，同時加入群體活動課程，提高兒童團隊互助合作的表現。

　　充足的教學輔助器材是課前需要考量的因素之一，器材不足會使學習機會不均，太長的等待是造成學習常規不良的主因。另外，選擇合宜安全的球具，或是生活周遭容易取得的替代用品（如：氣球、塑膠袋、報紙團、舊襪子等），會提高孩子的學習興趣。

　　注意活動空間要在平坦寬闊（如：室內活動中心、草地、水泥球場等），避開牆柱、欄杆、水溝、桌椅，以減少碰撞機會。若空間不足時，可以採行分組學習，減除人數過多的困擾，也可增加觀摩學習的機會。

　　提供兒童快樂參與的學習機會，實驗證實教育工作者時常給予鼓勵、關

懷、讚美和信任，是兒童最好的學習滋養劑。設計多元的學習教材，並依據兒童不同的學習能力給予明確有效的指導，能有效指引兒童正確的學習。

多元且具體的評量方式是必要的，技能的學習評量要能具體測度，要有情境、標準、條件對象等，讓兒童有自我挑戰評量的機會。評量時應著重學習態度、欣賞能力、同儕互動、想像創作等的情意評量。

球類活動教學指導（鄭榮源，2000）時應注意下列幾點：

1. 基本動作教學時，應採用分組方式進行練習。

2. 基本動作教學時，應讓兒童有充分練習的時間，讓兒童學會肢體操作性動作技能與球的協調性動作。

3. 基本動作練習時，應採用遊戲化教學，以提高兒童學習興趣，並簡化遊戲或比賽規則。

4. 教學時，應特別注意品德陶冶和團隊精神表現。

5. 球類遊戲前，應先說明遊戲名稱、方法、規則及注意事項，使兒童徹底明瞭，才可進行遊戲或比賽。

6. 當遊戲或比賽進行時，對已宣布的規則與須知，必須明確執行，以培養兒童守法與服從的精神與態度。

以上所述的球類遊戲教學活動設計與指導原則中，簡要轉化成一些教學活動，分別陳述於表8-1至8-7中；表內概分為活動名稱、教學目標、教學活動三項供參考。本表內的單元範例無法於短時間完成，可配合兒童生理發展及學習成效做配套設計活動教學。

表 8-1　球類教學活動：誘導活動（一）

活動名稱	誘導活動（一）
教學目標	1. 了解各種空間移動與自我動作的變換 2. 學會控制自我身體的動作，培養協調、敏捷、平衡等能力 3. 喜歡嘗試運用身體，表現出具有創意的動作及遊戲
教學活動	單人遊戲 1. 大步前進→後退　　2. 橫行　　　　3. 跳側併步 4. 開合跳 5. 轉身跳（1/4、1/2 圈……轉）

表 8-1　球類教學活動：誘導活動（一）（續）

活動名稱	誘導活動（一）
教學活動	6. 急跑急停（類似 123 木頭人，可隨機變換姿勢） 雙人遊戲 1. 跟我做（反方向） 2. 踩腳 3. 捉尾巴

表 8-1　球類教學活動：誘導活動（一）（續）

活動名稱	誘導活動（一）
教學活動 教學活動	4. 老牛拖車 5. 跳躍拍掌 **多人遊戲** 1. 保護國王：一人當鬼，四人一組，其中三人牽手圍成圓，另一人站於圓圈中當國王，另三人帶著國王以旋轉方式移動，保護國王不被鬼抓到。 2. 貓捉老鼠：四至五人牽手圍圈，另外兩人分做貓與老鼠，穿梭在圈圈之間。 3. 疊疊樂：四人為一小組排成縱隊坐下，後者起身跑至最前坐下，如此依序前進，由起點到終點。 4. 撈魚：先由兩人牽手當魚網，其他人都當魚，魚網要抓魚，凡被魚網碰觸者，都要反當成魚網抓魚。遊戲最後將形成魚網越來越大，魚兒越來越少的情況，直到最後一條魚抓完為止。

文字資料來源：教育部數位教學資源入口網（2000）

圖：自行繪製

表 8-2　球類教學活動：誘導活動（二）

活動名稱	誘導活動（二）
教學目標	1. 了解如何運用身體進行活動的基本概念 2. 學會運用球來操控肢體，進行各種基本的身體活動能力 3. 願意嘗試各種球類活動，充分感受活動樂趣
教學活動	**單人遊戲** 1. 持球伸展：上→下→左→右→背→後（每單一動作都由兒童由1數到10，每做完一個動作時，讓兒童自由設計要球動作） 2. 持球繞身：頭→腰→腳→胯下單腳→胯下雙腳（老師先讓兒童熟識各種身體部位所構成的環繞動作，然後以口令指揮瞬間改變環繞動作，可刺激兒童反應與提高趣味） 3. 持球寫字：數字、中、英文皆可，讓兒童做身體活動，動作越大越好

表 8-2　球類教學活動：誘導活動（二）（續）

活動名稱	誘導活動（二）
教學活動	**雙人遊戲** 1. 拔河　　　　　　　　　　　2. 畫圈 3. 搖搖樂（前、後、左、右、繞圈） 4. 互傳（頭上傳、胯下傳、左右傳） **多人遊戲** 1. 接龍傳球：球的傳遞方式可由頭上、腳下、左右側身、向前、向後滾球等各種組合加以變化

表 8-2　球類教學活動：誘導活動（二）（續）

活動名稱	誘導活動（二）
教學活動	2. 球追球

文字資料來源：教育部數位教學資源入口網（2000）

圖：自行繪製

表 8-3　球類教學活動：滾球遊戲

活動名稱	滾球遊戲
教學目標	1. 了解球「滾」的特性及如何運用自我肢體的概念 2. 學會在各種空間，具有操控球的身體活動能力 3. 具有信心去玩球，進而產生創意性的活動
教學活動	**單人遊戲** 1. 滾球繞身：雙腳→單腳→交換腳→坐姿→躺姿→左右滾→前後滾 　　→滾圈

表 8-3　球類教學活動：滾球遊戲（續）

活動名稱	滾球遊戲
教學活動	2. 滾球前進：前進→後退→繞方形→繞 S 形、三角形

3. 對牆滾　　　　　　　　　　　　4. 滾球進箱：穿過與不穿過之組合

雙人遊戲

1. 開腳對滾　　　　　　　　　　　2. 胯下對滾

3. 移動式滾球（一）：滾完球後，立刻跑至前方轉身接球

表 8-3　球類教學活動：滾球遊戲（續）

活動名稱	滾球遊戲
教學活動	4.移動式滾球（二）：依球行進方向而改變身體由位置 A 移動至位置 B 接球 多人遊戲 1.滾球大戰：將球滾至圈內並擊倒保特瓶。圈內的球與保特瓶等，都可以有其他物品替代 2.滾球式躲避球：以躲避球球場為場地，攻擊時須以手滾球，對方內場兒童閃避場內滾動的球

文字資料來源：教育部數位教學資源入口網（2000）

圖：自行繪製

表 8-4　球類教學活動：拍球遊戲

活動名稱	拍球遊戲
教學目標	1. 了解球的特性及如何運用肢體的基本概念 2. 學會在不同空間操控自己肢體力量與行動的能力 3. 學會操控球與自己肢體協調配合的能力 4. 提升兒童活動肢體的信心及挑戰難度較高的勇氣
教學活動	單人遊戲

1. 單手拍球
   （左、右手個別拍球）

2. 雙手交互拍球
   （由左、右手交互拍球）

3. 拍球前進

4. 拍球橫行

5. 用力拍球彈高
   （低拍高彈）

6. 拍球左右轉圈
   （球繞身體成圈）

7. 高彈球穿越

8. 拍球後跨跳

表 8-4　球類教學活動：拍球遊戲（續）

活動名稱	拍球遊戲	
教學活動	9. 拍球後轉身 （球不動、人自轉）	10. 拍球後跨腳
	11. 蹲下拍球 （前進→後退）	12. 蹲下拍球繞圈 （球與身體同繞）
	雙人遊戲	
	1. 單球交互拍球	2. 雙球交互拍球
	3. 攜手拍球	4. 搭肩拍球

表 8-4　球類教學活動：拍球遊戲（續）

活動名稱	拍球遊戲
教學活動	5. 胯下拍球　　　　　　　　　6. 猜一猜（透過聲音猜聲音來源，球的種類等） 7. 拍球繞行（開腳坐→盤坐） **拍球接力遊戲** 1. 分為若干組，採縱隊式比賽行進較便利 2. 行進拍球的動作可隨機變換，如右手→左手→換手拍等

文字資料來源：教育部數位教學資源入口網（2000）

圖：自行繪製

表 8-5　球類教學活動：傳接球遊戲

活動名稱	傳接球遊戲
教學目標	1. 了解肢體在空間活動的操作概念 2. 了解不同的球類活動特性 3. 學會如何運用肢體操作有效的傳接球技能，並應用在遊戲中 4. 培養兒童運用身體律動創作各種傳接球的動作 5. 讓兒童在團體互動中學習參與的能力及意願 6. 能在快樂的遊戲中培養兒童運動的休閒興趣與合作精神
教學活動	**單人遊戲** 球的種類均可替換成大球 1. 單手接　　　　　　　　　2. 雙手接 3. 拍接 4. 站立接　　　　　　　　　5. 蹲姿接

表 8-5　球類教學活動：傳接球遊戲（續）

活動名稱	傳接球遊戲
教學活動	6. 正中目標 雙人傳接 1. 低手（肩部以下）傳接紙球　　　2. 高手傳接紙球

表 8-5　球類教學活動：傳接球遊戲（續）

活動名稱	傳接球遊戲
教學活動	3. 移動位置接球（將球由身體左右、前側、或傳出後轉身，移動位置至球落地點接球） 4. 球繞身（背向、併肩、相對……） 5. 機警練習（球穿胯下轉身撿球、雙球雙傳、呼聲轉身接球） 6. 接球活動（左右、相對）

表 8-5　球類教學活動：傳接球遊戲（續）

活動名稱	傳接球遊戲
教學活動	7. 傳球與接球 **各種傳球練習遊戲** 1. 相對傳接（低手、側肩、肩上傳球） 2. 反彈傳球（雙手、單手） 3. 肩上、高手傳球

表 8-5　球類教學活動：傳接球遊戲（續）

活動名稱	傳接球遊戲
教學活動	其他傳球練習遊戲 1. 扇形傳球 2. 三角、四角傳接：初期以不跑動變換位置練習，再慢慢加入跑動 　　變換位置的練習

文字資料來源：教育部數位教學資源入口網（2000）

圖：自行繪製

表 8-6　球類教學活動：投擲遊戲

活動名稱	投擲遊戲
教學目標	1. 了解肢體動作的操作概念 2. 培養兒童投擲的基本動作及能力 3. 使兒童有信心去把玩球，進而有挑戰難度較高的勇氣 4. 讓兒童在遊戲中學習團體互動的關係，並快樂的參與遊戲
教學活動	**投擲練習** 1. 利用舊報紙捲成前細後粗的紙棒，做各種拋擲的活動 2. 分成兩邊，中間拉一條橡皮筋或鬆緊帶（高度110公分），將紙棒拋越橡皮筋後，再撿拾對方丟過來的紙棒繼續拋擲 **過街老鼠** 全班分成兩隊，相距約八至十公尺，雙方各擲紙棒，互相丟擲穿越於行列間的呼拉圈，呼拉圈以繩索固定或不固定的來回拋擲都可以 8～10m

表 8-6　球類教學活動：投擲遊戲（續）

活動名稱	投擲遊戲
教學活動	單人遊戲：擲準

表 8-6　球類教學活動：投擲遊戲（續）

活動名稱	投擲遊戲
教學活動	雙人遊戲 1. 擲準 2. 投球與打擊

表 8-6　球類教學活動：投擲遊戲（續）

活動名稱	投擲遊戲
教學活動	3. 扣殺球與低手接球　　　　　　4. 投籃與防守 **多人遊戲** 1. 一人拿著呼拉圈移動，其他人丟擲球進呼拉圈中 2. 一人邊滾動大球邊移動，其他人丟擲球打大球

162

表 8-6　球類教學活動：投擲遊戲（續）

活動名稱	投擲遊戲
教學活動	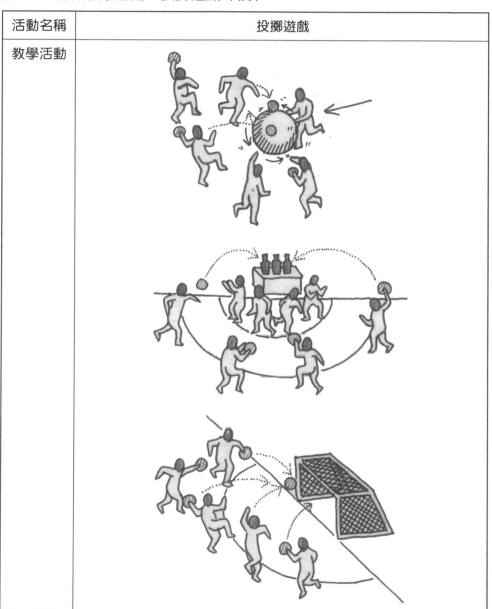

文字資料來源：教育部數位教學資源入口網（2000）

圖：自行繪製

表 8-7　球類教學活動：踢球遊戲

活動名稱	踢球遊戲
教學目標	1. 了解球與腳的關係、特性及在空間操作的方法 2. 了解足球活動所需具備的各類技能及策略 3. 給予利用肢體不同部位及方式操作球的機會 4. 學會足球活動中的攻擊及防守的觀念與能力 5. 學會有效的踢球、傳球及停球、護球的技能及運用的時機 6. 使兒童在安全的學習環境中產生信心，並樂意繼續學習 7. 培養與他人合作的精神、面對自我挑戰的勇氣及足球運動的興趣
教學活動	**垃圾袋足球** 1. 原地踢袋 　（人與球皆在原地）　　　2. 助跑踢袋 2m 3. 踢袋前進　　　　　　　　4. 踢袋騰空 　　　　　　　　　　　　　（垃圾袋離地飛行後落下） 5m

表 8-7　球類教學活動：踢球遊戲（續）

活動名稱	踢球遊戲
教學活動	**用頭頂袋** 1. 原地站立　　　　2. 蹲下跳起　　　　3. 前後左右移動 **用身體頂垃圾袋或沙灘球** 1.用身體任意部位頂垃圾袋或沙灘球，使其不落地（如下圖） 2.計時30秒，計算能頂幾下（用手次數越少越好） 3.計時30秒，計算能頂幾下（不可用手） **螃蟹運球（一般球類或紙球均可）** 1. 前後　　　　　　　　　2. 左右

表 8-7　球類教學活動：踢球遊戲（續）

活動名稱	踢球遊戲
教學活動	3. 曲線走 與球共舞 1.V 字形　　2. 胸前　　3. 背後　　4. 用球繞腰 用腳接拋球 1. 自由落地（用雙腳接球）　　2. 用手接球 用腳拍球 1. 原地　　2. 換腳　　3. 轉圈

表 8-7　球類教學活動：踢球遊戲（續）

活動名稱	踢球遊戲
教學活動	**持球踢（一般球類或紙球均可）** 1. 膝踢紙球（單腳踢、換腳、左右腳輪流） 2. 足背踢紙球（踢高、踢遠） **圖中實線為綁住紙球的線** 3. 拋（持）球踢 **用頭頂球** 1. 頭頂汽球　　2. 反彈頂球（軟質皮球或排球）　　3. 自拋頂球

表 8-7　球類教學活動：踢球遊戲（續）

活動名稱	踢球遊戲
教學活動	跳躍護球 1. 左右跳、前後跳　　　　　　　2. 由球的後方跳起後分腿落下 　　　　　　　　　　　　　　　　保護球於雙腳中 互拋頂球 1. 反彈頂球　　　　　　　　　　2. 互拋頂球 推球搶球 停反彈球

表 8-7　球類教學活動：踢球遊戲（續）

活動名稱	踢球遊戲
教學活動	**多人遊戲踢球接力** 1. 繞圈接力：先使用軟繩（童軍繩）綁住紙球，手握軟繩將球放於腳背前方繞著地上的線進行踢球動作，待動作成熟後方可改為足球或排球。可使用籃球場上的罰球圈及跳球圈合併使用或以呼拉圈替代 2. S 型接力 3. 請球入甕：將球踢至靶內，距離由近而遠

表 8-7 球類教學活動：踢球遊戲（續）

活動名稱	踢球遊戲
教學活動	4. 模仿踢球 　• 後者跟隨前者之路徑 　• 依信號輪流換帶領者 5. 猜拳接龍 　• 兩組人相遇猜拳 　• 輸者跟著贏者尾巴走 6. 越來越擠 　• 在球場中自由踢球，但以不碰到他人為原則 　• 球場由全場縮為半場，並加快速度（可配合音樂） 7. 乒乓足球 　• 規則與乒乓球相同，反彈一下才能踢 　• 人數可增至四人一組（每邊兩人）或八人一組（每邊四人）

表 8-7　球類教學活動：踢球遊戲（續）

活動名稱	踢球遊戲
教學活動	8. 帶球回家 兩組人在一分鐘內，互相搶對方的球，帶回自己的地盤中 ・把球帶回自己圈內，任何人不可互相阻擋，計算數量 ・或各組可設兩人在防守圈內做阻擋，但不可做犯規動作 ・A防守圈內加至五人，每圈約直徑兩公尺，或用呼拉圈 　B被防守者碰（摸）到之人，要帶球繞行防守圈一圈，再出發 ・每人皆可互相盤球，抄球阻擋

文字資料來源：教育部數位教學資源入口網（2000）

圖：自行繪製

結論

築一個兒童的運動樂園，需要場地規劃、行政策略、教育規範等各方面相輔相成，更需要完整的體能運動教學計畫。兒童身心發展正值快速成長期，兒童時期的運動是否適當，將會左右一個人一生的身體健康基礎。所以，有品質的體能運動與活動在校園推動實施是最好的時機，假如誤了運動發展的最佳時期，往後的努力練習將事倍功半。讓兒童在學習運動技巧知能的同時，能享受運動樂趣，能更進一步促進兒童及早養成規律運動的習慣，並擁有良好的體能。唯有把握養成運動與健康生活習慣的黃金時期，提供專業、有計畫、安全且健康的運動環境，正視兒童運動的權利，才能為兒童日後終身運動奠定基礎。

第九章

水域運動

第一節　前言

　　台灣地理環境是屬於四面環海且類似番薯形狀的島嶼，在這面積約3.6萬平方公里的福爾摩沙島，水域形態的活動更是不勝枚舉。2010年時，當時的馬英九市長，提出「全民泳起來」計畫，主要是為了提倡游泳這項運動，並提高全體台灣人民能夠養成運動的好習性，當時的「泳起來」計畫不僅提供了國人更多可以游泳的場所，同時也讓許多家長能夠讓他們的下一代更早接觸游泳這項運動，藉此培養長期游泳或是休閒運動的好習慣。為了落實「全名泳起來」的計畫，2009年，政府等相關單位更是經過了三次總統府會議、六次跨部會議、31次小型會議，才通過了12年78億的專案經費，並經由體委會主導此專案的推動，相關部會共同編列預算執行。

　　根據體委會的研究報告指出，根據2010年的統計，全國學校的游泳池總數只有55座，其總數目仍遠低於日本31,780座，英國3,000座，法國2,081座。其次，台灣兒童的游泳能力也須向其他國家的標準看齊，以目前台灣國小畢業生合格標準為能游完15公尺，國中合格標準為25公尺，高中合格標準為50公尺為例；其他國家對於不同年紀的游泳能力更是有不同的標準。例如英國的國小標準為漂浮、游完25公尺、水中求生，而國中能水中救生；法國的國小標準為深

水區游完15公尺，國中須達深水區游完50公尺、仰漂、下潛3公尺。

在改善並增建全國各地游泳池方面，2010年所提倡的「全民泳起來」計畫書裡，政府等相關單位總共編列了8.9億元經費給教育部、體委會、國防部、內政部及海巡署等部門單位，興建改善游泳池的規模與設備，並且更透過專業人士的規劃與活動宣導，檢測不同年級兒童的游泳能力。全國游泳池軟、硬體設施的更新，就連同軍事單位溫水泳池比率將大幅提升，學校從54%提高至61%；社區從51%提高至70%；軍事單位從8%提高至61%，全國泳池總數將增至1,202座。

一般來說，游泳是最沒有運動傷害的運動，且較不受年齡限制。經醫學證實，游泳能強化骨質，並能促進人體肌肉及骨骼成長，也是治療氣喘的最佳運動。游泳運動還能增強肺活量，降低心跳頻率，並增強免疫力，促進荷爾蒙分泌，也能使兒童臉色紅潤，容光煥發。若加上低熱量的飲食並配合游泳運動，還能到達減肥的功效。游泳運動是左右均衡的運動，能促進平衡感及感覺統合的提升，並能漸進式的增加心肺耐力，激發潛能，訓練爆發力，培養恆心。游泳運動能避免靜脈曲張並增強血管彈性，能有效控制糖尿病變，達到預防與治療心臟病及血管引起之疾病。

第二節　兒童學習游泳

一、兒童參與水上活動的好處

主張兒童學習游泳的專家認為，兒童學習游泳有很多益處。兒童時期是人一生中生長發育最旺盛的時期，利用這一黃金時期展開游泳活動，對身心發育大有好處。兒童經常游泳可使心肌發達，新陳代謝旺盛，心跳比同齡兒童慢且有力，這就為承擔更大的體力負荷準備了條件。兒童游泳這一複雜動作是在大腦支配下完成的，這樣在游泳的過程中也會提高大腦的功能，表現為大腦對外界環境的反應能力快，智力發育好。兒童經常游泳，呼吸系統的功能也得到了

提高，表現為肺活量大，憋氣時間長。經常游泳可消耗過多的脂肪，利用全身各部位的肌肉，使體型勻稱健美，經常游泳活動還能夠提高身體組織的耐寒與抗病的能力。另外，當兒童剛開始從事水上活動的階段時，如果父母皆能參與或陪同課程，不僅能增進親子間的情感，更能從課程的互動中了解兒童所可能面對的困難，並能從中給予鼓勵與指導，這在兒童的心靈成長來說是一個重要的階段，更是親子之間互動的最好橋樑。

大部分的家長希望在兒童成長的階段中，能藉由一起從事休閒活動，增加雙方的互動以培養親子關係，尤其游泳這項水域活動。安全的水上活動除了增進親子關係之外，水上運動能夠帶給父母和兒童的共同益處包含：

1. 游泳運動能促進父母與兒童的情感、依附感及相互信任感。
2. 游泳運動能用輕鬆愉快的心情，建立兒童對游泳的自信心。
3. 游泳運動發展良好的平衡感（前庭神經系統發展）。
4. 游泳運動能發展兒童對於學習和解決問題的能力。
5. 游泳運動幫助肌肉、反應能力、專注力及人際關係的發展。

而兒童從事水上活動對於身體結構大致可以區分為以下九大好處：

1. 有利骨骼關節發展：兒童在水中運用水中的浮力，自由自在的舞動四肢和脊柱、伸展關節，且不會受到反作用力的衝擊，因此有利骨骼關節的發展，更有助於骨骼的發育。
2. 可增加肌肉的協調性與平衡感：因為水是流動的，所以具有不穩定性的特質，兒童提早接觸水上活動能藉此訓練肌肉的協調性與平衡感，甚至長大後的肢體動作及各項運動都能有較好的表現。
3. 有利生長發育：因為游泳能鍛鍊兒童的肌肉組織、促進血液循環，每當游泳課程結束後，體力的消耗使得精神輕鬆都將有助於增加食慾、進而促進肌肉的發育和生長。
4. 能刺激神經系統與智力發育：在游泳池裡，水流的波動及水壓會自然地按摩兒童的全身皮膚，藉此可以刺激兒童神經系統的發育，甚至有利於智力發育。

5. 能強化心肺功能、改善呼吸道問題：水的流動與壓力能對皮膚周邊血管產生按摩作用，進而能讓孩子的心臟得到更好的鍛鍊。而且在進進出出水面當下，變動的水壓也可以鍛鍊到兒童的呼吸方式，因此可提高心肺功能，並能改善呼吸道及氣喘等問題。

6. 能提升免疫力：讓兒童提早接觸水上活動，藉由不斷適應水溫與室溫差異的變化，對免疫力也有相當的鍛鍊與提升。

7. 此時學習能力最強：有專家表示，零至三歲的兒童像超強的吸水棉，直覺及反射式的學習能力超強，因此，此時學習游泳是很適當的時候。

8. 學習自救：從小就學習並熟練水中自救能力，終生將受用無窮。

9. 可促進親子關係：教練在教學後，父親或母親可利用下課後或上課前，先行與兒童一起練習，親子一起優游與水中，就算開心玩水都好，對親子關係的培養有很好的正面作用。

根據美國小兒科研究院，目前有五百至一千萬名美國兒童及學齡前兒童已接受過某種形式的水上課程訓練，在一些地區，年滿三歲的兒童就可以報名參加游泳課，但也有一些游泳教育課程的組織者表示，三歲左右兒童的游泳課程只不過是為了讓他們早日開始與水打交道而已，並不會教授特別的技能給予這些游泳初學者。為此，研究人員告誡說，家長在選擇是否讓自己的孩子參加游泳課程以及參加何種課程時應當謹慎為好，並且不要一開始就對孩子寄予過高的期望，以免無形中造成兒童的壓力，如此反而增加兒童對水的恐懼感，並且可能造成往後對水上活動學習的障礙。

一般來說，游泳運動的好處不勝枚舉，其中最大的優點莫過於此項運動所可能造成的運動傷害更是微乎其微。其實，兒童游泳的好處更是眾說紛紜，一般游泳業者僅用簡單的廣告說詞告知家長游泳如何對兒童身體與心理的發展有益處。多數醫師指出兒童游泳運動對於其身體結構的益處如下：

1. 初生嬰兒有利於胎便排除，胎便中含較多膽紅素，盡快排出可使嬰兒黃疸減輕、加速消退。

2. 促進兒童視覺、聽覺、觸覺及平衡覺的全方位發展。

3. 激發兒童腦神經發育成熟、水中全身運動可促進大腦對外界環境的反應能力。

4. 提升智力發育及啟發智商，為兒童素質立下良好基礎。

5. 增強兒童心肺功能、提高兒童肺活量。

6. 提高機體免疫力和抗寒能力，有助兒童養成健康快樂情緒。

7. 促進腸蠕動、消化吸收功能，改善腹部脹氣、便祕等症狀。

8. 幫助兒童建立正常的睡眠規律，減少不良睡眠習慣的形成。

9. 促進親子情感交流，讓兒童隨時充滿「被愛」的滿足。

10. 促進肌肉協調性與平衡感、骨骼與關節的生長，同時刺激身體發展及體格健壯。

11. 刺激大腦前肢的發育，提高空間想像力、推理能力和數學能力，「EQ」水平顯著提高。

12. 不僅僅是皮膚和水的接觸，而是視覺、聽覺、觸覺、嗅覺，平衡覺、肌肉控制覺的綜合資訊傳遞。

二、嬰兒時期的游泳

　　對於嬰兒來說，智力發展第一要點就是要減輕或消除其面臨環境改變所產生的不安全感。嬰兒游泳，再造了子宮羊水的環境，使嬰兒延續體驗在羊水中自由自在活動肢體的感覺，幫助嬰兒適應不同的「內」、「外」環境，在兒童心理發展上有著極為重要的意思。其實胎兒從胚胎時在母體的羊水囊中就具有一定的適水性，所以一出生的當下如果即刻放入水中，其實是能很快適應水中環境。因此，藉由俄國生理學家Igor Charkovsky在1960年代發明的水中生產方式，並由法國的Michael Odent醫師於1970年代開始將水中生產帶到醫院之後，美國隨後在1980年代也由Michael Rosenthal醫師引進歐美。直到1996年，約共有兩萬五千名嬰兒已成功運用水中生產這項技術順利產出健康的嬰兒；預估全世界自1985年至1999年之間，共有15萬名嬰兒在水中誕生。尤其，當嬰兒離開母體進入水中的當下，由於臍帶尚未剪斷，母體仍然不斷供應養分，此時可依照嬰兒當下的狀況在水中停留數分鐘後再抱離水面，藉此貼近母親的胸

前，瞬間進行哺育母乳，嬰兒會覺得更有安全感以及比較適應水中的狀態。

人的感覺接受能力最強的時期是在出生至六個月的時候，這時五百萬個皮膚感覺細胞對水的刺激最敏感，游泳時可提高嬰兒的感覺細胞敏感度。游泳對嬰兒的全身皮膚、骨骼和五臟六腑輕柔有愛撫的作用，可以促進視覺、聽覺、平衡感綜合信息的傳遞，引起全身包括神經、內分泌系統的良好反應，促進身心健康發育。但考量嬰兒骨骼肌肉的成熟度，醫師還是會建議家長等到嬰兒成長至六個月大之後再開始學習游泳比較適當。當然，大多數游泳業者或是教練會建議家長，兒童第一次接觸游泳教學較適當時期是在兩歲半以上或是懂得溝通的時候是比較適合的，因為如果兒童聽不懂游泳教練的指令，就很難會有所謂的課程可言。

根據針對嬰兒及兒童游泳姿勢的觀察、分析和統計：兩個月以前的嬰兒最喜歡的游泳姿勢，第一是仰泳：仰躺在水中運動，不哭也不鬧，表情很舒適安祥，如果這時將其抱出水面還可能還會不情願的哭。第二是踢水運動：雙腳無節奏的踢水，雙手握拳，雙手內旋式划水，雙腳運動頻率明顯高於雙手，有的嬰兒還可在浴缸裡游幾個來回都不停下來。

二至三個月後的嬰兒開始喜歡改為前胸朝下的俯泳。一般看來，一歲前的嬰兒多數在大部分時間中都喜歡仰泳。一般而言，任何一種游泳姿勢，對孩子來說只要舒適、安全，都是適合他們的姿勢。

三、兒童游泳教學應該注意的要點

兒童學習游泳技巧的時候，需要非常大的自信心與相對的依賴感，尤其是對於第一次接觸游泳課程的兒童，游泳教練大多會希望家長能夠暫時的離開兒童的視線，以維持兒童在課程進行中，減少對父母的依賴，並相對的更快信任游泳教練給予的關懷與課程進度，盡快的適應水中的活動。

各種兒童游泳的動作與課程，千萬不要認為在短短幾次課程之內就能讓兒童學會游泳。游泳運動是其他運動項目中較困難的動作學習，學習過程應是循序漸進，有耐心的陪伴，抱持著玩遊戲的快樂心情，切勿心急就責罵兒童，或

是好高騖遠的心態，在基本動作還未熟練之前就做進階的動作，以預防失去了學習的動機。在溫水游泳池的作用下，汗腺分泌增強，汗液排出增加，有毒代謝產物和毒素也隨之排出，但是游泳課程結束後，呼吸頻率變得淺快會造成體內部分水分的流失，體內液體的流失，易導致血液濃縮，使組織內的水分進入血管，會促使滲出液的吸收。大量出汗也會損失一些氯化鈉，使身體有虛弱的感覺，因此建議課程結束後，家長能夠給兒童補充一些含葡萄糖的飲品，以補充水分的流失，加速體力的復原。

第三節　兒童游泳教學與水上遊戲

一、兒童參與游泳的優點

從人類姿勢進化的觀點來看，是從坐姿勢到爬姿勢再進化到站和走，最後才能跑、跳，每一種姿勢學習都得克服重力才能達成，尤其是跑的姿勢所需克服的重力，有時甚至高達自身體重的好幾倍，所以兒童在學習跑的姿勢是最為困難。然而游泳這項運動是在水中所進行的活動，「水」本身具有浮力（浮力＝物體在水中減輕的壓力），能夠抵抗因雙腳所承受的重力而產生的負荷，對發育中的兒童在生理上有極大的幫助，而且水的密度比空氣大，在水中的阻力為空氣的八百倍，利用這個阻力，可以訓練兒童控制身體活動及平衡的能力，是個很好的全身性運動，所以是值得提倡的一項運動。

二、兒童運動心理

學齡前的兒童，在學習上比較不專心，靜態性的學習方式，效果比較會打折扣，因此利用動態的遊戲教學方式可讓兒童不經意的在遊戲中學得身體控制的技巧。一般而言，兒童游泳是他們的一項遊戲，而游泳技巧是其次的，例如悶氣動作，是兒童學習游泳的一道障礙，尤其是對從未下過水的兒童而言。所

以不能用強迫的方式要求他們，而是利用教學器材與遊戲的結合，將課程導入遊戲當中，到最後才達到學成游泳的目的。家長不要心急著想看到什麼成果，這樣很容易弄巧成拙，甚至會造成兒童懼水的心理。嚴格說來，兒童只要肯下水和其他兒童一起玩水，那就已經達成基本的目的。

（一）自我中心期

　　二至三歲左右的兒童，正是喜歡交朋友的時候，對周圍事物開始感興趣且能集中注意力。但因社會性、常規觀念較薄弱、依賴心重、自我性強，所以常發生打架或排擠對方的行為，該階段教學以尊重對方、守秩序等常規為主。

（二）好動期

　　大多數四歲以上的兒童，已經能夠充分運用他們的語言能力來表達思想，而且特別愛講話，對事物充滿好奇、疑問，但卻較有暴力傾向、行動粗暴。此階段教學應多以肢體語言取代言語上的告誡，以有效的轉移兒童的注意力達到學習效果。課程設計建議多帶入趣味、大肌肉運動課程內容，來引起兒童的學習意願，力求簡單的動作實施。

（三）成熟期

　　五、六歲的孩童，各方面發育較成熟，也具有較好的運動能力，懂得遵守秩序，行動有規律，漸漸脫離自我中心期的依賴性，比較有參與及學習的慾望，此階段教學，應以生動活潑、趣味性較高來引導，動作也可以較為繁複及多變化的實施。

三、兒童運動生理

　　三至六歲的兒童因細微神經（如自主神經、中樞神經、運動神經等）及生理構造還未如國小、成人來的發達，所以動作力求簡單、容易實施為原則。即是大肌肉運動為主。

四、兒童游泳教學定義

　　任何一種兒童教學，其學習動機即是遊戲，透過遊戲的方式導入學習，可得到事半功倍的教學效果，所以每一個教學的動作都須力求「動物化」、「趣味化」為原則，以提高兒童學習的慾望與興趣，即是運動功能大於技術的學習。

五、兒童游泳動機

　　任何技術、技能的學習都有學習動機，但兒童學習游泳動機80%以上都是被父母強迫學習的，父母讓兒童學習游泳動機無異是求得健康及學會游泳（自救）。所以80%以上的孩子剛到游泳池時，大都是徬徨、無助、驚恐的心理，雀躍者只在於少數。所以教練在課程設計方面，需要在第一節課時，把父母主動、兒童被動的原始學習動機轉變成兒童是主動的，而父母則更積極的參與。

六、兒童游泳教學應有的「六心」

（一）愛心

　　游泳教練對待兒童應如同對自已的子女弟妹一樣，發自內心的關懷之情，把個人情緒加諸於孩子的學習，不論美醜、智愚都能給予積極正面的教導，即孔子所說的「有教無類」的精神。

（二）耐心

沒有耐心就不能成為一個真正優秀的教練，故耐心是成為教練的基本條件。教練應體會到孩子是因為不會才來學習，當兒童達不到教練要求時，也能和顏悅色，不放棄，努力尋求解決方法。

（三）細心

有敏銳的觀察力，是所有教學成功的秘訣之一，從兒童開始成為班上的一員後，就應馬上觀察每一兒童的成長背景、心理發展，然後因材施教，製定有效的練習方法及課程。

（四）虛心

即謙虛受教之心。古言「滿招損、謙受益」；兒童教學變因很多，有時憑以往的經驗，自己較難自理，問題往往無法解決。平常若常和其他同仁切磋心得，可避免錯誤的教法及觀念，而在教學知識與方式上必定是受益良多。

（五）信心

即兒童學習游泳進步的必要條件。教練上課時有顆祥和、從容的心給予兒童正面的鼓勵、肯定他一定可以學會，不要著急，如此才能製造歡樂的上課氣氛、增加兒童的學習機會，便能很快進入狀況，學習方能進步。

（六）關心

關心乃是教學的口碑。教學不只在知識、技能的傳授，更應注意「心靈的溝通」。成功優秀的教練，必須具備一份關懷的心，在課中、課後應與兒童家

長多做聯絡、溝通，了解孩子的學習反應，將更有助於教練的教學。

七、兒童游泳教學十二基本原則

（一）穩定情緒

　　初次學習游泳的兒童，大部分的狀況都是會對水產生恐懼感、有的不願離開家或父母、有的不知入水之後會如何反應。所以游泳教練首先必須先穩定兒童的情緒，這是游泳教練實施教學前最重要的工作。整班的教學效果就看兒童的情緒是否穩定，所以教練能給予每一位兒童安全感（穩定的情緒）是很重要的。

（二）引起動機

　　教練可以在課程開始之前先行了解兒童是被家長逼的或是自願來學習的，動機的引起，攸關著教練教學成功與否的直接因素之一。引起動機與如何實施一個好的動機，將會使原本怕水的兒童喜歡水，而喜歡水的兒童會更快的學會游泳。

（三）建立信心

　　初次學習游泳的兒童，很多都是有恐水症或對水有痛苦的經驗者，教練應注意這些兒童，協助他們重拾信心，引導的動作越簡單越好，使之能達到學會游泳的目的。

（四）布置環境

　　安全的教學環境，是所有課程開始前的首要注意事項。

1. 教學場地布置。
2. 教學器材準備。
3. 人員掌握。

（五）訓練常規

　　教導兒童學習游泳的第一次課程時，比較有經驗的教練大多會建議運用常規的方式加入至課程中，以便輔導第一次上課的兒童，例如：

1. 運用編號的方式，讓兒童可以簡單清楚的知道順序，以便管理順序與流程。
2. 課程中要求兒童在上課中能注意教練的動作，以便管理好上課中該有的秩序。
3. 愛護器材。
4. 對教練的尊敬。
5. 了解彼此互相友愛的好處與重要。
6. 班級裡面派選出一位兒童當小班長。

（六）運用圓的教學理念、教學原則

1. 教練是圓心，是整班的主控者。
2. 掌握上課與休息量的此例。
3. 課程中盡量分配好在每位兒童身上的個別指導時間，建議每人不超過20秒（註：休息時間才是教練個別指導的最佳時機）。

（七）頻加鼓勵

　　適當的鼓勵、讚美、掌聲對於兒童學習是一種非常強的原動力。鼓勵分為動作練習前的安撫、動作練習中的激勵與動作練習後的鼓勵三種。尤其是隨著

時代的轉變，現代兒童的抗壓能力遠比50、60年代的人們低。因此，適時的鼓勵與溝通，將有助於兒童在未來的壓力控管有相對的幫助。

（八）漸進的誘導

兒童或是初學者在學習新的知識時，進步速度大多較為緩慢且無法放鬆或控制身體的肌肉，尤其是在學習新的肢體技巧，因此教練在課程設計時，應採漸進式的原則，不要超出兒童所能吸收的能力範圍為主，盡可能的把握住由簡而繁、由近而遠、由少而多的三大教學原則，如此可大幅增加兒童的學習興趣與動機。

（九）塑造英雄人物

這是經營學習氣氛的一種方式，教練適時選出小班長、小教練等，以刺激兒童學習的慾望。剛開始選出勇敢、膽大的示範者（並給予英雄式的歡呼或暱稱），往後能讓每一個人都有機會嘗試當示範者的機會，如此有利於激發畏縮、膽怯者向前。

（十）注意差異性

兒童的年齡、性別、身高、協調性、體力，都是影響學習能力的先天條件。指導教練要能夠很細心的觀察並給予每個人不同的目標，把握「因材施教」的原則，就能使教練的教學與兒童的差異性配合得天衣無縫，達到雙贏的局面。

（十一）設定目標

任何一種新的學習剛開始都是盲目的追求，當教練具備上述十項經驗後，

即能為每一位兒童設立學習目標，使得學習有所遵循，進而努力達成，同時也能給教練自我教學能力做評估。切記目標設定要容易達成，同時不是高不可及的要求，否則兒童容易產生挫折感，教練本身也會有失落感。例如教練給予兒童不同的悶氣秒數、划手次數、打水次數、漂浮距離、換氣次數、達到距離等，都能夠是循序漸進的目標設定。

（十二）有支點的教學

尤其是教「進階班」時，觀察兒童的能力、了解學習過程及進度，再設計兒童的課程。一般來說，新進教練比較常犯的缺失是不能了解兒童的能力及進度，以至於兒童的程度高過於所施教的課程，而造成兒童學習意願、興趣低落。

八、教練指導守則

1. 表演：教學如同在演戲一般，課程中教練能善於利用本身的肢體動作和幽默的語言傳達課程內容，可增加上課的趣味性及增加兒童上課的興趣。
2. 言語：教學態度輕鬆愉快，言詞盡量簡單易懂，又不失幽默風趣，如此可增加兒童的上課動機。
3. 幫助：教練於課程中，不吝於給學童幫忙。教練輕輕一扶、一拉、一推都代表著關懷，藉此可增加兒童對教練的好感，提升雙方面的互動。
4. 輔助：兒童在學習時，遇有學習障礙或體型不能配合現有場地之教學時，教練應利用輔助器材（如浮板、浮臂、浮腰、教學椅）以建立兒童的學習信心。
5. 矯正：團體教學或個別指導，都應把握因材施教，細心指導，並能清楚的親身示範動作與說明。切記千萬不能有輕浮、戲弄之言語動作，以免造成不必要的解讀。
6. 獎賞：善於利用機會給予兒童語言、動作或實質的鼓勵。

九、講評

　　負責的教練能運用課程結束前的五至十分鐘的時間，複習當節課程所實施的動作，向每一位兒童分析、鼓勵。好的講評、清楚的個別指導，不只會帶給兒童肯定及信心，更期待下一次的上課，在兒童的父母眼裡也會是很盡責的教練。

十、兒童游泳課程

（一）兒童班初學者的裝備

裝備名稱	圖片
(1) 浮臂、划手板	
(2) 泳圈、浮條	
(3) 浮腰	

裝備名稱	圖片
(4) 浮板	
(5) 小水桶、小骨頭	
(6) 球	
(7) 水中玩具	

圖片來源：自行整理

（二）課程實施中的特別注意事項

1. 製造學習的成就感。

2. 教練是游泳運動習性的造就者，切勿當游泳運動終結者。

3. 兒童在學習過程中如遇有挫折、畏縮時,教練能馬上察覺並恢復為最原始、簡單的課程。

4. 因兒童生理機能不同狀況,給予實施不同的上課時間與強度。

5. 課程設計應富變化性,一堂課可以準備四種以上的裝備組合,避免兒童失去興趣。

(三)課程的編排案例

綜合以上論點,課程的編排案例如下:

1. 時間設計:

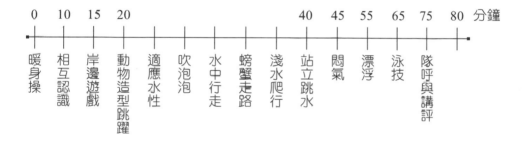

2. 暖身操:以節奏明快的音樂帶動活潑可愛、俏皮誇張的大肌肉運動,最能引起兒童的共鳴。

3. 介紹認識:以宏亮悅耳的聲音與天真逗趣的話介紹自己。同時也必須記牢每位兒童的名字,不時的關懷與招呼他,即可隨時抓住兒童的注意力。切記,隨時保持笑容,做孩子的朋友。

4. 岸上遊戲:運用器材(臉盆、水桶、水管)

(1) 臉盆、水桶玩法:

　*身體遠端接觸水實施方式:

　　腳:a.教練準備兩個臉盆裝水。

　　　　b.教練用手潑水幫兒童洗腳。

　　　　c.兒童自己潑水洗腳。

手：a.教練潑水洗兒童的手。

　　b.兒童自己潑水洗手。

＊身體接觸水實施方式：

　　a.教練先幫忙兒童做三次後由兒童自己動手做。

　　b.肚子（肚臍）—胸—脖子—屁股—背部。

　　c.兒童整個人坐進臉盆裡。

＊臉接觸水實施方式（口語：小貓咪洗臉；器材：水桶）

　　a.教練單手捧一點水接觸兒童臉頰。

　　b.教練雙手捧水幫兒童洗臉（先少許，再慢慢增加）。

　　c.兒童自己雙手捧水洗臉（遠離水桶，再慢慢拉近臉與水桶距離）。

＊嘴巴吹泡泡實施方式（器材：水桶）

　　a.教練雙手捧水離水桶，要兒童嘟起嘴巴用力吹氣（嘴巴與手距離30公分，再慢慢拉近）。

　　b.教練雙手置於水桶內，讓兒童有信心更接近水面吹氣。

　　c.讓兒童自己敢接觸水面吹泡泡。

(2) 水管玩法：

　　＊先讓兒童排隊站立於教練前面，教練拿水管逐一向每位兒童噴水。

　　　　a.正面：腳→膝→大腿→肚子→胸→脖子

　　　　b.背面：屁股→腰→背部→頸

　　＊噴水柱做成山洞，兒童逐一穿過山洞先高後慢慢降低。

　　＊讓水柱噴向天空，成下雨狀，要兒童去淋雨，先小雨後大雨。

　　註1：或許有些兒童會因環境陌生而哭鬧，此刻教練必須發揮耐心和愛心去誘導兒童來加入此行列。

　　註2：每項動作教練必須先示範一次給兒童看。

5.岸邊遊戲：將兒童排成一排，手搭肩膀（即所謂搭火車）慢慢帶至泳池邊沖沖腳坐下來。並藉由一些簡單的動作讓兒童習慣游泳池的環境。

拍拍手	上拍拍	下拍拍	點點頭	摸摸頭	洗洗手	洗腳丫	洗大腿	洗肚子	洗肩膀	洗洗臉	洗洗頭	潑潑水	潑左邊	潑右邊	潑教練	打澎澎

十一、水中活動（以故事及遊戲來引導）

（一）適應水性

讓兒童站在教練前面（所有教學活動都必須在教練的視線範圍中）模擬各種動物造型做跳躍，如小白兔、小猴子、小公雞等（此時教練須注意兒童會因跳躍不平衡而滑倒）。身體的擺動，如：扭屁股、動肩膀、模仿小鴨子、小魚游、作飛機、太空梭、木偶……等。

（二）吹泡泡

輕輕把嘴巴嘟起來，在水中吹氣發出嘟嘟的泡泡聲……待吐完氣後，「叭」張嘴巴吸氣（此時一定要要求兒童嘴巴張開以免嗆水）。課程初期可由簡單的較無困難度的捧水開始，教練攙扶給予安全感，再依序給予不同難度的吹泡動作，直至獨立操作。

兩手捧水	教練攙腋	扶壁吹泡	趴椅吹泡	滑行吹泡	潛水吹泡	獨立操作

（三）水中行走

兒童在水中行走不像在陸地上，平衡感可能較差，所以教練的指導位置相當重要，以隨時預防意外發生。

（四）螃蟹走路

兒童兩手輕抓池緣，兩腳直放或輕踩池壁，兩手逐步左右方向移動，到達一端時，兩腳站立，兩手輕放。兒童若無法自行做出此動作時，亦可由教練輔助，抓住兒童兩手或兩手托腰，幫忙兒童完成移動。

（五）淺水爬行

將兩張長椅重覆疊起，並置於池中使泳池變淺，讓兒童模仿動物或跪或趴於椅上爬行，如小狗、小老虎、小恐龍、小鱷魚等，上一頁的「吹泡泡」活動亦一併在遊戲中實施。

（六）站立跳水

跳水對兒童而言是項挑戰，教練應事先須扶著做跳水動作，並說明要兩腳起跳與著地，慢慢建立其信心後就可以鼓勵自行跳水，但跳水後的保護動作絕不可疏忽。並強調須教練在場才可以做跳水動作。

（七）悶氣（莫忘讀秒）

在兒童動作、膽識各方面接近成熟後，便可將呼拉圈融入遊戲中，利用呼拉圈直立沒入水中，兒童須於水中穿越呼拉圈，用半強迫式的「作弄」兒童悶氣。真正說來，兒童很難理解悶氣（暫時停止呼吸）的意思，即使知道也是不會操作，所以只有依賴教練不斷重複的玩悶氣遊戲，漸漸的使兒童理解。這樣的教學方式，就是所謂的「次數性」或「習慣性」或「模仿化」教學。

（八）漂浮

若要使兒童悶氣六秒以上，教學步驟大致上與國小、低年級兒童相同，但不可千篇一律，畢竟還只是兒童的年紀，所需要的不只是泳技，更重要的是好玩的教練、好玩的遊戲。漂浮的教學法，可以讓兒童模仿晒衣服或鯉魚漂的方式浮於水面上，再適時的加入專業的術語與正確的動作觀念。

（九）腳打（踢）水

不要太拘泥於動作形式，只要能行進即可，狗爬式或踩腳踏車也可以。待動作成熟時再給予正確的自由式打水動作。

（十）划手

划手步驟只須兩個動作即可，強調兩手先重疊在一起舉高置於前方，先將慣用手直接向後擺動同時畫圓回到起點，兩手再次交疊後，換非慣用手持續下一個動作。

（十一）水中探索

運用水中圖案、動物模型、水果造型、數字、文字等，沒入水中，提供兒童雙重學習。

十二、相關遊戲布置及變化

1. 岸上：潑水（上下左右）、打水（單腳、雙腳），打水仗。
2. 水中：

   (1) 模仿各種動物做跳躍、擺動，或螃蟹走路等模擬動物形態的動作。

(2) 各式教具的利用。

　　・浮板：①大浮板：將浮板想像成碰碰船，並坐於上方進行遊戲。

　　　　　　②小浮板：抱著小浮板如小浮萍般浮於水面上。

　　・橡膠積木：水中尋寶。

　　・數字圈：在水中張開眼睛，認別數字或找尋寶物。

3. 水中教學椅的排列變化：水中教學椅不僅可放置於水中降低水深供怕水、年紀小、個子矮小的兒童使用外，更可變成水中的遊戲設施，教學椅的變化有下列圖示：

(1) 水中行走（圖9-1）。

(2) 淺水爬行（圖9-2）。

(3) 站立跳水（圖9-2）。

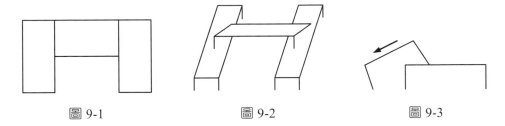

圖 9-1　　　　　　　圖 9-2　　　　　　　圖 9-3

(4) 溜滑梯（圖9-3）。

(5) 爬山坡（同圖9-3反方向）。

(6) 水中跨跳（圖9-4）。

(7) 空中漫步（圖9-5）。

(8) 跨跳上坡（圖9-6）。

(9) 滑行跨跳（圖9-6反方向）。

(10) 趴椅打水。

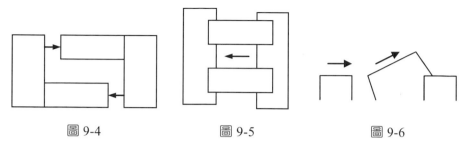

圖 9-4　　　　　　　圖 9-5　　　　　　　圖 9-6

資料來源：自行繪製

4. 長條型浮板（具）：長條型浮板較一般市面常見的浮板大，可利用此浮板的特性融入樂趣化教學中。

   (1) 溜滑梯：將浮板一半置於岸邊，一半置於水上，讓兒童一個個由岸上往泳池裡溜。

   (2) 山洞：將浮板2/3置於岸上，底下墊教學浮板，餘1/3於水面上，讓兒童從浮板下螃蟹走路通過。

   (3) 大山洞：一方墊浮板，一方墊水桶讓兒童一邊可螃蟹走路通過，一邊可淺水爬行通過。

5. 呼拉圈的玩法：將呼拉圈想像成各種型態器具，讓兒童發揮想像力參與遊戲，可暫時幫助兒童對水的恐懼。例如：(1)開汽車；(2)跳圈圈；(3)鑽山洞；(4)捕魚。

6. 溜滑梯的玩法：(1)擺於岸上；(2)擺於兩重疊椅上；(3)擺於單張椅上；(4)直接擺於水中。此遊戲教練須要求兒童守秩序及示範姿勢，兩手不可抓住梯的兩邊，進行時，教練須站於梯前保護滑下來的兒童，且須不斷叮嚀不可推擠和插隊。

十三、兒童仰式教學法

　　實施兒童仰式教學的時機，主要的根基是在於兒童上滿六至十堂課以後或是對於水的感知能力有一定的程度，並且與自由式的課程併行安排的教學法，

仰式與自由式教學比重大致上約從1/4、1/3、1/2的方式實施。以在水中上課
60分鐘為例，45分鐘安排自由式教學，15分鐘為仰式教學，即稱為1/4實施方
式。

（一）教學器材

教學器材有：(1)浮臂；(2)浮腰；(3)浮板；(4)兩張教學椅。

（二）踢水之練習

1. 與自由式練習相同，還沒悶氣即可實施打水練習，仰漂還未練習，即先練
習踢水，也順便給兒童練習仰躺之習慣。
   (1) 坐岸腳背踢水。
   (2) 入池坐於教學椅踢水。
   (3) 教學椅靠岸邊，仰躺於教學椅上練習踢水。
2. 實施注意事項：
   (1) 不要太在意踢水之正確性，只要能踢出水花即可。
   (2) 縮下巴。
   (3) 呼吸法導引（嗯、叭）。
   (4) 挺胸、腹。
   (5) 膝、腳背微露出水面。

（三）仰漂水中站立之練習

1. 三張教學椅，兩張置於岸邊供兒童練習踢水，一張置於中央貼近水面（圖
   9-2），供兒童練習仰漂。
2. 操作方式：
   (1) 讓兒童躺於中央貼近水面的教學椅上。

(2) 教練左手托兒童後腦，右手置於兒童心臟處，讓兒童雙手輕扶教練的右手。

(3) 把兒童往後拖拉，待漂浮離椅面處，右手移至腹部輕壓，使身體成凹形，左手拖住後腦往前上推，成凹狀接著做水中站立姿勢。

(4) 把兒童拖離椅子，距離則視兒童練習狀況，彈性及漂浮時間。

(5) 獨自仰漂水中站立，用兩張椅子疊成斜坡狀。

（四）仰漂踢水練習

1. 延續（三），待其離開椅面時即強調踢水。
2. 戴浮臂之仰漂踢水練習法。
3. 抱浮板之仰漂踢水練習法。
4. 戴浮腰之仰漂踢水練習法。
5. 仰漂踢水注意事項：
   (1) 兒童是否熟悉水中站立法。
   (2) 兒童呼吸法是否正確。
   (3) 兒童腹、胸是否有挺腹動作。

（五）仰式划手練習

1. 站於岸邊或教學椅上練習。
2. 抱浮板划手練習。
3. 戴浮腰划手練習。
4. 划手注意事項：
   (1) 手臂伸直朝上提至頭旁，大臂盡量靠耳朵。
   (2) 後划至手掌碰大腿。
   (3) 提手臂時鼻吐氣發出「嗯」的聲音，當手臂碰到耳朵時張開嘴巴吸氣。

十四、兒童游泳教學五階段圖解

第一階段

坐岸腳打水	坐岸洗身體	潑水洗臉	側身入池	水中步行
水中爬行 （輔助椅上）	腳直立	螃蟹走路	直立跳水 （教練輔助）	水中兔跳

資料來源：池冠室內溫水游泳池提供

第二階段

水中站立洗臉	只接觸水面 吹泡泡	接受潑水 而不畏懼	浴室沖水 從頭開始	教練捧水 給吹泡泡
頭瞬間 悶入水中	臉悶入水中 三秒鐘	悶氣爬行	跳水 （輔助椅上）	跟教練一起 悶氣

資料來源：池冠室內溫水游泳池提供

第三階段

瞬間悶氣 （教練輔助）	扶岸悶氣三秒	水中悶氣三秒	悶氣張開眼睛	水中尋寶 輔助椅上
扶壁悶氣 韻律呼吸十次	跳水 （教練輔助）	抬頭漂浮 （教練輔助）	悶氣漂浮	仰式漂浮 （教練輔助）

資料來源：池冠室內溫水游泳池提供

第四階段

向牆漂浮	俯漂 （輔助椅上）	水中撲跳漂浮 （前有輔助物）	俯漂三秒	俯漂水中站立
仰漂三秒	仰漂水中站立	蹬牆俯漂五秒 或三公尺	仰式蹬牆漂浮	跳水

資料來源：池冠室內溫水游泳池提供

第五階段

韻律呼吸五次直立跳躍連續呼吸十次吐氣	跳水後立即轉身向牆打水	跳水後立即轉身向牆仰式打水	捷式打水轉換為仰式打水	水中仰躺轉身
打水前翻	立泳十秒	仰式打水三公尺	捷式打水三公尺	狗爬式三公尺

資料來源：池冠室內溫水游泳池提供

第十章　體適能運動

第一節　前言

　　隨著環境的改變，經濟成長、健保制度的實施，高營養食物的攝取等變遷，兒童體能也逐年遞減，30、40年代的人們會說：「我們小時候都在河川邊嬉戲、玩水，游泳等活動」；60、70年代的人們也有可能說：「我們小時候都還可以跟鄰居在大街或小巷裡玩遊戲」；但是80、90年代的兒童卻因人口的集中，使得運動、遊戲的場所限制，高樓大廈更使得兒童接觸戶外遊戲場所的距離越來越遠，現代的兒童也只能在社區公園或是特定的遊樂場才可能到處跑玩的情景，鮮少自由玩樂的機會。王鏡壬（2011）指出，現代科技與網路的發達、交通系統的便捷性等利於人類的高科技產品普及化，使得我們的活動空間逐漸縮小的今天，兒童的身體活動機會卻相對的逐漸減少許多，以大肌肉為主的身體活動被小肌肉的活動取代，例如拼圖、平板、線上遊戲等。如果我們能仔細地體會這樣的差異，正說明了往後兒童生活環境是如何的加速改變著事實。

　　許多兒童甚至成年人之心智與身體結構發展均屬正常，但在肢體活動方面卻常出現動作笨拙或不協調的情形。嚴重者甚至會因空間感不佳與動作反應時間過長而影響其日常生活，如易迷路、易跌倒、易發生車禍等。這些現象

除了會威脅個人與他人之人身安全，亦會造成個人心理適應與自我形象不良的影響。這樣的情況容易造成肥胖的因子，肥胖被許多人稱為「百病之源」，不但容易罹患心血管疾病、糖尿病等慢性病且也會增加肺臟的負荷，產生呼吸急促、困難的現象（行政院體育委員會國民體能常模，2012）。全球兒童肥胖人數至2010年將暴增至2,600萬，行政院衛生福利部國民健康署於2013年7月的健康體重管理計劃中顯示，全國國小兒童體重過重或肥胖的比率為25.9%，其中男童為29.7%，女童為21.4%，體重過重將嚴重影響身體的健康，各縣市教育局體健課也強調，將會開辦慢跑、游泳等運動課程，增加學童的運動量並加強體適能；衛生署最近的一次國民營養調查，6到12歲兒童體重過重者已達15%，肥胖比率也高達12%，可見台灣兒童肥胖問題已經不容小覷（蔡碧霞，2008）。行政院衛生福利部國民健康署自2011年起推動「健康體重管理計劃」，並在2012年持續推動「台灣101躍動躍健康」計劃。兒童肥胖是成人肥胖的危險因素之一，在青春期肥胖的人70%至80%會持續發展成為成人肥胖，所以最好避免兒童時期肥胖的產生，一旦發生肥胖應及早治療（鍾曉雲，2002）。

　　兒童的各種不同身體活動，都可視為兒童體適能的一種。在兒童體適能運動大多是以兒童為中心的遊戲方式為主，林風南（1991）解讀兒童體適能運動大致可認定是一種以「運動」為主體，並將「遊戲」視為方法，最後將「教育」訂定為指導的模式，其主要目的是為了能夠運用這樣的模式得以培養兒童身體與心理發展的能力為目標之活動。

第二節　身體結構

　　隨著科技的進步，生活形態產生改變。生活環境高度都市化，活動空間相形減少，再加上飲食生活習慣西化改變，使營養豐富許多，台灣的胖兒童越來越多，兒童與青少年肥胖問題已是我國關注的焦點之一。肥胖的兒童，從小可能就開始對運動產生排斥或是運動量明顯不足的徵狀產生，再者，開放的社會、不同種族的結合、人類的演進、家庭環境的變化及生活習性的改善等影

響,現代的兒童在體格上有了相當顯著的增長,但身體方面的增長並不表示自制能力及體力也能同時增長,以至於兒童體重有過胖的趨勢。根據學校保健統計書中,對於過胖的認定,是指不同性別、年齡、身高、之平均體重120%以上的數值者為過胖兒童;另一說法,身體質量指數(BMI)的算法是現代人界定胖瘦的依據,它是身高與體重之間關係的一種指標,數值越大代表一個人越胖,其換算方式是將個人體重(公斤)除以身高(公尺)兩次方,就是個人BMI的數值(表10-1)。

$$身體質量指數(BMI)= \frac{體重(公斤為單位)}{身高^2(公尺為單位)}$$

表 10-1　身體體脂肪百分比常模

等級	女性（%）	男性（%）
瘦	14.0-16.9	7.0-9.9
優良	17.0-19.9	10.0-12.9
正常	20.0-23.9	13.0-19.9
略胖	24.0-26.9	17.0-19.9
肥胖	27.0-29.9	20.0-24.9
過胖	30.0以上	25.0以上

資料來源：行政院衛生署（2005）

　　根據世界衛生組織（World Health Organization, WHO）在2006年9月的調查估計,全球年齡低於五歲的兒童肥胖人數已高達1,700多萬人,眾所皆知,學前兒童階段是探索自我與自我認同的重要關鍵時期。根據早期的研究,結果證明常常從事規律的運動,有助於身體機能提升並預防慢性疾病的纏身,有效率的增加心肺功能、減少冠狀動脈病變、降低死亡率與罹患率,其他徵狀例如柔軟度的增加、體態的改善、工作效率的提升、身心理發育較健全等（Paffenbarger, Gima, & Laughlin, 1971）。

　　隨著年齡的增長，兒童身體結構不斷的發達，大腦吸收的能力越來越多，伴隨著則是在動作發展上的多樣化。陳雯靜（2009）表示，年紀越長的兒童在動作發展上的質與量都會增多，故了解各年齡層兒童所具備的動作與能力基礎，便可搭配各年齡層該有的適當與適應能力要素，以利規劃者進行體能活動設計，藉此，除了能有充足的體力適應日常生活，亦能促進健康和發育、均衡各方面之發展，並提供歡樂活潑的生活方式，養成良好的健康生活與習慣。

第三節　運動形態

　　一般常見的運動形態可分為兩大類：有氧運動（aerobic exercise）及無氧運動（anaerobic exercise）。

一、有氧運動

　　有氧運動的種類包括了走路、跑步、游泳、騎自行車、有氧舞蹈等。有氧運動可讓運動者的心臟功能及肌肉更有效率的吸收及運用氧氣，並且能幫助燃燒脂肪，有氧運動會燃燒葡萄糖及儲存的脂肪。長時間持續進行一項運動，且抑制運動強度，同時提高呼吸與心跳數，故對控制體重有很大的幫助，但剛開始運動時，能量通常來自於燃燒肝糖及葡萄糖，大約運動20分鐘後才會開始燃燒脂肪，因此要達到燃燒脂肪的目的，則每次運動最好連續20至30分鐘以上。有氧運動是健身計畫的重點，對身體的好處遠超過其他種類的運動。

　　長期從事有氧運動的好處包括：

1. 促進健康：有氧運動可以增加活力、舒緩壓力、放鬆心情，還會讓兒童對自己的自信增加。

2. 讓心臟更強壯：強健的心臟可以充分把充滿氧氣的血液輸送到全身，減少心臟疾病及高血壓的發生。

3. 燃燒脂肪：燃燒脂肪需要氧氣，有氧運動可以幫助身體處於「有氧」狀態，可以燃燒體內較多的脂肪。

二、無氧運動

　　無氧運動是指運動時提供能量的代謝路徑與氧氣無關的運動，其能量來源為無氧代謝，此種運動比較不會燃燒脂肪，故對控制體重沒有幫助，無氧運動主要是短時間完成的運動，過程中並沒有涉及氧的幫助，且可增長肌群。無氧運動的種類包括了100公尺衝刺跑步、拔河、爬樓梯、搬動家具、抱小孩、提菜籃、推機車等，都屬無氧性的肌肉作業。在生理學上，運動按能量供給來源，分磷化物系統、乳酸系統與有氧系統，其中磷化物與乳酸系統屬無氧系統。

三、有氧性運動與無氧性運動於人體肌肉代謝過程

（一）ATP-PC 系統

1. 肌肉細胞內儲存有一種高能量的化合物質叫三磷酸腺苷酸（ATP）。
2. 在肌肉收縮時，ATP會迅速分解，並且放出能量。
3. 在幾秒鐘內完成的體育活動例如短跑、跳躍或踢東西都是利用這個系統供應能量。

（二）乳酸無氧酵解系統

1. 碳水化合物（單醣）在無氧情況下分解成乳酸。
2. 在分解過程中放出能量，使已分解的ATP再次合成。
3. 在一至二分鐘內完成的劇烈運動，都是利用這個系統合成的ATP供應能量。

（三）有氧性代謝系統

1. 利用氧化碳水化合物及脂肪所放出的能量來進行ATP的合成。
2. 因為在ATP的合成過程中不會產生使肌力疲勞的物質，所以此系統最適含耐力性的活動。

我們更可經由表10-2、表10-3清楚知道有氧運動與無氧運動對人體的差異性。

表 10-2　有氧運動與無氧運動之比較

運動方式 變項	有氧運動	無氧運動
運動強度	適度，約50～90%最大心跳率	很高，幾乎接近個人最大能力的90%最大心跳率以上
運動時氧氣供應	足夠	不足
能量來源	主要來自葡萄糖與脂肪	葡萄糖和身體儲存能量
能量產生	產生較多能量ATP	產生較少能量
乳酸產生	乳酸濃度不增加或增加不多	大量產生乳酸
運動感受	有負荷但尚可講話，舒暢	呼吸急促、困難、肌肉會痠痛、感受艱困
受傷程度	較少	稍高
訓練效果	增進心肺功能，控制體重，減少脂肪	增強速度、力量、爆發力、反應時間
例子	快走、慢跑、有氧舞蹈	100或200公尺快跑
運動持續時間	較長	短暫

資料來源：方進隆（1997）

表 10-3　各種有氧運動特色之比較表

	衝擊性	趣味享受性	心肺功能	體重控制	肌力肌耐力	方便性
快走	低	低	好	很好	較無效果	方便
慢、快跑	高	低	很好	很好	上半身較無效果	方便
有氧舞蹈	低或高	很高	很好	很好	好	方便（看影片）
游泳	低	高	很好	好	好	較不方便
連續體操	低或高	高	好	好	好	很方便
登階運動	高	高	好	好	上半身較無效果	方便
騎腳踏車	低	很高	很好	很好	上半身較無效果	視環境而定
跳繩	高	高	好	好	好	方便
爬山	低	高	好	好	好	視環境而定

資料來源：方進隆（1997）

第四節　兒童體適能

　　體適能指的是身體具備某種程度的能力，足以安全而有效的應付日常生活中身體所承受的衝擊和負荷，免於過度疲勞，並有體力享受休閒及娛樂活動的能力。任何身體的活動現象，都需要「能」完成動作，能的分類形態有：機械能、化學能、熱能、光能、電能、核能等六項。根據教育部（教育部體育司，2007）調查資料顯示，目前世界各國的體適能表現都不盡理想，而我國學童的體適能表現更是不如其他國家，有逐年下降的趨勢，且營養過剩，體重日漸上升，再加上身體活動的機會減少，導致身體活動能力衰退，也造就過

度肥胖與生、心理疾病的兒童日益增加，這與生活形態的改變和缺乏運動有絕對的關係。教育部體適能網站（2009）對於體適能所訂下的定義為：「體適能（physical fitness）可視為身體適應生活、動與環境（例如溫度、氣候變化或病毒等因素）的綜合能力」。提升體適能的方式為運動訓練，運動訓練可刺激身體消耗熱能，提升體脂肪代謝、燃燒及增進肌肉生長，有效率的訓練必須要有充足的能量提供支援，因此各項訓練課程的效益才會明顯。體適能較好的人，對於日常生活或工作中，在體力性活動或運動皆有較佳的活力及適應能力，且不會輕易產生疲勞或力不從心的感覺。在科技進步的文明社會中，人類身體活動的機會越來越少，營養攝取越來越高，工作與生活壓力和休閒時間相對增加，每個人更加感受到良好體適能和規律運動的重要性。

體適能又可分為兩類：健康體適能及競技體適能（圖10-1）。從健康的角度考量時，稱為健康體適能（health-related physical fitness）；它包含有身體組成（body composition）、心肺適能（cardiovascular fitness）、肌肉適能（muscle fitness）、柔軟度（flexibility）等四大要素。換句話說，現今世界的趨勢，認為此四個要素代表與健康關係密切的體適能。體適能四大要素說明如下：

1. 身體組成

   身體組成大致可分為兩個主要部分：脂肪組織及淨體重。淨體重包括了肌肉、骨骼、內臟及其他結締組織（細胞、纖維和基質組成）等，即指脂肪組織以外之重量。隨著科技的進步，社會、經濟的蓬勃發展，人們的運動量減少，使得熱量消耗量降低，結果造成能量過剩，便會轉變為脂肪累積於體內，而造成肥胖症。

2. 心肺適能

   心肺適能通常被認為是健康體適能要素中最重要的一項。代表一個人的心臟與肺臟從空氣中攜帶氧氣，並將氧氣輸送到組織細胞加以使用的能力，所以又稱為心肺耐力。具體而言，範圍包含肺呼吸、心臟以及血液循環系統的機能，因此，在健康上特別受到重視。

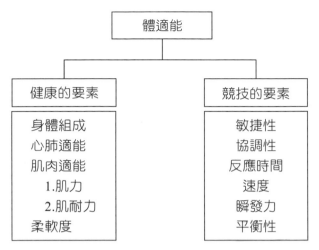

圖 10-1　體適能的健康要素與競技要素

資料來源：許義雄譯（1997：11）

3. 肌肉適能——肌力與肌耐力

肌肉適能主要包含肌肉二大能力，分別為肌力及肌耐力。肌力是指人體肌肉收縮時，一次能發出的最大力量，又稱為爆發力；肌耐力則是指肌肉承受某種適當的負荷時，視肌肉運動反覆次數的多寡或持續運動時間的長短為代表，又稱為持久力。由於都是以身體的肌肉為主體，故合稱為肌肉適能。肌肉適能好者，其肌肉、關節等部分有較好的保護，並有減緩受傷的防護功效及維持較勻稱的身材。

4. 柔軟度

柔軟度是指關節可活動的範圍。柔軟度在體適能的要素裡常常被忽略，通常會以為比賽選手才需要有好的柔軟度，一般人則不需要，這是錯誤的想法。柔軟性好者，其身體動作表現比較美，並有助於減少運動傷害。柔軟度與心肺耐力、肌力及肌耐力一樣，是人體健康體適能的重要項目之一。

體適能的第二種分類為與競技運動有關的體適能稱為競技運動體適能；例如速度、反應時間、肌力等因素即為競技運動體適能的組合要素。行政院

體育委員會國民體能常模（2012）網站對於體能的定義：體適能（physical fitness）指身體具備某種程度的能力，足以安全而有效的應付日常生活中身體所承受的衝擊和負荷，免於過度疲勞，並有體力享受休閒及娛樂活動的能力。運動體適能（sports-related physical fitness）是指身體從事和運動有關的體能，又稱為競技體適能，它包含了以下六個要素（如圖10-2）。具備以下六項能力的人，除了會有較好的運動表現之外，也能有較有效率的執行日常生活，享受運動、遊戲及比賽的樂趣：

圖 10-2　運動體能的六大要素

資料來源：行政院體育委員會國民體能常模（2012）

1. **敏捷性**（agility）
   係指身體快速改變身體位置和方向的能力和效率。敏捷性對於需要急停、閃避運動員（如籃球、足球等）極為重要。

2. **協調性**（coordination）
   係指身體統合神經肌肉系統產生正確、和諧優雅的活動能力，對田徑、體操、籃球、排球及足球等運動員都非常重要。

3. **反應時間**（reaction time）

係指身體對刺激的反應能力。快速的反應能力對田徑起跑、游泳入水、接籃板球及網球截擊等動作極為重要。

4. **速度**（speed）

係指身體在最短時間內移動的快慢能力。速度是各項運動員必備的基本條件之一。

5. **瞬發力**（power）

係指身體在最短的時間內產生力（force）的能力。它包含兩個因素──速度和力，因此，瞬間發力也是很多運動項目如排球、跳高、跳遠等運動員所必備的能力。

6. **平衡性**（balance）

係指身體維持平衡的能力。平衡能力對於體操、跳水、滑雪、溜冰等運動員的表現極為重要。

　　一般人如果能具備以上六項能力，除了會有較好的運動表現外，也能較有效率的執行日常活動，享受運動遊戲及比賽的樂趣；蔡碧霞（2008）更指出，體適能是一種可以評定一個人日常生活中應付環境能力的指標、狀況好壞，影響到人的日常作息，因此若在兒童學齡前給予經過設計之一系列運動遊戲方案，有計畫的進行運動遊戲活動的學習，以增進其身體的活動量，進而讓身體之體適能越趨良好。

　　藉由以上介紹，可清楚知道優良的身體適能對於人體的影響有多麼重要。兒童心理學及教育學家Piaget曾提出：「孩子智慧的根源，是來自兒童期的感覺及運動發展」之重要的教育觀點。黃錫權（1998）認為學校體能活動是一項專業的課程，極具危險性，所以體能教育工作者應由體育科系畢業之專業人員來擔任，才是安全、可靠。話雖如此，但是實際上擔任兒童體能的教育工作者，卻不一定是專業科系畢業的體能教育工作者。因此，想要參與兒童體能的所有工作者（教育者）必須運用其所學，設計出適合兒童的年齡、性別、體重、體型的體育活動課程，以免造成不該有的運動傷害。

Piaget（1952; 1969）指出運動過程和認知學習有相互之關聯，其原因在於動作遊戲可促進兒童與兒童的認知發展，尤其是成人或青少年的運動體適能、生理變化、心理成熟度是無法跟兒童的運動體適能相提並論的，我們不能將兩者的運動設計相提並論，正確的運動方式與不同種類的運動對身體有不同感受的幫助，能了解每種不同運動形態的好處更是優秀教育者應有的知識、技能與態度。我們可經由表10-4認識兒童動作發展的階段，以更加正確的設計出適合他們的運（活）動。

表 10-4　動作發展階段

發展期 （大約年齡範圍）	階段	性格心理動作行為
產前至兒童期 （十五個月至一歲）	反射動作	初級的彎曲、延伸和姿勢調整
兒童期 （出生至二歲）	未成熟動作	滾、坐、爬行、蠕動、站立走步、抓緊
兒童早期 （二歲至七歲）	基礎性肢體動作 （五官知覺）	運動技巧、非運動技巧、手部操作技巧、肢體移動意識
兒童中至晚期 （八至十二歲）	特定動作	基礎技巧和肢體動作知覺的精確化；使用基礎技巧於舞蹈、體操和水域活動等
青少年至成年期 （十二歲至成年）	專長動作	遊憩和競爭性活動

資料來源：Gabbard, C. (1988).

第五節　體適能活動設計

兒童教育向來備受重視，兒童時期如同一張白紙，擁有無限的潛能，可塑性大、吸收力強。這個時期兒童在生理及心理上的發展非常重要，把握此時期對兒童的啟發及引導並給予多方面的學習，是不可輕忽的。課程活動設計概念

必須針對兒童身體適能發展為其主要要素之一，並搭配教學環境所設立的主題或是體適能活動規劃者的設計之外，還需要考量的因素，例如兒童的社會性發展、運動能力的水準、興趣與個別之間的差異等條件（林風南，1985），隨著時代的變遷，父母對兒童期望與未來的規劃有所不同，造就了大部分的幼兒園都有其個別獨樹一格的發展方向或課程規劃。不同教育環境的發展也會影響兒童動作的發展，所以活動規劃者在設計活動時，就需要特別對不同的教學對象與教學目標進行考量。

活動設計者或體能規劃者在做兒童體適能教學目標設定的時候，可區分為教育目標與教學目標兩部分。於教育目標這個部分，由於體適能教學所進行的環境與場所大多實行在幼兒園等區域範圍裡，因此依照兒童教育目標最高原則《幼稚教育法》（1981）指出：「幼稚教育之實施，應以健康教育、生活教育及倫理教育為主，並與家庭教育密切結合，以達成下列目標：

1. 維護兒童身心健康。
2. 養成兒童良好習慣。
3. 充實兒童生活經驗。
4. 增進兒童倫理概念。
5. 培養兒童合群習性。」

這五項兒童健康生活目標也正恰好與1987年所頒布的幼稚園課程標準相呼應，該標準在課程教育目標教學中提到：「了解兒童身心發展的過程，並配合兒童教育目標來實施，不可超越其能力，以免妨礙其身心的發展」。為提倡國人從小擁有健康的身體與心理來適應生活，除了將體適能活動推廣至一般社會大眾外，也將體適能推展至各層級學校。因此，教育部（2009）針對體適能對兒童的重要性歸納出下列幾點：

1. 有充足的體力來適應日常工作、生活或讀書

依體能活動而言，盧英治（2000）指出，掌握學習狀況及動作技術的正確性，可提升學習效果和精進整個動作技能。然而，兒童平常讀書、上課的

精神專注程度和效率，皆與體適能有關，尤其是心肺適能、有氧適能較好的人，腦部獲取氧的能力較佳，看書的持久性和注意力也會較好。

2. 身體健康度和持續從事體適能運動的人，健康狀況較佳，較不會生病

擁有良好體適能，身體運動能力亦會較好。身體活動能力較強或較多，對兒童身心的成長或發展都有正面的幫助。

3. 有助於各方面的均衡發展

身體、心理、情緒、智力、精神、社交等狀況皆相互影響，有健康的身體或良好的體適能，對其他各方面的發展皆有直接或間接的正面影響。目前教育趨勢強調全面性的均衡發展，對於正在發育的兒童，更不能忽略體適能的重要性。

4. 提供歡樂活潑的生活方式

教育要讓兒童有足夠的時間、機會，去學習體驗互助合作、公平競爭和團隊精神等寶貴的經驗，從運動和活動中享受歡樂、活潑、有生機的生活方式，進而提升體適能。

5. 養成良好的健康生活方式和習慣

兒童時期注重飲食、生活作息、環境衛生和壓力處理行為習慣，能有良好的認知、經驗和態度，對於將來養成良好的生活方式，有深遠的影響。

綜合以上論點，兒童體適能的設計並不只是專注於生理上的發展，兒童體能的設計更是尋求一個能平衡兒童健全成長的路徑。在兒童成長的過程中，大部分的基礎體能與動作技巧都能在日常生活中不經意的學習並養成，家長並不需要刻意設計訓練動作或操弄技巧的課程。但是兒童體適能課程卻不只有基礎生活動作而已，因此接觸到第一次參與體能活動的教育者，對於體能活動的設計的方針，應以循序漸進的方式設計基礎動作技巧，藉此可以改善兒童的動作協調能力，增加興趣。

優良的體適能活動規劃與設計需要依據兒童的個人特質、身體發展、年齡和性別差異的發展來規劃體能活動，包括體型、技巧層級、興趣和動機（Garcia et al., 2002）。配合基礎動作技巧範圍設計適性的動作技能課程，利

用不同類型的設備、器材、空間、指導方法刺激兒童從事體能活動，以促進肌肉神經的協調和強度，同時透過體能課程來增加多層次的社交經驗。各項體適能活動必須有計畫、循序漸進、從頭到腳、軀幹到四肢，及身體的前後左右四個方向的訓練課程來加以增強。

第六節　兒童運動適能處方

　　成人的生理變化、體型及體適能與兒童皆有所差距，當體能活動教育者無法特別為兒童設計出適合兒童的年齡、性別、體重、體型等體育活動時，不但無法幫助他們達到運動的目的，反而造成更多的運動傷害。例如兒童的平均心跳速度較成人快，約每分鐘130至150次，兒童的呼吸率為20至24次；因心跳速度較快，自然呼吸頻率便會較急促，所以反映在新陳代謝、適應環境改變的能力表現上會比成年人快很多；因此兒童在炎熱或汙染的環境中運動，較容易生病或發生意外。

　　由於現代化、機械化、科技化的演變（改變）結果，兒童身體活動的空間與機會相對減少，缺少運動機會，導致學生體能衰退與肥胖的現象。國內肥胖兒童比率介於15%至20%之間，並有逐漸增加的現象。且肥胖容易引起心血管疾病的發生，為了預防肥胖所產生的疾病，剛開始運動宜漸進並遵守運動的五大原則：運動方式、漸進式、運動頻率、運動強度、運動時間，其英文字首併起來剛好是「MR FIT（適能先生）」。

1. 運動方式（Mode）：包括有氧運動、重量（肌力）、耐力、柔軟度、敏捷等，任何可改善體能、技能或身體組成的運動都可包括在內。

2. 漸進式（Rate of Progression）：為了讓身體能適應，避免運動傷害，宜由簡單及重量較輕的方式逐漸增加。漸進式運動方式可分三期，由開始期起持續運動約四週、增加適當負荷進入改善期並持續約四個月、之後則維持長久運動習慣及負荷量。

3. 運動頻率（Frequency）：每週最少三天，一般五天，能每天運動更好。

4. 運動強度（Intensity）：有各種標準，基本上都要有適當的運動量，讓心

肺活躍。如流汗、「有點負荷，尚可說話，但不疼痛」、「運動心跳每分鐘130次」、「50～85%最大攝氧量（VO2max）」、「60～90%最大心跳率（HRmax）」等。

5. 運動時間（Time）：每天最少30分鐘，或20～60分鐘。

因此，正處於身、心理發展階段的兒童，需要的是適度且規律的體適能運動和均衡的營養攝取。若能從小培養兒童良好的體適能，便能促進身心健康，提高成長幅度，並增加日後的生活品質。針對兒童心肺適能、肌肉適能、柔軟度訓練活動設計參考如下：

一、心肺適能

心肺適能，是指個人的肺臟與心臟從空氣中攜帶氧氣並將氧氣輸送到組織細胞加以使用的能力，簡而言之，即是身體整體氧氣供輸系統能力的優劣。其所涉及的範圍包括肺呼吸、心臟及血液循環耐力、心肺耐力、循環適能或有氧適能等。一般來說，心肺適能較佳，可以使運動持續較久，不至於很快疲倦，也可以讓我們工作更有效率。但是根據研究的發現，心肺適能的發展約自16歲開始逐漸衰退，25歲以後呈現每年平均約1%衰退的現象。因此在兒童時期如能保持良好的心肺能力，對於日後的很多挑戰將會比較得心應手。心肺功能的重要性有增強心肌收縮、益於血管系統運送、強化呼吸系統、改善血液成分、有氧能量的供應較為充裕，與減少心血管循環系統疾病等。

心肺功能的重要性有以下幾項特點：

（一）增強心肌收縮（heart muscle）

心臟和肺臟與骨骼肌類似，經由運動的刺激，可以變得較強而有力。所以，心肺適能好的人，心臟的尺寸和收縮力量（size and power）會增大，對健康有益。具體的表現是，心臟輸血能力增強後，每分鐘的心跳次數（heart rate）會減少。

（二）有益於血管系統輸送（vascular system）

血管系統負責使由心臟擠送出來的血，沿動脈、微血管至組織，再由組織匯回靜脈，流返心臟的順暢流程。心肺適能好，其中一部分即是要以良好的血管彈性（elastic）及通暢無阻的血管口徑為基礎。另外，微血管在組織中的生長分布也較密，比較有利於血液的供應。切記，血管口徑變窄，血管壁逐漸硬化失去彈性，都是健康上的威脅。

（三）強化呼吸系統（respiratory system）

心肺適能好，肺呼吸量大，肺泡與微血管間進行氣體的交換，效率較高。

（四）改善血液成分

心肺適能好的人，血液中的血紅素（hemoglobin）含量較多，有利於氧的輸送。也可增加血中高密度脂蛋白與低密度脂蛋白之比值（HDL/LDL ratio），可減少心臟病的罹患率。

（五）有氧能量的供應較為充裕

日常生活中，比較輕微但時間很長的身體活動，需要仰賴有氧能量系統供應能源，而有氧能量系統的運作與心肺適能關係密切。因此心肺適能好，長時間的身體活動比較不會有疲勞提早出現的情形。

（六）減少血管循環系統疾病

由於心臟、血管以及血液成分都因心肺適能的改善而好轉，因此，有助於減緩心血管循環系統機能退化性疾病的威脅。即使不幸發生此類疾病，心肺適

能好的人，其存活率較高，復健情形也較佳。

　　根據研究，心肺適能力較佳的兒童在體能等各方面，會比兒童心肺適能較差的人來得好，如讀書或做某些事時較能專心、持續時間較持久、不容易疲倦，讓工作更有效率。以健康的角度而言，擁有良好的心肺適能可避免各種心血管疾病，因此心肺適能是健康體能的重要因素及運動重點。課程設計前能多加了解兒童的個別運動體能水準，並依多數兒童體能狀況做規劃（要特別留意體能較差的兒童活動時的狀況，以免發生危險），將運動強度、持續時間、頻率狀況以數字方式相乘，即為兒童身體活動指數的總分，對照表10-5、表10-6了解兒童身體狀況，以常數為設計活動課程的依據。

表 10-5　心肺適能評量表

分數	5	4	3	2	1
運動強度	持續激烈運動	間斷激烈運動	有點激烈的運動	適度活動	輕度活動
持續時間	超過30分鐘	20～30分鐘	10～20分鐘	10分鐘以下	
運動頻率	幾乎每天	每週三至五次	每週一至二次	一個月幾次	一個月少於一次

資料來源：聯大體育室教學網（2012）

表 10-6　心肺適能評量表與類別（總分數＝強度 × 持續時間 × 頻率）

總分數	評量	類別
20分以下	靜態生活方式	非常不好
20～40分	運動量不足	不好
40～80分	可接受但可以再更好	普通
80～100分	活躍和健康	好
100分以上	非常活躍的健康方式	非常好

資料來源：郭靜晃、黃志成、王順民（2005）

心肺適能可配合兒童動作發展基礎動作技巧與一般運動能設計活動，有氧運動包括慢走、健走、跑步、跳繩、上下台階、游泳、騎單車、有氧舞蹈等。因兒童安全考量，可暫時排除游泳及騎單車此兩項。

體能活動教育者可依據兒童體能狀況做適當調整與活動設計，如表10-7為有氧運動的參考。

表 10-7　兒童有氧運動處方

階段	最初階段		改善階段								維持階段
週別 內容	1-2	3-4	5-6	7-8	9-10	11-12	13-14	15-16	17-18	19-20	20以後
頻率（次／每週）	3	3	3	3	3	3	4	4	4	4	5
持續時間（分）											
暖身運動	5	5	5	6	6	7	7	8	8	8	8
主要運動	10	13	15	15	20	20	23	25	28	30	35以上
緩和運動	5	5	5	6	6	7	7	7	7	7	7
總時間（分）	20	23	25	27	32	34	37	40	43	45	50以上
運動強度（最大心跳率%）	55	55	60	60	65	65	65	70	70	70	75

資料來源：郭靜晃等（2005）

二、肌肉適能

肌肉適能對生活品質扮演著重要的角色。因為在人體超過四百多條骨骼肌牽動著全身骨骼與關節，除了維持姿勢並可隨意完成各種動作；除此之外，肌

肉細胞數量龐大，在新陳代謝的功能上極具影響力，食物能源（如醣類）經過血液輸送，有85%儲存在肌肉細胞中，在工作的過程中，能量在肌肉中產生及消耗，在寒冷狀態中，肌肉細胞亦可透過顫抖作用來產熱，以達到禦寒的效果。研究顯示，現在的國小、國中學生都因過度的依賴現代科技的舒適，加上飲食習慣不正確，肌肉適能普遍不佳，有些甚至連一下伏地挺身或是以單槓懸吊身體至下巴十秒都無法完成。肌肉適能主要包含肌力及肌耐力，肌肉適能好的活動者，其肌肉、關節等部分有較好的保護，能提升運動能力、避免運動傷害的發生或再生、減少罹患慢性疾病的機率、並有減緩受傷及老化的防護功效及維持較勻稱的身材。不僅在日常生活中可以較輕鬆的完成需要用力的各種動作，也比較不容易疲勞或受傷。尚未有明顯發育的兒童可藉由重量訓練得到好處，但也可能因此使軟骨或關節受傷，因此對於兒童的肌力訓練應以其自身的體重作為訓練的重量，在兒童前期也應以較輕重量較多反覆次數的方式來練習，一週不超過三次，一次不超過30分鐘為原則。

（一）肌肉的種類

1. 骨骼肌：大部分附著於骨骼，並能移動部分的骨骼系統，具有橫紋，所以又稱為橫紋肌，又因它能受意識控制而收縮，又稱為隨意肌。
2. 心肌：是構成心臟壁的肌肉，具橫紋，為橫紋肌的一種，但其收縮不受意識控制，所以是不隨意肌。
3. 平滑肌：位於體內中空構造的管壁中，例如血管、胃、腸道等，不具橫紋，且為不隨意肌。

（二）肌肉的特性

1. 興奮性：指骨骼肌能接受刺激並產生反應能力，骨骼肌通常受神經刺激而興奮。
2. 收縮性：當肌肉接受一個充分的刺激時，引起肌肉收縮而變短、變粗的能

力。

3. 伸展性：指骨骼肌可以伸展其長度的能力。

4. 彈性：骨骼肌經收縮或伸展反應後，能恢復原狀的能力。

（三）肌肉收縮方式的大致分類

1. 等張收縮（isotonic contraction）：指的是肌肉負載重量收縮時，其負載的重量值不變。

2. 等長收縮（isometric contraction）：指的是肌肉產生收縮力，但是長度或關節角度並沒有改變。

3. 向心收縮（concentric contraction）：指的是收縮力大於負重，肌肉往中心收縮，長度變短。

4. 離心收縮（eccentric contraction）：指的是收縮力小於負重，肌肉產生張力但是處於伸長的過程。

（四）肌肉的功能

1. 運動：全身所發生的任何動作，包含不自覺運動，如走路、跑步、點頭等動作，是靠骨骼、關節及附著於骨骼上的肌肉相互協調而產生。肌肉所做較不受注意的動作，如心跳、胃攪動食物、食物被推入腸管、膽囊收縮排出膽汁及膀胱收縮排尿等。

2. 維持姿勢：骨骼肌收縮能將身體保持在固定的姿勢，如站著或坐著。

3. 產生熱能（heat production）：骨骼肌收縮需要熱能，對於維持正常體溫很重要。據估計，身體所發出的熱約有85%是骨骼肌收縮所產生。

4. 其他生理功能：肌肉收縮時，能促進血液循環，有助於體液的回流，特別是靜脈回流。肌肉組織尚具有保護作用，有助於咀嚼、呼吸與吞嚥等動作的完成。

（五）常見的增強肌肉適能運動的訓練方式

1. 最大反覆（repetition maximum, RM）：一次舉起的最高重量（最大肌力）。

2. 負荷強度（intensity）：負荷重量為最大反覆的百分比。

3. 反覆次數（repetition）：同一動作在沒有休息的狀況下重複實施一個動作。

4. 運動組數，回合（set）：做某個動作所要求的反覆次數。

5. 組間休息（rest interval）：說法不一，原則上20秒至2分鐘。

6. 訓練量（traiining volume）：負荷量×反覆次數×所有組數。

　　由於肌肉適能訓練時強度較高，因此，相關的安全防護絕不可省略，尤其在兒童活動規劃方面更需要特別費心，在規劃訓練時應考量兒童生理發展及衡量兒童的身體狀況做適當的動作設計，並且在活動中應教導正確的動作，避免因技巧不當而造成運動傷害，動作中可暫時不加任何運動訓練器材為設計；日後若兒童肌力增進，可搭配一些生活用品、自製器材、簡易器材或較輕的重量訓練器材融入規劃，例如書本、棍、棒、木箱、單車內胎、保特瓶加入沙子增加重量等以增加兒童的興趣；但活動中若有不舒服應立即停止活動，並做後續的追蹤觀察。

1. 肌力訓練

指肌肉對抗某種阻力時所發出的力量，一般而言是指肌肉在一次收縮時所能產生的最大力量。每人日常生活、工作中的大小動作，都必須靠肌力來完成。通常肌力於二十幾歲後逐年衰退，五十歲之後更加速衰退。對於追求健康的一般社會大眾而言，適當的肌力訓練是不會長出如健美先生般的超大肌肉，而肌力訓練的好處：(1)能維持肌力水準，減少肌肉量流失，提升基礎代謝率（BMR）；(2)減少罹患慢性疾病的機率、延緩老化；(3)提升運動能力、避免運動傷害的發生或再生；(4)增進自信心、提升生活

品質。表10-8依據體適能訓練方法設計適合兒童肌力訓練處方作為參考。

表 10-8　兒童肌力訓練處方

部位	項目	請加強（0～20%）	普通（21～80%）	優良（81～99%）
腿部	動作形式	舉踵練習：以雙腳於平地盡可能伸直踝關節做踮腳動作	垂直跳：以雙腳於平地跳起至一個高約10～30公分的平台上	單腳跳：以單腳於平地跳起至一個高約10～30公分的平台上
	反覆次數	（1～8）下×（1～3）組	（1～12）下×（1～3）組	（1～8）下×（1～3）組
	運動頻率	（2～3）天／週	（2～3）天／週	（2～3）天／週
肩部	動作形式	手臂平舉：雙臂向前抬起與身體成90度、180度	肩部推舉：採雙人動作，手掌於仰臥屈體者的雙腳掌上，用力推壓	手臂側舉：雙臂向側抬起與身體成90度、180度
	反覆次數	（1～12）下×（1～3）組	（1～8）下×（1～3）組	（1～5）下×（1～3）組
	運動頻率	（2～3）天／週	（2～3）天／週	（2～3）天／週
胸部	動作形式	改良式伏地挺身：雙腳掌著地，並置雙手於高約20公分的平台	跪撐式伏地挺身：雙膝著地，並置雙手於地面	俯臥撐掌伏地挺身：雙膝著地，並伸直置雙腳掌於地面
	反覆次數	（1～10）下×（1～3）組	（1～8）下×（1～3）組	（1～5）下×（1～3）組
	運動頻率	（2～3）天／週	（2～3）天／週	（2～3）天／週

註：本表上方之百分比符號為體適能檢測值之百分等級常模。
資料來源：劉怡君、林秀卿、蘇蕙芬（2011a）

2. 肌耐力訓練

　　肌耐力指的是肌肉可以持續運動的持久性能力。肌耐力適能可以藉由因運動動作刺激或經常活動而增進能力；相對的也因年齡的增加，如果不經常活動，則肌肉耐力功能將逐漸退化。因此，如果我們可以藉由肌耐力訓練處方來從事規劃肌肉的活動，便能促進肌肉的適能增進。人體肌肉在動作時的耐久能力，也就是指肌肉維持使用某種肌力時，能維持用力的時間或反覆次數的多寡。不論是生活、工作或休閒，如長途開車、走路、划船

等，都需要靠肌耐力來支持。它和肌力一樣都能維持肌肉的年輕及預防傷害的發生，並能維持正確的姿勢及優美的體態。肌耐力在日常生活或工作上都十分重要，因為平常在做任何動作或維持某個姿勢時，倘若肌肉耐力不佳，不僅很快就會感到疲勞，而且還可能不小心造成意外傷害。所以，維持良好的肌耐力對於促進健康、預防傷害、增進生活品質與提高工作效率都有很大的幫助。

現在許多人有駝背、肩頸僵硬、下背痛等問題，除了可能是柔軟度不佳外，肌耐力的不足也是另一個可能的主要因素。保持良好的肌力和肌耐力對於促進健康、預防傷害與提高工作效率有很大的幫助，當肌力和肌耐力衰退時，肌肉本身往往無法勝任日常活動及緊張的工作負荷，容易產生肌肉疲勞及疼痛現象。表10-9依據體適能訓練方法，設計適合兒童肌耐力訓練處方作為參考。

表 10-9 兒童肌耐力訓練處方

部位	項目	請加強（0～20%）	普通（21～80%）	優良（81～99%）
腿部	動作形式	半蹲	登階	跳繩
	反覆次數	(1～15)下×(1～3)組	(1～15)下×(1～3)組	(1～40)下×(1～4)組
	運動頻率	（2～3）天／週	（2～3）天／週	（2～3）天／週
背部	動作形式	俯臥單腳舉腿：俯臥地面，單足輪流上抬，呈後屈姿勢	俯臥雙腳舉腿：俯臥地面，雙足上抬，呈後屈姿勢	俯臥挺身：俯臥地面，雙手雙足同時呈後屈姿勢
	反覆次數	(1～10)下×(1～3)組	(1～10)下×(1～3)組	(1～20)下×(1～4)組
	運動頻率	（2～3）天／週	（2～3）天／週	（2～3）天／週
腹部	動作形式	仰臥單腳側舉腿：仰臥地面，單足輪流上抬，呈後前屈姿勢	俯臥雙腳舉腿：俯臥地面，雙足上抬，呈後屈姿勢	仰臥起坐：雙人對坐，微屈膝，腳掌相勾，同時呈前屈姿勢
	反覆次數	(1～10)下×(1～3)組	(1～10)下×(1～3)組	(1～20)下×(1～4)組
	運動頻率	（2～3）天／週	（2～3）天／週	（2～3）天／週

註：本表上方之百分比符號為體適能檢測值之百分等級常模。

資料來源：劉怡君、林秀卿、蘇蕙芬（2011a）

三、柔軟度適能

　　柔軟度與肌力及肌耐力一樣，是人體健康體適能的重要項目之一。柔軟度適能指的是可以屈、轉、彎、扭，而不使姿勢破壞的能力。良好柔軟度能力能夠使人體各關節所能伸展活動達到最大的範圍，可以分為靜性柔軟與動性柔軟兩種。靜性柔軟度是以關節為支點動的活動範圍，動性柔軟度為一關節對於動作的抵抗或阻力。柔軟度適當的人，體態優美、活動自如，而且運動的表現較佳，發生運動傷害的比例也較低（即使受傷，其程度通常也較輕微）。

　　由於社會的發展，生活空間受到限制，人們可能經常維持相同的姿勢（如久坐、久站）過久，又大量的使用科技資訊設備，久而久之自然會造成柔軟度不佳的現象；不僅關節的活動範圍受限、體態不佳（如駝背），也很容易因為肌肉的持續緊繃而產生疲勞與痠痛的情形（如肩頸僵硬或下背痛）。身體柔軟度較好的人可以活動自如並保持體態優美，柔軟度較不好的人在關節活動的範圍會受到很多不方便的限制。影響一個人柔軟度的因素有肌肉、肌腱、骨骼、皮膚、脂肪、結締組織的構造與組成等。軟組織構造對關節限制的相對比例為關節占47%、肌肉占41%、肌腱占10%、皮膚占2%。具有比較良好的柔軟度，可以使運動時更有效率，並在運動過程中避免不必要的運動傷害發生。

　　靜態與動態（或彈性）的伸展運動：靜態伸展是指不發生上下或來回急動用力的伸展，而在最後伸展位置維持一段時間；動態伸展是指上下或來回急動或主動的運動，而且在最後伸展位置時不做停留。靜態伸展優於動態伸展的原因是沒有組織傷害的危險，能量的消耗較少，具有避免或消除肌肉緊張或痠痛的效果。伸展運動與柔軟度更有密不可分的密切關係，透過身體不同部位的伸展運動，可以增進身體各部位的柔軟度，身體不同部位的伸展運動包括肩部伸展、坐姿扭轉、立姿旋轉、體側伸展、仰臥側擺腿、頭部伸展、下背伸展、手臂伸展、前分腿與側分腿伸展、直立式與單抬腿式腿後肌伸展、小腿伸展、股四頭肌伸展以及其他伸展運動等。

　　研究也發現有相當多的下背痛病例與柔軟度較差有關，因此從小便養成良好的運動習慣與維持身體的柔軟度，除了可以避免運動傷害外，也可以消除日

後背痛的困擾。因此，具有理想的柔軟度可使我們除了可能免於這些文明病的困擾，也較不容易疲勞或痠痛。值得一提的是，關節的活動度適當即可，並非越大越好；柔軟度過大的人若無適當的肌力、協調性與反應能力，則反而容易發生傷害。表10-10依據體適能訓練方法設計適合兒童柔軟度訓練處方做為參考。

表 10-10　兒童柔軟度訓練處方

部位	項目	請加強（0～20%）	普通（21～80%）	優良（81～99%）
腿部	動作形式	・腿後肌群：雙腿合併，膝蓋微彎，上半身緩慢下彎，胸部盡量靠近膝蓋。 ・股四頭肌群：雙膝跪地，小腿貼地，上身後仰。 ・阿基里斯腱：呈弓箭步，前腳膝蓋不可超過腳尖，後腳往後伸直，膝蓋、腳跟著地，重心在後。 ・比目魚肌：雙腳踩於5公分高處，腳跟著地，身體前傾。 ・大腿內側肌群：呈側躺狀，背打直，將下方大腿往外上舉、下放。 ・大腿外側肌群：呈側躺狀，背打直，將上方大腿往外上舉、下放。		
	反覆次數	15秒×5組	20秒×3組	30秒×2次
	運動頻率	（2～3）天／週	（2～3）天／週	（2～3）天／週
背部	動作形式	・下背肌群：站立，雙腳尖朝前與肩同寬、雙手扶住腰部轉向後方，兩邊交替。 ・背部肌群：四肢跪地，手臂和大腿與地面垂直，背部向上方拱起，頭部放鬆下垂。 ・下背肌群：雙腳腳掌相對，將身體前壓。		
	反覆次數	15秒×5組	20秒×3組	30秒×2次
	運動頻率	（2～3）天／週	（2～3）天／週	（2～3）天／週
腹部	動作形式	・體側肌群：身體正面向前看，雙腳與肩同寬，單手叉腰，另一手舉高近耳，伸展體側至微緊繃。 ・腹部肌群：俯臥，雙手支撐身體呈後仰狀，做腹部伸展。 ・側腹肌群：仰臥，雙腳垂直向上舉起，向左、右放於地面，身體往返方向扭轉。		
	反覆次數	15秒×5組	20秒×3組	30秒×2次
	運動頻率	（2～3）天／週	（2～3）天／週	（2～3）天／週

表 10-10　兒童柔軟度訓練處方（續）

部位	項目	請加強（0～20%）	普通（21～80%）	優良（81～99%）
肩部	動作形式	・頸部肌肉：雙手叉腰，肩膀放鬆，頭部方向為低頭、左邊、右邊，每邊伸展程度須至微緊繃。 ・肩部肌群：雙腳肩同寬，單手橫跨胸前，另一手扶助關節上方，使橫跨胸前之手靠近胸部。 ・胸部肌群：雙手於背後，手指相扣，雙掌向後伸展，程度須至微緊繃。		
	反覆次數	15秒×5組	20秒×3組	30秒×2次
	運動頻率	（2～3）天／週	（2～3）天／週	（2～3）天／週

註：本表上方之百分比符號為體適能檢測值之百分等級常模。

資料來源：劉怡君、林秀卿、蘇蕙芬（2011a）

　　測量坐姿體前彎的柔軟度能力，可參考根據教育部體適能（表10-11、10-12）的百分等級常模，以測驗腰部關節柔軟度，並評估後腿與下背關節可動

表 10-11　中小學男學生坐姿體前彎百分等級常模

百分等級\年齡	7-23 歲中小學男學生坐姿體前彎百分等級常模（單位：公分）																		
	5th	10th	15th	20th	25th	30th	35th	40th	45th	>50th	>55th	60th	65th	70th	75th	80th	85th	90th	95th
	<<待加強>>				<<中等>>					銅牌					銀牌		金牌		
7	13	16	18	19	21	22	23	24	25	26	27	28	29	30	32	33	35	37	40
8	12	15	17	19	20	22	23	24	25	26	27	28	29	30	32	33	35	37	40
9	13	16	18	19	21	22	23	24	25	26	27	29	30	30	32	33	35	37	40
10	12	15	17	19	20	21	23	24	25	26	27	28	29	30	31	33	34	36	39
11	12	15	17	18	20	21	23	24	25	26	27	28	29	30	31	33	34	36	39
12	11	15	17	18	21	22	23	24	25	26	27	28	29	30	32	33	35	37	40
13	9	13	15	17	19	20	21	23	24	25	26	27	28	30	31	33	35	37	40
14	10	14	16	18	20	21	22	24	25	27	28	29	30	31	33	34	37	99	42
15	10	14	16	18	20	21	23	24	25	27	28	29	31	32	34	35	38	40	44
16	12	16	18	20	22	23	25	26	27	29	30	31	32	33	35	37	39	41	45
17	12	16	18	20	22	23	25	26	28	29	30	31	33	34	36	37	39	42	46

資料引自：教育部體育署體適能網站（2009）

範圍以及肌肉、肌腱與韌帶等組織之韌性或伸展度。簡易的測量器材可使用布（木）尺、膠帶，然後將布尺平放，0公分端朝向受測者，於25公分處貼膠帶固定及當記號。受測者脫鞋，兩腿分開25至30公分平放於尺兩側，腳跟對齊25公分處記號。受測者吸氣後，低頭重疊雙掌（兩中指互疊）向前慢慢伸展（不得急速來回抖動），盡可能前伸，然後暫停片刻以便記錄，然後測量兩次，取最佳的成績為主。

表 10-12　中小學女學生坐姿體前彎百分等級常模

7-23 歲中小學女學生坐姿體前彎百分等級常模（單位：次）																		
百分等級年齡	5th	10th	15th	20th	25th	30th	35th	40th	45th	>50th	>55th	60th	65th	70th	75th	80th	85th	90th	95th
	<< 請加強>>				<<中等>>					銅牌					銀牌		金牌		
7	15	18	20	21	23	24	25	26	27	28	29	30	31	32	33	35	36	38	41
8	14	17	19	21	22	23	25	26	27	28	29	30	31	32	33	35	36	38	41
9	14	18	20	21	23	24	25	26	27	28	29	31	32	33	34	36	37	39	42
10	14	18	20	21	23	24	25	26	27	28	30	31	32	33	34	36	37	39	43
11	15	18	20	22	23	24	26	27	28	29	30	31	32	33	34	36	37	40	43
12	15	18	20	22	24	25	26	27	28	30	31	32	33	34	36	37	39	41	44
13	13	17	19	21	23	24	26	27	28	30	31	32	33	34	36	38	40	42	45
14	14	18	20	22	24	25	26	28	29	31	32	33	34	36	38	39	41	43	47
15	14	17	20	22	24	25	27	28	29	31	32	33	35	36	38	39	42	44	48
16	16	19	22	24	25	27	28	30	31	32	33	35	36	37	39	41	43	45	49
17	17	20	23	25	26	28	29	30	32	33	34	35	37	38	40	41	43	45	49

資料引自：教育部體育署體適能網站（2009）

第七節　兒童體適能訓練原則

　　任何一種運動都不能只靠一朝一夕的訓練就達到目的，尤其是兒童體適能更不可能在短期就能達到預期效果，但良好的體適能是可以透過參與定時的運動及維持健康的生活方式來改善。不同種類的運動項目皆對身體有著不同的幫助，教育者與受訓者如能了解每一種運動對身體的好處是很重要的。然而在進行體適能訓練（練習）前，應先做好完整的暖身與緩和運動，且由大肌群開始，後小肌群。因為小肌群容易疲勞，若先訓練小肌群，可能會造成之後的大肌群訓練雖然還沒達到超負荷的程度，卻已無法完成動作的現象。針對體適能測量需求所設計出的運動能力有心肺適能、肌肉適能──肌力與肌耐力、柔軟度，規劃兒童體適能活動時，應遵循下列五項基本原則：

一、超負荷原則　

　　當肌群受到比原本的肌力水準還高的訓練強度或訓練量時，會刺激組織的成長，因而能增進肌力水準（增進肌纖維的數量和橫斷面積，以促進神經肌肉的功能）。所以，若要達到超負荷的水準，卻又不會造成過度訓練，除了應該完整地評估兒童日常的體能活動情況和運動能力之外，兒童的心理及生理條件也必須要考慮在內。

二、漸進性原則　

　　訓練是不斷適應的過程，透過漸進而適切的訓練強度和訓練量的安排，可以明顯的增進肌力、肌耐力並改善淨體質，尤其是兒童的身體還未完全發育整，各方面的進步絕對不會因為幾次的訓練就大幅地成長，所以不應急躁或好高騖遠，以免受傷。依據兒童的健康、發展狀況設計適當的活動課程，並逐漸增加活動時間和強度，避免一次運動量過大，或身體負荷增加太多。

三、特殊化原則

簡單地說，就是「因材施教」，通常肌力的訓練多是以「高強度低反覆次數」的方式來實施；然而，肌耐力的訓練則是以「低強度高反覆次數」的方式來實施。對於想增進某項運動能力的人而言，肌肉訓練的計畫與過程，必須針對個人需求項目做個別性來訓練與練習，且肌力訓練的動作模式要盡可能地與實際的運動動作相符，如用力時的關節角度、速度。肌力訓練通常以70%～85%的最大肌力（1-RM），實施六至八次為原則；肌耐力訓練則以40%～70%的最大肌耐力，實施十至十二次為原則。肌耐力是肌力的基礎，因此，訓練時應從訓練肌耐力開始，並逐漸增加負荷強度，減少負荷次數，以安全而有效的訓練肌力。

四、個別化原則

每個人的肌肉生理適應能力、生活型態和生理化特質等皆不盡相同，需求也不一樣，所以不同的個體應有不同的訓練計畫。尤其是訓練（練習）前完整的評估是很重要的，如計畫不當，不僅事倍功半，還可能造成運動傷害的問題。對訓練適應及進步的情況亦會有差異，因此，肌力、肌耐力的訓練應採用個別化的設計與安排，方能達到最佳的訓練效果，尤其是兒童的練習（訓練）方式更應保有個別化的原則，以預防造成不必要的傷害。

五、配合 FITT 四大健身計畫

在實際擬定體適能活動計畫時，除根據上述的運動訓練原則外，並配合健身計畫FITT四大要素：FITT為每週的運動頻率（Frequency）、運動強度（Intensity）、運動持續時間（Time）、運動形式（Type）來做設定，使體適能活動能夠循序漸進、有樂趣、不增加個人過多負擔的達到訓練成效，而不會對身體造成過度的疲勞或運動傷害。

（一）每週的運動頻率

運動訓練的重點在於規律而非忽多忽少，所以運動一定要定期的做，把運動變成日常生活的一部分，如此對於促進健康的效益才能發揮到最大。原則上每週應該運動二至三次以上，且不宜集中在連續幾天，如每週二、四、六隔一天做運動的方式會比每週五、六、日連續三天做來得好。

（二）運動強度

運動強度就是運動時的激烈程度。如果運動強度過低，對體適能的增進不會有好的成效；反之，也可能造成極度不適、運動傷害甚至危險。運動強度與運動持續時間成反比，當運動強度越大時持續時間則會越短，例如若以改善身體組成、降低體脂率為目標時，則應設定較低的運動強度和較長的運動持續時間來達到燃燒體脂肪的效果。

（三）運動持續時間

一般而言，長期維持30至60分鐘的健身運動訓練對於體適能的改善就有良好的成效。然而，兒童的注意力無法持續太長，應具多元性、樂趣性、全面性做體能活動設計，也因為兒童與成人的生理變化有所差距，如肺臟小、心跳快、呼吸急促，所以在從事各項體能活動時，也較容易達到預期效果，提升新陳代謝。對於剛開始從事運動或體弱的人而言，可以先降低運動強度，待體力逐漸增進後，再慢慢提升到最有效的訓練強度；或是利用間歇的方式，維持最有效的訓練強度，中間穿插幾段緩和的運動，如步行，待體力逐漸增進後，再慢慢減少緩和運動的時間和次數。總之，運動應遵照循序漸進的原則，運動中應用心去體會身體的感受，若感到不適則應停止下來，不要過於勉強。

（四）運動形式

運動的形式應與須增進的體適能要素相關，例如要增進心肺功能或改善身體組成可選擇有氧運動；要增進肌力或肌耐力應實施阻力訓練；要改善柔軟度須常做伸展操。體適能活動應由兒童從小開始培養，並建立終身良好的運動技能與習慣，活動規劃就應該以提起兒童學習動機、提高興趣或方便做的運動項目為主，讓兒童覺得運動是一種享受，運動的動機才會持續不斷。再者，應盡量選擇全身性的運動，不偏重上半身、下半身或單側，也應避免過於激烈的運動。最後，運動形式不要一成不變，最好能多樣化（陸上、水上、室內、室外）交替的實施。

Sallis 和 Mckenzie（1991）探討兒童活動的形態結論：

1. 90%以上的兒童表示活動對於健康的需求是有益的。

2. 從兒童每天心跳率測驗研究指出，很多兒童有充分的活動符合美國大學運動醫學推薦給成人的活動程度。但是資料是可疑的，因為他們沒有計算活動的連續性。很多兒童的活動只是突發奇想的，且時間很短暫。

3. 大部分的兒童從專家教育工作者處沒有得到規律的體育課程。

4. 將近25%以上的美國兒童被分類為肥胖，而女孩的肥胖比男孩多。

5. 只有約一半的美國青年人（12～21歲）規律的參與夠強度的身體活動，約四分之一沒有規律的身體活動。

6. 女生比男生更傾向少動，尤其課程可能需要刺激來支持他們的參與。

7. 整個身體活動的參與率隨年齡和年級增加而下降。

促進兒童、青少年、青年、中年和老年人的身體活動能有效的增進健康，提高工作效率和增進生活品質，從小便擁有良好的健康體適能。如此，更可以理解良好的健康體適能對運動不足的兒童更顯重要。體能活動中的動作技能教學對兒童是一項重要的課程，動作技能包含穩定性技巧、移動性技巧、操作性技巧的教學，是兒童須具備的基礎動作技能。體能課程能符合兒童的需求，從活動中重視兒童感官、認知、生活、體育訓練等，藉此養成不同的動作、技

巧、觀念、習慣,同時增加兒童體能和養成良好的運動習慣及身體適應環境的能力。期望藉由體適能活動與動作技能教學讓體能課程更具系統性、正確性、安全性、多元性,有助於兒童參與體育活動的動機,並養成未來積極參與動態的生活形式。雖然身體的活動科學是那麼的複雜,且不斷的因科技的發展持續揭開更多不可能性,但是最根本的也最簡單的方式,則是從小就培養身體活動的習慣、正確的運動方式、良好的飲食習慣、規律的生活作息,如此才有良好的體魄與健康迎接日後的挑戰,享受悠閒的生活。

第三部分

體能課程
設計與評量

第十一章

課程設計策略

　　普通的課程與精彩的課程差別決定在計畫階段。有效的教學必須經審慎的思慮與嚴密的計畫內容。多數人認為兒童天生活潑、好動，不需特別注意兒童的運動量是錯誤的觀念，且有些兒童屬於被動式發展，因此活動課程的指導的確較難規劃與設計。適當且正確的運動對於任何年齡層的兒童都是相當重要的，而且兒童容易脫離活動場地或不願意參與課程，所以更需要透過課程教導良好的運動技能與習慣，若無法正確教導運動技能，就如同醫生開錯藥方的後果是一樣嚴重的。

　　有些人認為體能活動是種浪費時間或無意義的行為，因而反對學校提供體能遊戲的時間。運動技能的教育將關係到兒童生理機能成長、情緒、智能、認知能力、社會技能、創造力和社交發展等。體能遊戲是兒童所特有的一種學習途徑，這些生命發展階段對兒童的未來有著非常重要的角色。因此，除了課前的規劃設計之外，整個課程單元教案的編寫也占有極重要的角色。

　　教案的設計編寫，不僅可以提供教育工作者了解自身每個教學設計的形式結構，並能充分運用適當的教學形式於不同的教學行為上，也能藉由每次的單元教案提供下一次不同教學內容時的經驗。而且經由教案的設計與實施後的實際狀況，達到教學相長的教育意義，進而使教學更成功。因此，教案對每一位專業的教育工作者而言，是重要而不可或缺的一環。

第一節　體能課程領域與目標

幼兒園教保活動與課程大綱（2010）中提到：兒童體能領域運用基本動作技能及知識，統整民俗童玩、處理問題及學習情境，引導兒童透過實踐生活自理行為及遊戲與運動等方式，建構姿勢端正的儀態基礎，並內化運動精神及喜愛活動、主動探索學習、保護自我與環境的生活實踐能力，以提升身體健康及體能，為未來更精緻與複雜的動作做準備，並奠定往後安全且積極活動的健康生活模式。在各種活動歷程中，兒童透過肢體動作的組合與變化，創造不同的遊戲，呈現出平衡、敏捷、流場的肢體動作技能。因此，身體動作領域之目標有下列四項：

1. 覺察並修正基本身體動作技能，奠定靈活與維護自身安全活動的基礎。
2. 運用各種生活自理機會，強化自我清潔衛生及自我照顧的能力，擁有健康的身體。
3. 樂於參與團體活動與展現動作創意，並體驗多元活動的經驗。
4. 應用動作技能及相關資源，培養並成為喜歡運動的生活習慣。

一、課程內容

1. 身體操控活動：依據情境及需求的不同，安全正確的運用身體穩定及移動技能，做適當的表現及調整身體動作，進行肢體表達、自由活動、團體活動、同儕合作等活動、並滿足個人清潔衛生、自我照顧、自由活動及整理環境的需求；穩定性與移動性動作技能，能隨心所欲操控自身行為、探索環境、自主學習等。
2. 用具操控活動：藉由使用各種用具、文具、玩具、遊憩設施、設備等活動機會，增加兒童活動時間與動作技能的難度，以協助兒童運用穩定性、移動性、操作性、精細動作技能，主動探索模仿、練習及應用各種器材與生活素材，完成團體遊戲、肢體表達、同儕合作、個人清潔衛生、自我照護、收拾整理與維護環境的行動，並培養喜歡運動的生活習慣。

3. 律動活動：結合音樂與節奏變化，設計肢體動作，讓兒童藉身體表達對音樂的感受，並能配合速度、節奏、方位、動作力道、隊形與空間變化，提高創造力與趣味性的肢體動作。

4. 健康行動：分為兩個方向。一是指個人健康方面行為，包括：個人衛生、保健行為、收拾整理與維護環境自理行為，進階至健康飲食、維持、恢復、改善有關的健康促進行為模式，協助幼兒發展健康信念、學習健康行為與落實自我管理。二是指在安全方面，覺察身體活動的安全距離，辨別並保護自己與他人的安全、食物安全、遊戲安全、用品安全等議題。

兒童在上述四種課程活動中，能觀察並能模仿移動性動作技能、穩定性動作技能、操作性動作技能、精細動作技能；當兒童已能穩定控制自己時，就能練習與應用各種體能器材及生活素材，提高肢體活動的時間與靈活反應。

二、範圍與內容

身體動作領域的課程設計，在於兒童能善用身體活動，提高健康體能與生活自理的能力。因此，強調兒童基本動作技能與精細動作的學習，在提供足夠的活動時間與安全的設備及環境中，兒童學會以下三種能力：

1. 觀察與模仿的能力

兒童在生活及學習過程中，能察覺並模仿他人走、跑、踏、跳、滑、攀爬等移動性動作技能；伸展、彎曲、蹲姿、旋轉、擺動、支撐、抖動等穩定性動作技能；投擲、接握、踢球、擊打、運球、盤球、拉推、搥打等操作性動作技能。會意識到身體動作與時間、空間、方向、力量、物體大小與重量、物件與身體位置的關係、並探索環境仔細察看自己與他人動作之差異，主動嘗試調整及修正自己的動作，以平衡與保護身體，同時滿足自在活動及學習需求。

2. 練習與應用的能力

進入練習與應用階段，表示兒童已漸漸能穩定的控制自己。不論是操控自己的身體，完成清潔衛生和自由活動；或是練習操控各種體能器材及生活素材，強化自己的體能及修正動作技巧；抑或是評估身體與動作間的節奏、力道、速度、方向、環境之間限制，同時結合情景與條件完成和諧流暢的身體綜合動作技能表現；參與多種遊戲及音樂律動活動，以提高肢體活動量與即時反應靈活程度。亦即兒童透過操控身體、操控用具、律動活動，加強動作技能的成熟及協調。

3. 組合與創造的能力

在各種活動歷程中，兒童能透過掌控自己肢體動作之組合與變化，發揮想像力創造、組合各種不同肢體動作的活動與遊戲，並配合音樂、戲劇、故事、遊戲，呈現出敏捷、流暢的肢體動作，以扮演心中設定的故事或圖像的能力，並能賞析同儕與自己獨創的動作技能。同時，在教育工作者的引導下，共同討論並展現蘊含當地文化特色的肢體活動及遊戲方法。

第二節　教學單元設計與程序

當兒童參與活動時，上課狀況不斷的在改變，學習成效立即可觀察得到，如果有些活動不成功也可以清楚的看到，這需要教育工作者經常隨時保持警覺以變換或增加一些課程。嚴密的內容計畫有助於預期這些改變，並能有效的處理突發狀況。

一、課程計畫

精彩的課程是透過完善的課前準備及嚴密的內容計畫才能設計出夠吸引力的活動，準備編寫課程計畫時應有的動作具下列幾項：

1. 確認課程中所要探討的單元、學習活動。
2. 蒐集與單元、學習活動相關資訊、遊戲、延伸活動。

3. 決定單元、學習活動教案的目標與成果。

4. 敘述單元、學習活動所期待的學習效果。

5. 決定何種活動可以最有效的方式獲得結果。

6. 列出活動的學習程序。

7. 編寫單元、學習活動課程計畫。

8. 搜集或製作課程中所需要的教材及學習活動的輔助設施。

二、教學單元規劃

　　體能性課程大多以活動的方式呈現，也可稱為活動性主題。教學單元是圍繞於課程中心的明確主題，也是發展領域中的一部分，是將所設計出的單元透過與兒童共同探討或練習動作技巧的主要概念。活動就如同一顆顆粽子，而教學單元就是一捆繩子，將所有活動集結成一串而達到教學單元的預期目標。例如在進行操作性動作技巧單元時，可運用的動作性技巧活動有：投、擲、接、滾、踢、運球、舉球、彈跳、高踢、盤球、打擊。這些活動是用來介紹或增強主題，是兒童能將重點放在中心概念或技巧，並了解各種能探討與實際應用的方法。

　　在設計教學單元時可將所要探討的活動妥善列出明細，並繪製成圖形避免遺漏，課程也將會更有連續性，也有助於課程發展與複習，同時方便延伸概念與技能。當然，也可與其他教育工作者共同分享資料、計畫、討論以便為更完整的教學資料。

三、教學單元格式編寫與說明

　　教學單元編寫的主要目的，在於讓教育工作者清楚規劃出教學單元所執行的時間、系列活動、教學目標與簡易的教學過程，同時方便審查所期望的教學目標與實際教學活動、教學行為是否符合原先規劃，如表11-1及表11-2範例。教學單元為整學期授課計畫，可依園所設定的週數及體能活動技巧自行設計與調整於活動程序中。

第三節 活動設計與程序

　　體能教學的活動設計主要是依據教學單元裡的教學目標為準則，針對課程所需的重點做詳細規劃。目的是讓教育工作者能全盤思慮教學流程與細節，同時針對實際活動情況與活動指標做對照。

一、活動選擇

　　在每個重要的領域中都有各式各樣的學習活動，一旦了解單元後便能選擇最適合教學情境及符合兒童程度的活動。直接引用坊間所列的體能活動並非上策，應該選擇合宜的活動加以探究、規劃及設計適合的課程活動。

表 11-1　體能活動教學單元大綱規劃格式與說明

<table>
<tr><td>兒童年齡</td><td>年　齡</td><td>人數</td><td colspan="2">全班人數</td><td>總時數</td><td>所需時數</td></tr>
<tr><td>週　期</td><td>維持的週數</td><td>日期</td><td colspan="2">年／月／日～年／月／日</td><td>課程時間</td><td>週*堂</td></tr>
<tr><td rowspan="2">教學過程</td><td colspan="3">教師活動</td><td colspan="3">兒童活動</td></tr>
<tr><td colspan="3">教師在整個課程中如何運用教學方式與兒童互動、溝通，以達到教學目標</td><td colspan="3">兒童在整個課程中動作與反應情形</td></tr>
<tr><td rowspan="6">活動程序</td><td>序號</td><td>日期</td><td colspan="3">活動名稱</td><td>時數／分鐘</td><td>備註</td></tr>
<tr><td>1</td><td></td><td colspan="3">依序排列出規劃的活動名稱</td><td></td><td></td></tr>
<tr><td>2</td><td></td><td colspan="3"></td><td></td><td></td></tr>
<tr><td>3</td><td></td><td colspan="3"></td><td></td><td></td></tr>
<tr><td>⋮</td><td></td><td colspan="3"></td><td></td><td></td></tr>
<tr><td>22</td><td></td><td colspan="3"></td><td></td><td></td></tr>
<tr><td>教學評量</td><td colspan="7">針對設計的教學單元，依實際活動的教學情況對兒童課堂所學作「學期性整體」評估與建議，為日後改進與參考。</td></tr>
</table>

資料來源：自行整理

表 11-2　體能活動教學單元大綱規劃範例

<u>　屏東科技大學　</u>學校<u>　102　</u>學年度　　第<u>　2　</u>學期

兒童年齡	5～6歲	人數	28	總時數	660分鐘
週　期	22週	日期	103.3.1～103.7.12	課程時間	22週*30分

教學過程	教師活動	兒童活動
	介紹並示範多種的球類運動與遊戲規則，藉由操作、練習的方式，讓兒童學習擊球的肢體動作，同時給予動作指導與修正，並適時給予肯定與鼓勵。	兒童依據完成各活動所準備的球類運動進行操練，學會各球類的玩法，並與同儕共同參與遊戲。

	序號	日期	活動名稱	時數／分鐘	備註
活動程序	1	3.01	穩定性技巧（1）毛巾操——伸展、擺動	30分鐘	
	2	3.08	移動性技巧（1）屁股頂頂樂——側步走、墊步跑	30分鐘	
	3	3.15	操作+移動性技巧（1）彈跳球——運球、彈跳、跑步	30分鐘	
	4	3.22	球類活動（1）籃球——運、傳球	30分鐘	
	5	3.29	穩定性技巧（2）好好玩的平衡	30分鐘	
	6	4.05	球類活動（2）籃球——傳球、投籃	30分鐘	
	7	4.12	體適能活動（1）肌力活動——氣球跳躍	30分鐘	
	8	4.19	球類活動（3）小小棒球王——投擲、接、揮動	30分鐘	
	9	4.26	穩定性技巧（3）快樂披薩派	30分鐘	
	10	5.03	穩定+操作性技巧（2）紙球棒——揮動、擺動、打擊	30分鐘	
	11	5.10	球類活動（4）棒壘球——接球、揮棒、綜合活動	30分鐘	
	12	5.17	操作性技巧（1）看誰套得準——呼拉圈套物	30分鐘	
	13	5.24	感覺統合技巧（1）毛毯——捲曲、伸展、扭轉	30分鐘	
	14	5.31	球類活動（5）足球——踢、傳球	30分鐘	
	15	6.07	球類活動（6）足球——運球、綜合活動	30分鐘	
	16	6.14	操作性技巧（2）毛毛蟲踢球	30分鐘	
	17	6.21	操作性技巧（3）咻咻碰	30分鐘	

表 11-2　體能活動教學單元大綱規劃範例（續）

	序號	日期	活動名稱	時數／分鐘	備註
活動程序	18	6.28	球類活動（7）躲避球——閃躲、傳球	30分鐘	
	19	7.05	球類活動（8）躲避球——傳球、攻擊、綜合活動	30分鐘	
	20	7.12	器材類活動（1）頭頂我最行——沙灘排球	30分鐘	
	21	7.19	器材類活動（2）追趕跑跳碰——跳箱	30分鐘	
	22	7.26	器材類活動（3）騎馬打仗	30分鐘	
教學評量	1.能仔細聆聽並能勇敢說出心得。 2.能明瞭熱身運動的重要性，並能做出各種暖身動作。 3.能分辨各球類的異同，並對專項動作有基本概念。 4.在遊戲中，做出手、眼協調的動作。 5.遵守遊戲規則，並樂於參與。 6.能與同儕共同完成活動、討論、分享。				

資料來源：自行整理

　　在選擇活動內容時，須隨時牢記兒童生理及心理的發展特徵。兒童因體力旺盛、注意力不集中，神經系統易興奮，需要較激烈的活動刺激，但也因骨骼細小、硬度差，肌肉體積小、收縮力弱，心肌薄、心跳快，肺組織的彈力纖維少，肺活量小，不宜進行強度過大的負重練習，有時則應安排較靜態的活動。所以，體能活動具有特殊性與選擇性的特點，所以應採用科學適當的體能方法進行活動，讓兒童進行一些基本動作、身體姿勢及體操和體能遊戲等內容的活動。活動中可安排兒童較熟悉及新穎的規則穿插於活動中，同時妥善設計能力均等的團體組合，並由活動與活動間流暢的銜接與轉換，才不易造成場面混亂難以控制。

二、學習指標

　　教育部國教司委託研編之幼兒園教保活動課程大綱（2016）綜合「覺察與模仿的能力」、「協調與控制的能力」、「組合與創造的能力」三項領域能力及「身體操控活動」、「用具操控活動」、「健康行動」三個學習面向，將身體動作與健康的學習指標訂定如下：

　　身-1-1 模仿身體操控活動

　　身-1-2 模仿各種用具的操作

　　身-1-3 覺察與模仿健康行為及安全的動作

　　身-2-1 安全應用身體操控動作，滿足自由活動及與他人合作的需求

　　身-2-2 熟練各種用具的操作

　　身-2-3 熟練並養成健康生活習慣

　　身-3-1 應用組合及變化各種動作，享受肢體遊戲的樂趣

　　身-3-2 樂於善用各種素材及器材進行創造性活動

能力＼學習	身體動作	用具操作	健康行動
覺察與模仿	身1-1 模仿身體操控活動	身1-2 模仿各種用具的操作	身1-3 覺察與模仿健康行為及安全的動作
協調與控制	身2-1 安全應用身體操控動作，滿足自由活動及與他人合作的需求	身2-2 熟練各種用具的操作	身2-3 熟練並養成健康生活習慣
組合與創造	身3-1 應用組合及變化各種動作，享受肢體遊戲的樂趣	身3-2 樂於善用各種素材及器材進行創造性活動	

資料來源：幼兒園教保活動課程大綱（2016）

　　學習指標1-1至1-2是在提供觀摩「各種移動」與設計安全範圍內的「探索活動」，讓兒童覺察、感受及體會肢體移動、平衡、使用手掌及手指的感知能力，透過觀察成人或同儕的身體操控及用具行為，嘗試表現及模仿他人安全及穩定身體的能力。1-3是讓兒童覺察與模仿健康行為，包括個人衛生、保健、收拾、飲食、睡眠、如廁前後及保持良好姿勢等，改善有關習慣性的行為模式問題。安全的活動則指保持身體活動時自己的安全距離及維護和他人的安全。

　　學習指標2-1至2-2是讓兒童能運用肢體各個不同部位與彼此的關係，透過探索、體驗、測試、調整與克服重心移轉，達到協調及控制身體自主行動，並建立生活自理的能力。另外，兒童能於活動進行時依據空間環境、設施設備、生活學習以及團體合作情境，適時調整及控制動作元素達到穩定、移動、操作的動作，如：動作大小、速度快慢、力量輕重、合宜方向、形式以及與周遭他人及環境的關係。2-3是引導幼兒協調與控制自己的動作，並養成健康的生活習慣，包括個人保健行為，飲食習慣、睡眠習慣、如廁習慣和保持良好姿勢（閱讀與坐臥立行等）的習慣，以及收拾習慣等。

　　學習指標3-1至3-2是在於整合與變化動作的肢體創意能力。在持續活動中，肢體動作會組合成具有韻律感的連續性動作。兒童在活動中會發現肢體具表達及創造不同的動感姿勢，同時喜歡並享受肢體遊戲的樂趣。此時，討論想法和鼓勵展演也能激發兒童的創意動作遊戲或舞蹈。

　　教育部國教司委託研編之幼兒園教保活動課程大綱（2016）將身體動作與健康領域的學習指標標號格式所代表意義如下：

　　第一個文字「身」表示身體動作與健康領域。第二個文字表示所屬的年齡層，幼、小、中、大分別為幼幼班、小班、中班、大班。第三位數字表示身體動作的能力類別，1為覺察與模仿、2為協調與控制、3為組合與創造。第四位數字表示學習面向，1是指身體動作、2是指用具操作、3是指健康行動。第五位數字則表示各學習指標的流水編號。表中的箭頭表示延續前一個年齡階段的學習指標。若有發展較成熟或較緩慢之幼兒，建議教育工作者參考後一年齡層或前一年齡層之學習指標設計活動。

三、教學活動計畫編寫

　　兒童極易疲勞且注意力持續的時間極短，體能活動的課程至少需要20分鐘，至多不超過30至40分鐘（楊聯琦，1994）。一個完整的課程規劃可分為三部分——導入活動、主題活動、回饋整理（如圖11-1）。

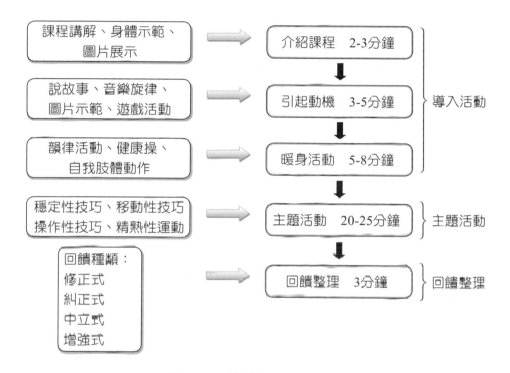

圖 11-1　教學活動計畫流程

資料來源：黃永寬（1995）

（一）導入活動

目的在於引起學習的動機、興趣，其最主要的是藉此讓兒童注意力集中。在導入活動中可細分為：課程介紹、引起動機、暖身活動。使用方式可以是說故事、音樂旋律、帶動唱、遊戲活動、圖片展示、小小歌舞秀、遊戲規則講解、課程或器材示範等方式，透過樂趣化、多樣化的方式，吸引兒童的注意力讓兒童能快速進入活動主題。當然還須包含活動前做暖身的動作，不只可以避免運動傷害的風險，而且能預先熟悉主題活動中所要強調的身體部位。此時無需長篇大論，只要利用淺顯易懂、生動有趣的方式即可，因為此時的兒童只想要參與活動，倘若導入活動的設計時間過長，將無法控制現場秩序。

（二）主題活動

主要強調兒童在實際活動中動作技能的發展、練習、探索與應用的活動主題，動作技能發展是教導新的動作技巧並且加以練習；動作技能探索與應用則是讓兒童將所學的動作技能應用在活動設計和競賽活動中，進而熟練每一項的動作技能。

起初的活動安排可能僅是單一的主題活動。例如以彎曲為主題活動，身體中可彎曲的部位有哪些？單一部位的彎曲怎麼做？從頭到腳分別做彎曲狀態，選擇肢體部分關節一同做彎曲動作等。若兒童認知與理解較成熟，可加入其他活動元素讓課程更充實、有趣及多元化。例如：彎曲與伸展的對照活動；揮動、擺動與抖動的異同等。主要的活動設計可利用動、靜態動作做交替，藉此掌握兒童的注意力，同時給兒童短暫的休息時間。

各項體能課程在連貫性的學習活動時，兒童所需要的組織形態與困難度是重要的考慮因素，課程規劃當然還必須包含由簡而繁、循序漸進、從頭到腳、軀幹到四肢及身體前後左右四個方向的訓練課程來加以增強。兒童透過活動能了解自己正在進步，也需要接受挑戰的刺激，逐漸學會關聯性的思想方式，思考各種因素都有可能會影響肢體的活動。

　　課程中還包含器材的使用、擺設、動線規劃。上課前應先將器材就定位，而不是邊介紹課程邊擺設器材，更不是等導入活動結束時，請兒童稍做休息，再將器材定位，要求兒童等待將會破壞活動安排的流暢。倘若是年齡較大的兒童，則可用遊戲的方式請兒童幫忙，並要求兒童若器材位移而影響活動時，再幫忙將器材回原位。對兒童而言，器材是用來玩的不是裝飾品，與課程不相關的器材會使兒童分心或造成活動中的危險因子，課程中無須用到的器材也請撤離兒童視野；無論使用或非使用中的器材，在活動結束後所有器材也應需妥善處理。在活動的同時可教導兒童如何安全的使用器材，愛惜公物，並在使用後如何將器材回歸原位，都是不可缺少的品德教育。

　　另外，活動與活動之間的轉移也是很重要的，若在活動進行時有安排加入能使兒童回到集中地點或隊形的方式，可以省去重新整隊維持秩序的時間；活動中盡量避免由自由活動的狀態再次回到隊伍的形態，因為兒童分散後要再集合起來是一件相當困難的事。因此，教育工作者在編寫計畫與執行活動時，都應仔細思考活動前、中、後該如何將兒童組織起來，建議盡可能讓兒童以隊伍或圓圈的方式進行活動，如此一來可以幫助兒童了解和促進參與。

（三）回饋整理

　　課程中應該有個活動高潮，且適合於邏輯的結束，而不只是時間到該結束而已，更需要在課程的最後運用修正、糾正、中立、增強的方式提供複習、分享、討論的總結。回饋整理的主要目的在複習所學的資訊，以強化兒童的認知能力，並了解兒童對於所教授的內容理解程度，是否學會並達到教學目標，作為日後課程修改之參考。

四、教學省思

教學省思是活動計畫的最後一個步驟，也是相當重要的一個過程，唯有經過評估才能確認兒童學習是否達到課程的預設目標，同時也是評估活動設計及教學好壞的指標。

評估的方法與教學方法一樣是多樣化，可運用文字的方式敘述、簡易表格勾選或圖文並列等，利用自身可以理解的方式做最簡單、明瞭、快速的方法為體能單元活動做審視。

學習結果的評估是要讓活動中的行為文字化，以評量兒童實際所習得的能力。若要仔細評估教學內容的優、缺點，可細分為教學準備是否完善；活動歷程是否流暢及達到預期的教學目標；並思考有何改進方式能讓下一次活動更完美。

教育工作者要能察覺學習是否能有效引起改變的跡象，如果所期待的目標產生改變，即可進行下一步驟，如未能引起變化，則必須嘗試其他方法與觀察未能產生變化的原因，並加以修正。評量常是較主觀的意識，因此必須經由觀察取代測試，所得到的學習成果將較為明確。

五、活動計畫格式編寫與說明

有關課程計畫的編寫可以參考表11-3與11-4範例。這份計畫內容可能不夠詳盡，但所強調的是初任教的老師所應寫出的各個主要細節，可幫助教師全盤思慮教材的細節，是教學成功唯一的途徑，甚至必須寫出上課時所講的每一句話，這有助於日後審視教學的適當性與正確性，也可以測定是否講得太多了。寫出要說的話，是預演課程的方法，活動計畫編寫越詳盡，越有助於在自我評估時保留優點，修正與改善缺點。

表 11-3　體能單元活動計畫格式與說明

_____學年度　　第_____學期

班　　別	班級名稱	上課日期	年 月 日	課程時間	上課時間約30～40分
小組人數	分組人數	人　　數	上課人數	實到人數	實際上課人數
活動名稱	本次課程的活動名稱（應與體能活動教學單元大綱配合）				
參考資料	此單元、活動所參考的資料來源（活動書籍、期刊、網頁等）				
場地類型	配合上課內容所需的場地，室內、室外、草地、空曠區等				
教學原理	1.教材分析：教材的特質分析（活動中動作或遊戲） 2.學童分析：兒童此年齡發展特質分析 3.教學方法：如何滿足需求				
教學方式	此單元的教授形式				
運動技能	本次課程規劃學習的動作技能、訓練部位與預期達到的目標結果				
活動器材	本次課程所搭配使用的設備、器材、道具等其他輔助資源				
器材分析	將設備、器材、道具特點解析，有助於課程設計與規劃				
學習指標	選擇2～3項身體動作與健康學習指標（參閱附件九）				

活動流程	教學內容	活動時間
	導入活動：運用課程介紹、引起動機、暖身活動穿插的方式設計	10～15 min
	主題活動：本課程實際操作的方法、過程 【教具設置、活動路線圖】	20～25min
	回饋整理：複習本課程所學的知識、技能	3～5min
教學省思	針對本課程教案設計、內容呈現、活動流程與實際情況之間的優、缺點做課程評論、建議及對未來教學的改進意見，供下一堂課程設計與執行的參考。	

資料來源：自行整理

表 11-4　體能單元活動計畫範例

_____102_____學年度　　第__2__學期

班　　別	向日葵	上課日期	103.5.10	課程時間	30～40分鐘
小組人數	5～7人／組	人　　數	28	實到人數	26（病假＊2）
活動名稱		球類活動（4）棒壘球——接球、揮棒、綜合活動			
參考資料		1.尚憶薇（2008）。兒童運動與休閒活動設計。台北，五南圖書出版有限公司。 2.林惠雅（2007）。兒童遊戲課程：動作技能與社會能力發展。台北，心理出版社。 3.郭靜晃、黃志成、王順民等（2004）。兒童課後照顧服務——訓練教材（上）、（下）。台北，揚智出版社。 4.吳幸玲（2003）。幼兒遊戲與發展。台北，揚智出版社。 5.熊文宗（1997）。幼兒體能遊戲指導法。台北，五洲出版社。			
場地類型		平坦寬闊場地			
教學原理		1.教材分析： 　(1)擊球動作技能為第一次接觸，教材內容簡易、有趣，且為日常生活中易取得的器材，讓兒童易學，有樂趣，又安全。 　(2)本單元有許多雙人或多人的球類活動，必須與同伴共同完成，藉此培養兒童互相合作、相互尊重的良好態度。 2.學童分析： 　本階段兒童擊球動作尚未熟練，活動中教師應多練習基本動作，遊戲及活動也要適時調整擊球的姿勢、距離、比賽規則，增加學童的成就感。 3.教學方法： 　(1)活動前先檢視各器材是否安全。 　(2)選擇平坦的場地教學，並強調揮擊時四周應保持適當距離。 　(3)揮擊動作的教學，採用遊戲的方式，增加教學樂趣及兒童學習興致。			
教學方式		□情境教學法、□直接命令式、■練習式、■可控性訓練法、 ■引導式、□遊戲式、■探索式（創造）、□競賽教學法、□測驗			

表 11-4　體能單元活動計畫範例（續）

運動技能	1. 表現操作運動器材之技能 2. 表現肢體協調性之動作技能 3. 表現聯合性之基本運動能力
活動器材	紙棒、報紙、膠帶、彩色軟球、標示桶、塑膠條、樂樂球棒、擊球架、哨子
器材分析	1. 報紙：將多張報紙捲成棒狀，另將報紙捲成紙球。此安全性較高，讓兒童在可能未保持安全距離之下做揮棒與擊球動作時，不至於使同儕受到嚴重的傷害。 2. 彩色軟球、塑膠條、樂樂球棒、擊球架：因課程第一次使用，兒童尚未有過多安全使用須知的認知，此為安全器材，能確保在發生意外時將傷害減至最小。
學習指標	身-大-1-2-1 覺察各種用具安全的操作技能 身-大-2-1-1 在合作遊戲的情境中練習動作的協調與敏捷 身-大-3-1-1 與他人合作展現各種創意姿勢與動作的組合

	教學內容	活動時間
活動流程	導入活動： 1. 介紹課程 　教師提供各項棒壘球比賽（世界棒球賽、職業棒球賽、職棒明星）的照片給兒童欣賞。 2. 引起動機：自製紙球、球棒 3. 暖身活動 　(1)利用紙棒，配合輕柔的音樂做伸展操：上下、左右伸展、轉體、壓腿、全身繞環等動作。 　(2)請兒童發表熱身運動的功能及重要性。	2～3min 3～5min 5～8min

表 11-4　體能單元活動計畫範例（續）

| 活動流程 | 主題活動：
利用紙棒（球棒以紙棒代替）設計各種活動、遊戲，以增進兒童手、眼等身體各部位配合的協調能力。
1. 操控自如
　(1)撥球繞圈
　　・以單手或雙手握住紙棒撥動紙球。
　　・先以蹲姿撥球，並繞著原地轉圈，也可以改變身體高度，由低而高。

　(2)沿線撥球
　　・先自由撥球移動，以直線或曲線方式前進，熟練後再沿線撥球。

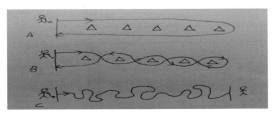

　　・兩人、多人一組，合力撥一個球。
　　・撥球動作及路線配合。 | 20～25min |

路徑 ＼ 動作	蹲姿	彎腰	站姿	雙人	多人
A	蹲姿A	彎腰A	站姿A	雙人A	多人A
B	蹲姿B	彎腰B	站姿B	雙人B	多人B
C	蹲姿C	彎腰C	站姿C	雙人C	多人C

表 11-4 體能單元活動計畫範例（續）

	教學內容	活動時間
活動流程	2. 揮棒自如 (1)揮擊動作：練習正確揮擊動作。 　‧預備動作：站穩腳步比肩略寬，雙手握緊紙棒，肩膀、手肘放鬆。 　‧揮棒動作：眼睛注視目標先扭動腰，紙棒跟隨身體以轉動的力量擊中目標，在擊中的瞬間手腕用力。 　‧結束動作：當擊中目標後，扭動手腕揮出去完成打擊動作，不可放開紙棒。 (2)揮擊塑膠條 　‧將塑膠條或球固定於繩子上，固定於高點，球在腰際間。 　‧握紙棒，練習揮棒擊球動作。 　‧左右手互換試揮，比較這兩者間差異，並分享。 　‧練習揮棒時，應注意打擊者的間距，避免發生危險。	
	回饋整理： 1. 師生共同檢討、討論。 2. 請技能優秀的兒童示範。 3. 分組收拾器材，提醒兒童運動後應注意事項。	3 min
教學省思	1. 活動過程順暢。 2. 注意兒童活動時的安全問題，避免揮棒擊中其他兒童。 3. 盡可能將器材準備充足，數量應搭配每一組兩份為佳。 4. 注意兒童將球棒做出非必要性動作，如：空中揮舞、擊劍遊戲等。	

第十二章

課後與活動評量

　　評量是課程計畫的最後一個步驟，也是相當重要的過程與指標，只有透過評量才能幫助教育工作者了解兒童目前的能力、狀況、進步及教學的有效性。運動能力的評估是一項相關資料的蒐集，目的是為了做更可靠的課程決定，和區別兒童之間的差異（許義雄，1997）。藉由評量兒童現行的表現水準來衡量自身教學的有效性，可以幫助教育工作者作為兒童能力水準及進步程度的判斷依據，並預估何種教學方式能有效的增進動作技能及身體適應能力。

　　評量有許多不同的形式，但必須是可行的、可信賴的及有效的評量出兒童機能水平的現況，過去體能教育工作者習慣使用量化測驗的評量方式做為回饋的標準，結果可了解兒童體能活動現況，但是量化的結果卻無法解釋兒童的想法、認知和心理層面。設計多元化的兒童體能活動評量，並彙集各種評量的結果，可作為了解兒童的學習情形和改進活動成效之用（尚憶薇，2008；許義雄，1997；羅凱暘，2000）。

第一節　體能活動評量種類

　　熟練的教育工作者經常透過正式與非正式的方式來評量兒童的學習情況，並經常修正及調整課程以便促進學習效果（許義雄，1997）。運動能力評量在

體能課程中大致上分為形成性評量與總結性評量兩種主要的評量方式。

一、形成性評量

　　形成性評量是利用觀察法來評量動作表現、運動技能形式給予評定的方式，也稱為過程評量、觀察性評量，屬於主觀的性質，是結合質化與量化的結果。形成性評量主要強調課程規劃的過程中，利用多元的評量工具診斷活動成果與學習成效，評量各階段的兒童需求與感受，並在活動過程中發現問題，進而改善課程規劃，以達到適性、適齡的個別差異。

二、總結性評量

　　總結性評量屬於客觀性的性質，通常在活動結束後，利用量的測驗評定兒童的學習成效、參與情形、動作結果的總結式評量，依據測驗的量化結果評定兒童在活動中的學習成果也被稱為結果評量或課後評量。為了使總結性評量更有效，在設計量表時應考慮信度、效度、客觀、合理等問題。量化的結果雖然客觀，卻同時忽略在活動過程中的感受與看法，無法針對個別差異改善課程規劃。

第二節　體能活動評量原則

　　體能活動無論使用何種評量方式，尚憶薇（2008）建議參考下列評量原則，提供有效適性的評量結果，以達到評量的目的，並進行體能活動的總檢討。

一、目標性

　　明確界定評量的目的，依據體能活動評量目的，選擇適當的評量工具，達

成活動目標。

二、全面性

評定兒童參與活動表現時，應考量全面性之體能活動評量，兼顧認知、技能、態度、習慣、情意等領域，以了解兒童在活動中的學習過程。

三、多元性

彈性的提供各種多元化體能活動評量方法，保持體能活動評量的客觀性，達到各種不同領域的目標。

四、整體性

有效的體能活動評量應強調過程與結果的整體性、形成性和總結性體能活動評量方法一起使用，將可有效的了解兒童在活動中的表現程度。

五、回饋性

體能活動評量的結果可作為改進教學單元規劃、活動設計與執行的依據。評量的結果提供回饋給兒童、教育工作者及家長以評量的結果作為下次教學單元規劃、活動設計與執行的參考。

六、個別性

體能活動評量應依據不同兒童的內在特質與外在情境作為考量，以符合個別差異。

七、連續性

體能活動評量應該是一種持續的歷程，依據過去的體能活動評量結果了解兒童的問題與原因，更進一步進行追蹤體能活動評量並預測未來的表現。

第三節　體能活動評量時機

假設評量兒童的學習結果能夠協助教育工作者審視教學內容，增進兒童與家長們對體能活動價值的態度，進而了解運動與休閒的好處。那麼體能活動評量的確能扮演一個重要的角色。活動評量的價值，在於能了解兒童現行的機能水準及確認某些需要特別注意與加強的肢體動作，同時能有效激勵兒童自信心、行動力、持續力並願意參與體能活動的最佳方式。所以要達到評量真正的價值，內容應著重在於兒童身體動作學習能力部分，聚集於兒童的參與活動程度及肢體動作的展現，而不是身體動作技能的精準或是身體極限的訓練。依能力滿足或完成身體操控、用具操控及律動等活動。

在教育工作者教學的部分，則應評估兒童參與肢體活動的意願、展現身體動作的項目及頻率、每日活動量與靜態學習時間的比率，以為身體領域課程設計之參考。兒童學習的肢體動作技能，有別於眾人熟悉的體適能，評量可分為平日觀察與學期評量。

一、平日觀察

觀察兒童在習得各類身體活動技能後，會在生活情境中運用觀察及模仿穩定、移動的基礎動作技能，配合身體操控體能器材及用具的動作，且能應用各種學習素材。如舞蹈、體操、遊戲活動身體各部位，組合及創造各種類型想像動作、操控滿足生活自理與探索學習。觀察時應注意兒童活動中身體基本動作技能的「展現」與「肢體協調」，而不是獲得「準確」的身體動作技能。

另外，也應觀察兒童能在遊戲、學習情境及音樂律動歷程中，安全應用身

體穩定、移動等動作技能在速度及空間節奏，滿足自由活動，並能與他人合作討論創新的肢體變化及遊戲方法。評量時強調兒童在於「喜歡參與」日常生活活動及體能遊戲運動，而不是「體能競技」或「身體極限的訓練」。

二、定期評量

每學期的期初及期末，教育工作者可針對兒童身體動作能力進行評量。教育工作者依據課程目標引導各種活動，並評估兒童在期初與期末，身體操控能力、用具操控能力及律動活動能力之改變。尤其在剛放完長假的期初評量，對兒童不應有過多的期望，暫時不用太在意兒童此時的體能評量結果，應在上完體能活動課程四週後再開始正式測驗。如此，兒童才有機會重新恢復放假期間所失去的身體活動水準。

第四節 體能活動評量工具

複雜的評量表除了會增加課程行進的順暢度，也會影響教育工作者的教學的品質。一個有效、簡單的評量工具，除了可用來記錄兒童群體間的差異或個人現況以及一段時間後體內發展的改變外，同時可進行全身性評量，觀察兒童整體的運動技能表現，確認兒童所遭遇的困難，並明確的指出問題所在。因此，表12-1提供觀察兒童基礎動作概念評量表，觀察兒童運用身體各部位對環境的知覺做評量。此份觀察表格可因需求不同更改為個人使用工具，表格中的空白處可依個人喜好使用標記（有：✓；無：✗）的方式或李克特三點量表法評估動作表現的分數（3-已發展；2-發展中；1-未發展）。

表 12-1　兒童基礎動作概念評量表

基礎動作概念評量表										
班　　別	班級名稱			人　　數		上課人數				
評量日期	年／月／日			記錄者		記錄人姓名				
評量項目										
姓名	身體概念			努力層級			空間概念			關係層級
	感知	覺知	認知	流暢	力量	時間	層次	方向	範圍	人	物

資料來源：自行整理

　　表12-2為兒童基礎動作技能評量表，觀察兒童活動中身體動作組成的聯合動作技能，屬於整體性的團體活動評量。此份觀察表格可因需求不同更改為個人使用工具，表格中的空白處可依個人喜好使用標記（有：✓；無：✕）的方式或李克特三點量表法評估動作表現的分數（3-已發展；2-發展中；1-未發展）。

　　表12-3至12-8為兒童基礎動作技能分段評量表。分段觀察腿部、腰部、手部動作及整體協調性四段，並使用李克特三點量法（3-已發展；2-發展中；1-未發展）記錄動作技能上的發展表現，此四個分段項目最高分為3分，總分為12分，並記錄於總分內，且由記錄表內的數字了解兒童在活動中身體動作技能的問題點，觀察與記錄完成後，將會有一個完整的個體及需求印象，可提供下次單元目標、活動計畫的修正，還可整理成為兒童學習成效通知單讓家長了解兒童肢體發展及在校學習情況。

表 12-2　基礎動作技能評量表

班　別：＿＿＿＿（班級名稱）

評量日期：＿＿＿＿（年／月／日）　　人數／記錄者　　上課人數／記錄人姓名

評量項目　＼　姓名	穩定性技巧							移動性技巧										操作性技巧									備註
	揮動	擺動	扭轉	轉動	捲旋	彎曲	伸展	蹲	扭支撐	翻滾	走路	跑步	墊步跑	雙足躍跳	單足跳躍	踏滑步	跨步跳	前併步	側併步	攀爬	投擲	接	滾球	踢球	運球	舉球	彈跳	盤球	打擊	

資料來源：許義雄譯（1997）

表 12-3　基礎動作技能——穩定性技巧分段評量表 -1

班　別		班級名稱		人數	記錄者	上課人數	記錄人姓名
評量日期		年／月／日					

評量項目＼姓名	揮動					擺動					扭轉					旋轉					彎曲				
	腿部	腰部	手部	動作協調	整體分數	腿部	腰部	手部	動作協調	整體分數	腿部	腰部	手部	動作協調	整體分數	腿部	腰部	手部	動作協調	整體分數	腿部	腰部	手部	動作協調	整體分數

資料來源：許義雄譯（1997）

表 12-4　基礎動作技能——穩定性技巧分段評量表 -2

班　別	班級名稱	人數	上課人數
評量日期	年/月/日	記錄者	記錄人姓名

評量項目　　姓名	捲曲					伸展					蹲					抖動					支撐				
	腿部	腰部	手部	動作協調	整體分數	腿部	腰部	手部	動作協調	整體分數	腿部	腰部	手部	動作協調	整體分數	腿部	腰部	手部	動作協調	整體分數	腿部	腰部	手部	動作協調	整體分數

資料來源：許義雄譯（1997）

表 12-5　基礎動作技能——移動性技巧分段評量表 -1

班　　別		班級名稱		人數		上課人數	
評量日期		年／月／日		記錄者		記錄人姓名	

評量項目＼姓名	翻滾					走路					跑步					墊步跑					雙足躍跳					單足躍跳				
	腿部	腰部	手部	動作協調	整體分數	腿部	腰部	手部	動作協調	整體分數	腿部	腰部	手部	動作協調	整體分數	腿部	腰部	手部	動作協調	整體分數	腿部	腰部	手部	動作協調	整體分數	腿部	腰部	手部	動作協調	整體分數

資料來源：許義雄譯（1997）

表12-6 基礎動作技能——移動性技巧分段評量表-2

班　別			班級名稱			人數			上課人數		
評量日期			年／月／日			記錄者			記錄人姓名		

評量項目 ＼ 姓名	踏跳					滑步					跨跳					前併步					側併步					攀爬				
	腿部	腰部	手部	動作協調	整體分數	腿部	腰部	手部	動作協調	整體分數	腿部	腰部	手部	動作協調	整體分數	腿部	腰部	手部	動作協調	整體分數	腿部	腰部	手部	動作協調	整體分數	腿部	腰部	手部	動作協調	整體分數

資料來源：許義雄譯（1997）

表 12-7 基礎動作技能——操作性技巧分段評量表 -1

班　別		班級名稱										人數											上課人數										
評量日期		年／月／日										記錄者											記錄人姓名										
評量項目＼姓名		投擲				接				滾				踢				運球			
		腿部	腰部	手部	動作協調	整體分數	腿部	腰部	手部	動作協調	整體分數	腿部	腰部	手部	動作協調	整體分數	腿部	腰部	手部	動作協調	整體分數	腿部	腰部	手部	動作協調	整體分數

資料來源：許義雄譯（1997）

表12-8　基礎動作技能——操作性技巧分段評量表-2

| 班　別 | | 班級名稱 | | | | | 上課人數 | | | | | | | | | | | | | |
| 評量日期 | | 年/月/日 | | | | | 人數 | | 記錄者 | | | | 記錄人姓名 | | | | | | | |

評量項目＼姓名	擲球					彈跳					高踢					盤球					打擊				
	腿部	腰部	手部	動作協調	整體分數	腿部	腰部	手部	動作協調	整體分數	腿部	腰部	手部	動作協調	整體分數	腿部	腰部	手部	動作協調	整體分數	腿部	腰部	手部	動作協調	整體分數

資料來源：許義雄譯（1997）

　　表12-9為兒童體能及運動能力評量通知書。是以個人的評量形態呈現運動能力進步的結果，方便定期將評量表統整後與其他通知單或文件寄給家長，讓家長了解兒童在校學習情況，若有特殊受限狀況使運動能力發展較遲緩，能及早發現及早治療，例如肢體及心智能力障礙。評量通知書可由基礎動作技能評量表內所觀察後給予評出的整體分數作為結果，記錄於本表格中，無須於活動中重新評量。評量項目與內容可依需求做分類，決定權在教育工作者，依據自身課程目標來實施。

表 12-9　兒童體能及運動能力評量通知書

兒童體能及運動能力評量通知書					
班級：	姓名：		實施日期：		
項目	評量內容	已發展	發展中	未發展	備註
基礎動作概念	身體概念，運用身體不同部位表達動作時的知覺				
	感知				
	覺知				
	認知				
	努力層級，指個人從事基礎動作教育時，動作表現的質感				
	流暢				
	力量				
	時間				
	空間層級，指個人從事基礎動作教育時，身體可活動的範圍				
	層次				
	方向				
	範圍				
	關係層級，指個人從事基礎動作教育時，身體與自己、他人（團體）、物體或環境的配合				
	人				
	物				

表 12-9　兒童體能及運動能力評量通知書（續）

項目	評量內容	已發展	發展中	未發展	備註
	兒童體能及運動能力評量通知書				
班級：	姓名：		實施日期：		
穩定性技巧	身體維持在一個定點：身體軀幹和四肢向四周做動態、靜態平衡或垂直姿勢時的移動動作				
	揮動				
	擺動				
	扭轉				
	旋轉				
	彎曲				
	捲曲				
	伸展				
	蹲				
	抖動				
	支撐				
移動性技巧	身體水平或垂直方向移動，從一個定點到另一個定點的轉移				
	翻滾				
	走路				
	跑步				
	墊步跑				
	雙足跳躍				
	單足跳躍				
	踏跳				

表 12-9　兒童體能及運動能力評量通知書（續）

項目	評量內容	已發展	發展中	未發展	備註
	兒童體能及運動能力評量通知書				
班級：	姓名：	實施日期：			
移動性技巧	滑步				
	跨跳				
	前併步				
	側併步				
	攀爬				
操作性技巧	身體配合物體移動時的操作：身體執行給予或接受物體的力量				
	投擲				
	接				
	滾				
	踢				
	運球				
	舉球				
	彈跳				
	高踢				
	盤球				
	打擊				

表 12-9 兒童體能及運動能力評量通知書（續）

項目	評量內容	已發展	發展中	未發展	備註
綜合評量	能在生活情境中，觀察及模仿穩定性和移動性的身體操控活動				
	能在生活情境中，觀察及模仿操作各種體能器材及用具的動作				
	能在遊戲及音樂活動中，觀察及模仿舞蹈、體操、遊戲等活動				
	能在遊戲中，安全應用身體穩定及移動技能，滿足自由活動，並與他人合作				
	能應用及練習，操控各種學習素材，滿足生活自理能力與探索學習				
	能在遊戲及學習情境中，應用動作速度節奏及空間，參與音樂律動活動				
	能習慣活動身體各部位，組合及創造各種類型想像動作				
	喜歡變化體能器材，並能集體討論創新的身體活動及遊戲方法				
	在律動活動歷程中，能變化肢體，勇於創造不同的動作				

班級：　　　　　姓名：　　　　　　　實施日期：

兒童體能及運動能力評量通知書

老師的話	家長建議
日期_____	日期_____

園長		主任		教師		家長簽名	

第五節 教育工作者教學省思

教育工作者除了在活動中觀察兒童學習狀況與結果給予評量外,也應由兒童的學習反應、肢體協調狀況、動作成果做教學方面的自我省思。針對設計與實際情況之間的優、缺點做評論與建議及未來教學的改進方法,提供下次設計與執行的參考。內容包括:

1. 檢視活動計畫、教學單元設計是否合乎兒童身心發展狀態,並同時兼顧活動程序是由簡而難的規劃方向。

2. 每次、每週或每月定期針對各種肢體動作內容的頻率與品質,進行教學後的內容檢核與省思。各類動作技能須均衡的設計於課程中,當靜態或動態活動過多時,則應適當調整或增加肢體活動的課程內容。

3. 幼兒園教保活動與課程大綱(2010)一文提到教學歷程是特別針對每天至少30分鐘的體能遊戲課程。

   (1) 教學前,教育工作者評量兒童衣著、鞋、襪是否合宜、活動環境與教材是否安全、動作設計是否由簡而難。

   (2) 教學中,注意活動設計是否具趣味及挑戰,並於活動過程中留意兒童是否有脫序行為或身體不適症狀。

   (3) 教學後,應觀察兒童是否達到流汗效果,並協助於流汗後擦乾頭髮及身體,並補充水分,視需要更換衣服。

   (4) 每日應注意兒童身體活動時間,主動參與活動的比率是否增加等。

4. 教學自我省思(表12-10)。

表 12-10　教育工作者教學歷程省思整理表

注意事項與內容		是	否
設備環境	固定式場地設備保養與維護		
	活動器材保養與維護		
	在安全的環境下從事體能活動課程		
	從事體能活動課程時選擇安全、適當的教材		
	兒童參與體能活動時衣著、鞋、襪合宜		
課程	適當設計動、靜態活動時間		
	體能活動具趣味及挑戰性		
	身體動作設計由簡單到複雜		
兒童表現	每日身體活動時間足夠		
	活動中，兒童出現身體不適症狀		
	活動後，兒童達到流汗的效果		
	兒童主動參與活動的比率增加		
	流汗後能自行擦乾頭髮、身體，並補充水分		
發展與安全	協助兒童建立動作遊戲規則，並適時提醒及規範		
	協助建立個人與團體的身體活動空間概念，並進行活動風險評估		
	提供兒童充足的體能遊戲時間，適當進行暖身及和緩運動，避免造成運動傷害		
	注意兒童個別差異，適時具體且真誠稱讚兒童，以提升兒童對肢體動作的自信		
	根據兒童發展狀態規劃課程，引導兒童正確使用器材，並提供各項保護措施，幫助兒童去探索新的活動方式		

表 12-10　教育工作者教學歷程省思整理表（續）

	注意事項與內容	是	否
互動及有趣	運用挑戰策略，激發兒童動作潛能，引導挑戰更高的動作能力		
	提供變換組別或團隊合作的體能遊戲，以提高同儕互動的樂趣		
	以提問與回應的方式教學，並能敏銳覺察自我情緒的變化		
	安排兒童主動學習及參與的情境，提供自發性或引導性遊戲的機會		
	提供兒童音樂、歌曲、童謠以及故事等創造元素，以增加活動趣味性，並引導兒童對不同文化認識與內涵的理解		
	了解兒童的發展狀態，並針對特殊需求兒童提供多樣教材與設備，多元的學習活動，以體驗各種身體動作的變化		
	拋除「最正確」或「最好」答案的觀點，激發兒童身體動作的想像力與創意性		
在地取材與統整	從在地生活情境中選材，規劃課程並整合於教學過程，引導兒童充分參與活動，獲得相對完整的學習經驗		
	鼓勵並引導兒童，在日常生活中，建立起自我管理的技能，以及參與協助清潔及整理環境的活動		
	以統整方式引導兒童，修正錯誤或不協調的肢體動作，尊重兒童自我統整的修正步驟及調整風格		

第十三章

簡易傷害防護與急救

　　兒童意外事故傷害一直是現今世界社會最主要的健康問題之一，無論哪一個國家的意外事故傷害都是造成兒童的首要死亡的因素（Hyder, 2003）。根據台灣地區的統計資料指出，在1967年以來，意外事故傷害一直高居兒童十大死因之首。就2010年而言，死亡人數為150人，所占比率26.1%，2011年人數略為下降至115人，比率是20.3%，而2012年死亡比率卻升高到23.1%（衛生福利部統計處，2011，2012，2013）。由此可見意外事故所造成的死亡傷害是不可忽視的。

　　需要擁有一個安全的空間讓家中或是學校生活中的兒童成長是一件感覺很簡單卻又不簡單的過程與經驗，當兒童活動在室內或戶外時，以他們的本能（探索、實驗、喧鬧、追、跑、跳及狂野的嬉戲）將透過類似的過程（遊戲）作為一種媒介而得以學習各種知識與技能，包括安全技能（吳幸玲、郭靜晃，2003）。根據研究結果顯示，兒童意外傷害發生的人數以台北市最高（24%），台東縣次之（16%）；而意外傷害的種類中以跌倒墜落最多，占各類意外傷害44%，其次為割刺傷，第三為燒燙傷，第四為交通意外傷害（李寶璽，1993）。尤其兒童事故意外傷害更是近些年來兒童傷害或死亡的主要因素之一，且任何意外事故傷害的發生，都和周遭的人、事、物及環境有著密不可分的關係。

第一節　常見的事故傷害

　　常見事故傷害區分：機械能（mechanical）、熱能（thermal）、電能（electrical）、化學能（chemical）或放射能（radiant），與人體的交互作用量或速度超出人體生理上所能承受的程度而造成傷害，亦包括氧氣和熱能的缺乏，例如在淹水、窒息或過冷時，通常在數分鐘內，雖然接觸的時間很短，但足以造成生理與心理的傷害。一般事故傷害分為兩大類：(1)非蓄意性事故傷害（non-intentional），包括交通事故、中毒和跌落，天災（如地震）；(2)蓄意性事故傷害（intentional），如：自殺（傷）及他殺（傷）兩類事故的統稱（Bonnie, Fulco, & Liverman, 1999）。根據靖娟基金會公布2013年兒童事故三大主因：人身安全、食品安全、交通安全。其中人身安全的造成因素以照顧疏忽的跌墜行態最常見。一般常見的兒童傷害可劃分為以下介紹：

一、跌傷

　　跌倒（傷）是一般兒童在日常生活中最常發生的意外傷害，其所造成的原因大多為滑倒、絆倒、相互拉扯、推撞或是從桌椅樓梯跌落，尤其以十歲以下兒童最為常見。性別上的不同也多造成不同等級的傷害，例如小男生大多較為好動，所以跌倒（傷）的機率比小女生更高，尤其受傷的部位多以頭部及臉部傷害最多，傷害的程度多為輕傷，重者多為骨折等現象。根據調查統計，兒童意外跌落占兒童意外事故傷害的47%。其中，零到四歲兒童的跌落意外，有80%以上在家裡發生，主要原因是因為兒童的體型大多呈現頭重腳輕的形態，加上認知不足，因此兒童跌倒墜落幾乎成為兒童事故傷害中的最主要原因，其次除了居家安全之外，校園意外事故的防範與管理也不可忽視。

二、割（刺）傷

　　除了跌落意外事故之外，割（次）傷排行兒童意外事故原因第二名。造成

兒童活動於室外空間割（刺）傷的原因，大多為被尖銳的物品或利刃（如碎玻璃、突出的木片等）所刺或割傷，在室內發生的元兇大多為摺疊桌椅、門窗抽屜、玩具、文具圖釘等。在日常生活中，兒童因為好奇心作祟，不經意地使用剪刀、刀片等尖銳工具的機會可能相當多，而傷口依大小、深淺、乾淨及污染程度而有所差別。傷口會流血及疼痛，因此不管居家或校園環境，都應特別注意器具的擺放位置，尤其是鏽蝕性的利器，一不小心受傷就可能造成破傷風。大致上割（刺）傷之症狀可分為輕度撕裂傷與中度撕裂傷兩種，其中又以輕度撕裂傷為最多，刺傷兒童也以輕度（傷口小不需治療或只需縫合）較多，中度撕裂傷（須進一步治療或換藥，或伴有血腫的複合性傷口，水腫、挫傷等）。

三、夾傷

　　兒童因為好奇去拉扯直式立燈而遭壓傷的案例層出不窮，被桌椅、抽屜夾到的兒童更不在少數！有時候，家長稍不注意兒童在身旁，門一開或是抽屜一關，兒童的手指就被夾傷，或是兒童好奇將手指伸進轉動的電風扇中，一不小心就釀成嚴重的意外傷害。造成夾傷的傷口大多為肢體的紅腫痛，且傷害程度較輕，但近來亦有傳出可掀式床板、摺疊桌椅夾死（傷）兒童的案例，因此，居家或校園環境等空間，千萬不可大意。另外，紙片的邊緣、被啃食嚴重的玩具也會割傷兒童嬌嫩的肌膚，家長應特別注意玩具的安全性。

四、燒燙傷

　　根據「中華民國兒童燙傷基金會」統計，兒童最常見的燒燙傷事故依序為熱液（氣）、火災（焰）、爆炸、化學物質、電灼傷、交通事故及其他等灼傷。童年對一個人而言正是無憂無慮的時光，但在一個燒燙傷的兒童身上，卻是一個辛苦的歷程，如果是嚴重的燒燙傷，不僅要經歷無數的手術與復健的過程，更要忍受及面對許多異樣的眼光和指指點點。皮膚是身體重要的器官，一旦受到燒燙傷傷害，不但會失去了原有的功能，還會釋出有害的化學物質，而

且壞死的組織更是細菌繁殖的溫床，將成為全身感染的門戶。

這些危險因子最先侵犯人體的地方即是人體最大的器官——皮膚，皮膚之下有肌肉、骨頭，受傷程度輕者只有表皮的紅、腫、熱、痛，嚴重者會傷及骨頭，需要截肢，或影響整個循環系統，造成生命的危險。因此，預防勝於治療，大部分的意外都是可以預防的，由於環境的變遷，我們今天已進入忙碌的工業社會，也成立了許多小家庭，居家環境大多狹小，活動空間局限，加上普遍的電器化與瓦斯設備，使得甜蜜溫暖的家，有時也會變成意外災害的傷心地，因此更不能輕忽。燒燙傷是造成兒童意外事故中最可怕也常見的一種，發生的方式與地點更是出乎意料，嚴重的燒燙傷可能導致休克、長期住院、嚴重疼痛、營養失調，甚至全身性感染等。

（一）一般常見的燒燙傷處理方式

沖	迅速將受傷部位浸泡於流動的自來水中或沖洗，以快速降低皮膚表面熱度
脫	受傷部位充分泡濕後，應小心除去衣物；並在必要時剪開衣物，且暫時保留黏住的部分。應盡量避免將傷口之水泡弄破
泡	持續浸泡於冷水中，可減輕疼痛及穩定情緒。若燙傷面積廣大，或年齡較小，則不必浸泡過久，避免體溫過度下降，或延誤治療時機
蓋	用清潔乾淨的床單、布單或紗布覆蓋。勿任意塗上外用藥膏或民間偏方，可能無助於傷口的復原，並且容易引起傷口感染，及影響醫護人員的判斷和緊急處理
送	除極小的燙傷可自行處理外，最好送往鄰近的醫院做進一步檢查與處理。若傷勢較大，則最好轉送到有設置燙傷中心的醫院治療

資料來源：財團法人中華民國兒童燙傷基金會（2012）

（二）火焰燒燙傷處理方式

停止	當身上著火後切記勿到處奔跑，如此只會迎風助長火勢，周圍的人可利用棉被、大衣、濕布、毛巾等包覆著火處以達到滅火
倒下	應立即以雙手掩住臉部，就地臥倒
滾動	就地臥倒後翻滾，並用棉被、大衣、濕布、毛巾包住滅火
冷卻	等火熄後再依燒燙傷急救方式處理

資料來源：財團法人中華民國兒童燙傷基金會（2012）

五、異物侵入（誤食）

　　兒童常會因為本能的關係，在沒有憂患意識的反應下就隨意的把東西往嘴裡塞，因誤食意外而就醫診治或住院的兒童，更不在少數。其實，意外是可以預防的，父母或學校的老師只要多用點心注意兒童所在環境，便能減少許多意外；一般嬰兒在四、五個月大時，就會開始進入口慾期，一直持續到三歲，因此兒童會不斷嘗試抓取東西往嘴裡放。而六個月大的嬰兒即會吸吮與咀嚼；這時候的嬰兒，手會不斷抓握，並透過嘗試、學習的過程，以尋求心理慰藉，滿足他的安全感；此外，因為嬰兒的視線還不清楚，所以會藉由觸摸來累積經驗，以感覺東西的軟硬、味道與大小等，因此，嬰兒在此學習當中，會慢慢的累積智力，對事物更充分了解與確定。

　　正餐食物、硬幣圖釘、玩具、糖果零食等物品皆為常見的意外事故傷害，根據統計，兒童異物侵入多以灰塵或砂礫藉由外力吹進眼中、小飛蟲或水侵入耳中、錢幣或鈕釦在好奇心的驅使下塞入鼻孔或口中、魚刺或食物梗塞等情形。兒童在不經意下發生這樣的行為，有可能造成物體吞入體內，造成內部消化道或呼吸器官嚴重的傷害，若誤食的物體（尖銳的或體積較大的）超過兒童所能承受的傷害，更有可能發生窒息或內出血的情形。

六、咬傷

　　兒童意外傷害中，咬傷最為頻繁的是蚊（昆）蟲叮咬最多，大多數的蚊（昆）蟲咬傷，只會引起輕度的腫痛，但如果居住環境比較遠離市中心，也有可能被野狗咬傷或蜜蜂螫傷等事件，大多數蜂螫傷只產生局部反應，只有少數兒童會出現嚴重中毒及過敏反應。根據台北榮民總醫院毒藥物諮詢中心的統計，動物咬傷很常見，大多數只產生輕微的不適，不過少數情況可能立即會變得很緊急，如：動物咬傷中死亡率最高的蛇咬傷。但也有新聞報導兒童在戶外遊玩時，遭受虎頭蜂、野狗等野生動物攻擊，造成嚴重撕裂傷或死亡的社會事件，一般的傷口都只是留下動物的齒痕，有些會滲血，有些則因內出血使得膚色改變的輕微狀況，也或者只有輕微的撕裂傷，但是這些動物身上都潛藏著無數的細菌或病毒，倘若傷口造成感染，將可能造成嚴重的併發症，因此當兒童不小心被咬傷，最保險的方式則是接受專業醫師的診治，較為安全。

七、中毒

　　家中兒童可能會吃掉或喝掉周遭所有的物品。兒童經常會學他們的祖父母或父母吞食藥品，所以只要家長稍微不留意，家中兒童就可能吞下那些藥品或營養品。一般兒童中毒可分為消化道中毒、呼吸道中毒及皮膚性中毒三種：(1)消化道中毒可能是藥物服用過量或誤食藥物或有毒物質（如洗碗精、去汙劑、生肉或腐壞食品）；(2)呼吸道中毒則可能是吸入有毒氣體或煙霧（如殺蟲劑、一氧化碳）；(3)皮膚性中毒則多為植物（如夾竹桃或常春藤）或昆蟲（如蜈蚣或毒蜘蛛）的分泌物接觸或叮咬，所造成的中毒現象。兒童常發生中毒的事件中，誤食藥物（包含誤食感冒藥或是誤食太多維他命）為最頻繁，其次為清潔劑、有毒植物、化妝品等的接觸。

　　平常養成教育兒童的機會，在沒有發生誤食意外之前，就對危險有充足的認知，兒童不會誤認藥品或化學物質是可以吃的糖果、汽水，就可以減少大部分意外傷害的發生。將清潔用品、藥物、有機溶劑等，收在兒童不易開啟的櫃

子裡，並將所有的藥物瓶子盡量使用兒童不易開啟的安全瓶蓋，使用完記得放回原處，不可隨意放置，最好櫃子裡加鎖，或放在兒童拿不到的地方。

八、交通事故

意外交通事故是造成兒童受傷甚至死亡的主要原因。兒童大多具有高度好奇心，當他們發現自己喜愛的事或物後，大多會不顧一切，直衝追逐或佇立，完全無危險意識。「交通安全，人人有責」，這「人」包括駕駛、乘客與行人。根據調查，我國近十年的兒童道路交通事故傷害，五歲以下兒童即有500人，平均每年受傷害者有50人。受傷害最多的一年為2004年的69人，最低的一年為2010年的38人。另以占總死亡率而言，平均為1.7%；國小年齡層的6至12歲兒童道路交通事故傷害，計有573人，平均每年受傷害者有53.7人。受傷害者最多的也是2004年的83人，最低的一年是2010年的48人，占總死亡率平均為1.6%。

交通事故乃一連串的錯誤所釀成的，專家認為交通事故絕不是意外，理由是交通事故都以一定模式發生，而且不斷重覆的出現，只要能掌握事故原因提出對策，交通事故是可以防止的。防患未然教育保證是降低交通事故肇事率的最佳萬靈丹。降低汽車肇事率、傷亡人數，最溯本追源的方法，就是將交通事故的防患未然教育推廣至校園。因為車禍所引起的家庭悲劇，受害最深、最無助的常常是兒童，如果能從小就教育他們正確的交通觀念及養成良好的行為，並擴及到全家每一個人，長遠來看，將是最具效益的安全宣導。「早知如此，何必當初」，車禍的造成有九成以上屬於人為疏失，或是行人，或是駕駛人，不管最後的責任歸屬哪一方，還不如在上路前多學習人、車、道路防患未然教育，並重視路權的觀念，安全駕駛保護自己、保護他人，將人身財產的損失、傷亡機率降至最低。

九、溺水

　　溺水，是兒童經常發生的意外傷害之一。兒童喜歡在夏天享受冰冰涼涼池水，悠游自在的像魚兒般的游泳，但卻不清楚自身的水中技巧而發生溺水意外。自我保護能力差的兒童，如果在游泳時不熟悉水性，不了解游泳場所的情況，環境組織狀況不當，或在飢餓疲勞狀況下，不顧自己的體力去游泳，都可發生意外。兒童的溺水死（傷）亡人數在所有意外事故人數中也占很大的比例，尤其是一至十二歲的兒童。溺水事件不單只發生在河川或大海，家裡洗衣機內的水也有可能造成兒童溺死，還有許多的兒童溺死事件發生在浴缸裡；少數兒童會因為入水後受驚、恐懼、驟寒等的強烈刺激，引起反射性喉頭痙攣，以致呼吸道完全梗阻，雖然水分不能進入呼吸道，但卻會由於缺氧而造成窒息。

十、中暑

　　造成人體調節中樞能力受損或汗腺排汗功能降低的因素有：(1)空氣中溫度太高，且有伴隨著乾燥炎熱的風；(2)高溫、高濕度且空氣不流通；(3)罹患衰竭性疾病，使身體不能由排汗來調節體溫，隨著體溫上升，組織細胞受到損傷而致中暑。

　　輕度中暑的症狀包括大量冒汗、肌肉痙攣、虛弱頭痛、反胃嘔吐、頭暈或是昏倒，一旦發現出現這些症狀，只要及時補充一些冷飲，盡量休息，或是用溼毛巾擦拭身體就可以改善，如果置之不理，很有可能就會演變成相當具有威脅性的中暑。當身體未適時補充水分時將會告訴你，缺乏水分、腦部、腎臟等重要部位需要水分來進行循環，但把排汗系統關閉，人體一旦失去排汗功能，就不能減低熱度或是排熱，而溫度就會累積得更快，屆時體溫不但會升高達到42度，皮膚也會發紅發熱，脈搏跳動急速，接著就會失去意識，而且可能併發急性腎功能或肝功能衰竭等現象，導致昏迷、抽搐、休克等，甚至危及性命。

第二節　事故傷害的預防

　　玻璃是易碎物是眾所皆知，若玻璃杯，摔到地面上破成小碎片，不論花了多少錢及多少精力去修補，都還是無法修補回原來的樣子，所以預防是最有效的辦法。一個事故傷害的特點就是它發生的時間一般很短，而且其結果相當的不確定，有時候不是人力所能夠決定的。當你意識到狀況可能發生時，往往就來不及了。

　　根據研究所統計出來的數字更指出，台灣1997至2008年住院醫療案件，從0至19歲兒童傷害住院案件共計686,171件之多（游斯雯，2011）。意外傷害的發生，就如同其他疾病一樣，是傷害原、環境及人等三個因素之間的不平衡所致，而意外傷害多年來一直占我國死亡原因統計的第三位，對學齡前兒童其意外傷害更是最主要的死亡原因，而意外傷害的發生率又可為死亡率的一百至五百倍，所以值得大家來關切及注意（李寶璽，1993）。雖然我們無法避免所有的意外傷害發生，但許多傷害是可以避免甚至控制的。

　　郭靜晃（2005）在安全管理4Es傷害預防策略實施中提到，工程改善（Engineering）、立法（Enforcement）、教育（Education）及熱忱（Enthusiasm）等四項。

1. 工程改善：主要指的是藉由環境的改善或設計保護裝置等方法，結合工程科技與管理技術來改善兒童的活動環境，降低傷害的發生，例如機動汽機車的安全裝置、防火避難設備、交通安全防護等，就是最佳的例子。針對兒童活動內潛在的不安全因素，在設計、施工時皆能做好完善的考量，避免出現危險因子，造成遺憾。

2. 立法：為最具公權力的一種方式，政府訂立相關的安全法令，而所有教育機構依照既定的安全法令執行工作。在執行上的另一個重點在於考核，藉由法令制度督促相關單位在安全工作上的徹底落實，達到意外傷害事故預防的目的。

3. 教育：係指運用教育的方法，灌輸安全的知識與認知，教育有危險的個體改變其不良的行為。對兒童則是加強安全教育，在行為認知上做教導。例

如勸說酒醉的人不要酒後駕車、兒童意外傷害處理方式、居家安全宣導及認識安全玩具等。

4. 熱忱：指執行兒童安全管理的動機。維護兒童安全並非父母或教保人員全部的工作，但安全卻是最基礎、最根本的要求，不容許在空間或時間上怠惰，因兒童的傷害防護不是在明天，而是在當下！是故，熱忱在兒童意外事故的預防上是最為重要的第一道防線。

王有欽（1986）指出，六歲以下兒童發生意外傷害的原因主要是火及火焰所致之意外傷害，其次是機械或工具所致之傷害。受傷地點主要是家裡，占87.5%。12歲學齡兒童則以意外跌落較多，占60.0%，主要受傷地點也是家裡。因此，兒童照顧者對意外事故傷害之預防行為認知、預防態度應當了解，而兒童事故傷害預防的一般原則，其主要預防應注意的要點有以下幾項：

1. 不可將兒童獨自留在家中，即使大人有事須短時間外出，也不可將兒童單獨鎖在家中。
2. 不使兒童暴露在危險中，但不可過分的保護而妨礙其潛能的發展及自信心的建立。
3. 兒童很容易忘記自己似乎已經懂得的事物，因此要一再教育，使其牢記安全守則。
4. 不愉快或正遭受壓力時易引起意外，應設法平息，冷靜後再理智地解決問題。
5. 仔細找出家中可能發生意外的事物，並設法排除。
6. 萬一事故傷害發生，應盡心盡力加以處理。
7. 電話旁備有小兒科醫師、醫院急診室、救護車、計程車等電話號碼。

兒童的意外傷害，除了交通意外與一般常見的意外傷害之外，兒童在家裡所發生的意外傷害比例為最高，其次為學校（幼兒園）。兒童與生俱來的好奇心使他們探索這個世界，但許多對兒童具有危害性之媒介物卻充斥於環境中，然而媒介物的改善可以有效防止兒童事故傷害發生在戶外空間做活動時，

Stine（1997）所舉例的九個向度，可以做為基本規劃之要素（引自黃庭鈺，2002）。

1. 可及的與不可及的（accessible and inaccessible）：由於兒童的身體與大人的不同之故，兒童面對世界的可及與不可及之處不同於成人。他們受限於其可到達、可看到、可接觸及可探索的地方，某些不可及的地方對兒童的學習是一項限制，同時也可能是安全的考量。

2. 動態的和靜態的（active and passive）：戶外區域常被視為是兒童可進行喧鬧、大肌肉運動等動態活動的地方。但在戶外活動並不全然意味著兒童就應該或想要進行動態的遊戲。對兒童而言，戶外區域也可以是他們休憩、夢想、清靜的地方。所以戶外區域應能提供動態與靜態的活動這兩項為考量因素。

3. 挑戰／危險和重複／安全（challenge/risk and repetition/security）：兒童藉由接受冒險、面對挑戰，可學習了解自己的能力與極限。所以一個可提供兒童探索、冒險但不會造成身體危險的戶外環境，對兒童而言是很重要的要素。而當一項活動不再具挑戰性，也可藉由重複該項活動（練習）以增進技能，但一定要在安全可預見的範圍內接受冒險與練習。

4. 硬的和軟的（hard and soft）：兒童運用他們的身體來接觸現實世界，而環境也同樣帶給兒童個體上的回應。當一個環境讓步（gives way）於身體的接觸，以所謂「軟」的環境，如地毯、蓆子；另一方面，「硬」的環境則提供兒童一些活動的機會，例如車道、桌面等。戶外環境需要這兩種環境以滿足兒童在操作上的需求。

5. 自然的與人造的（natural and people built）：若缺乏在自然環境中進行遊戲的機會，兒童將無法了解自然界的奇妙、變化與轉換，如花草如何生長、動物如何完成其週期性的生活等。人造的事物是文化傳承的一部分，也是人類解決複雜性問題的表徵方式。讓兒童能珍惜及保護他們的世界，更需要在自然與人造世界中，相互呼應並經歷的生活。

6. 開放的與封閉的（open and closed）：開放的活動可促進探索和實驗，而封閉的活動則幫助兒童發展與能力上的建立。環境的設計應兼顧能提供開

放性的探索活動，如玩水或玩沙子等活動，與能提供封閉性的活動空間與成就感，或是例如規律性的球類活動。

7. 恆久的和改變的（permanence and change）：兒童需要學校設置具恆久性的地標（landmarks），以提供一個強烈的視覺線索，表示此地的特殊性。地標的恆久性及其據以特別意義的圖案，也可幫助兒童發展生理上的獨立，例如地標可讓兒童學習如何辨別位置、磋商如何行走或組織探險的路徑；或當做練習逃脫歹徒誘拐的策略途徑等。兒童也需要一部分可改變的空間，當一個環境是無法改變或重新安排時，兒童可能會失去成長和問題解決的機會。

8. 秘密的和公開的（private and public）：如同成人般，兒童在其生活中有時需要被隔離的感覺，需要有撤離社會互動及思索個人想法的空間，例如遊戲屋的設計可提供兒童私密的空間。同時兒童也是團體的一部分，團體集會可幫助兒童在全體中找出個人的位置所在。在室外環境，都能有容納團體聚集的空間是很重要的。兒童如能自由選擇何時想獨處，何時想要與人群在一起，都將有助於遊戲活動的參與，但這種空間要能夠預期兒童的安全為原則。

9. 簡單的和複雜的（simple and complex）：簡單的遊戲區域可提供結構和方向，簡單的設置例如滑梯、三輪車等都有一個明顯的使用功能，這些遊戲都可鼓勵兒童進行一種形態的遊戲，但無法提供多元使用或即興創作的功能。增加複雜性則可鼓勵兒童做選擇及非預設的方式遊戲，例如三輪車區可增加一個裝有肥皂水和海綿的桶子，可提供洗車的扮演遊戲。若想提供較符合兒童個人需求及透過遊戲以便利學習的空間或活動，創造一個具有簡單及複雜要素的環境，就顯得重要許多了。

　　上述九個不同向度只是一種對照關係的模式，兒童在遊戲與活動的規劃沒有好壞之區分，但是對於所有要素在空間規劃上卻是很重要的因素，尤其在規劃兒童戶外活動空間時，除了適齡、適性、適時之原則外，兒童在活動時還能兼顧遊戲性與空間上的安全性，如果兒童在沒有安全規劃後的行為中活動，任

何好奇且具學習性的行為或活動就頓時失色，也失去意義。

　　由於兒童在各方面的發展都還未完全，對危險的認知、警覺性與反應能力都還未成熟，也因為兒童擁有充沛的精力、天生的好奇心、好動的特質，當兒童活動於成人的世界時，曝露在危險的機會自然會比成人多出很多，且也比成人更容易成為意外事故傷害的犧牲者（Damashek & Peterson, 2002）。藉由著手意外傷害的預防，首先要知道常造成兒童戶外傷害的安全議題：

1. 墜落：墜落是兒童常見的意外，舉凡高樓、樓梯、腳踏車、遊樂場所如溜滑梯或鞦韆、床鋪、兒童車、學步車等。墜落除了頭部與骨頭傷害外，因墜落碰觸家具尖銳的邊緣也是一種傷害。

2. 燒燙傷：廚房、浴室是家中危險的場所，舉凡濺出來的熱湯、熱水，甚至火焰、家中的點火裝置等，常常讓兒童有被燒燙傷之顧慮。

3. 噎到、嗆到、窒息：小玩具、貼紙、果凍等，都曾經被報導過噎到、嗆到甚至造成窒息的案例。其他如兒童床的床欄、百葉窗、窗簾及其拉線等也常是造成兒童纏繞、懸吊窒息之兇手。

4. 中毒：大人的藥物如果擺在兒童隨手可得的地方，便會增加兒童誤食藥物的中毒機會。另外，腐蝕性的液體，如鹼粽水、清潔劑、殺蟲劑等則對腸胃道與呼吸道有嚴重之破壞性。

5. 溺水：夏日一到，戲水是消暑良方，卻也造成不少家庭的遺憾。除了游泳池、海邊所發生的溺水意外，其他如工地挖掘的水坑、稻田、水溝，尤其在颱風期間也奪走不少寶貴可愛的小生命。

6. 街道安全：兒童手眼協調、動作反應仍未臻成熟，加上對危險的認知不足，常因為追逐小東西而衝出街道，造成危險；也因為個子小，駕駛人無法全然看到，而易發生意外。一般建議十歲以下的兒童過馬路時一定要有大人陪伴，也要讓小寶貝從小就認知街道的危險性，避免在街道上玩耍。

一、如何預防意外事故

　　意外傷害事故其實是可以預防的，但是預防的方法如果沒有提早學習或是

做好準備，則在傷害發生時會留下慘痛的經驗與傷害。藉此，了解並熟知各種事故傷害的預防更是不容忽視：

（一）如何預防異物吸入、梗塞

1. 用奶瓶餵奶應抱著餵，餵後給予排氣，可預防因溢奶而將奶水吸入氣管。
2. 有兒童的家庭應小心檢查地板及玩耍的地方是否有針、鈕釦及其他小東西。
3. 哭泣的兒童，不要餵食物，否則容易嗆到。
4. 避免給兒童花生、玉米、瓜子、硬糖及有子的水果（如龍眼、荔枝、釋迦等）。

（二）如何預防窒息

1. 不要讓兒童接近薄型塑膠袋、有拉鍊的袋子、大枕頭等。
2. 兒童不宜與大人睡在一起，以免被大人或棉被壓住而窒息。
3. 不要讓兒童接近繩帶，如遠離窗簾的拉線，以及衣服不要有繩帶。
4. 摺疊桌椅應收拾好，預防兒童因觸動被夾而窒息。

（三）如何預防中毒

1. 家用品如化粧品、藥品、殺蟲劑、清潔劑等應存放在高處或上鎖的櫃子。
2. 含有鉛的電池或玩具，不可讓兒童玩，以免含入口中，造成鉛中毒。
3. 外用藥不可給兒童口服。
4. 教導兒童區別能吃與不能吃的東西。
5. 避免把有毒的物品儲放在平常用來裝食物的容器內。
6. 瓦斯熱水器應放在浴室外的通風處，以免瓦斯外洩而中毒。
7. 廚房瓦斯不用時應將總開關關上，並避免兒童玩而造成危險。

（四）如何預防動物咬傷

　　動物常會翻臉不認人，不可讓兒童撫摸、逗弄狗或其他動物，即使溫馴的寵物，有時也很危險。

（五）如何預防玩具傷害

　　近年來玩具（如玩具手槍）傷害機率相當高，所以應為兒童選擇安全的玩具，避免尖銳、著色易脫落或易折斷的，並應教導兒童正確的玩法與收藏。

（六）如何預防電灼傷

　　1. 電器都具有危險性，千萬不可讓兒童拿來玩。
　　2. 電器設備及插頭等，應有防止兒童觸摸、靠近的設備。
　　3. 電線桿上的電線會引起觸電，應教導兒童不可靠近。

（七）如何預防跌傷及墜傷

　　1. 應予禁止在樓梯玩耍的危險行為。
　　2. 樓梯應注意照明，並保持整潔通暢。
　　3. 樓梯口應設有柵欄門。
　　4. 窗口、走道均應有防止跌落的設置。
　　5. 指導兒童正確行走的方法。
　　6. 在無成人在場的情況下，攀高是危險行為，應予以制止。
　　7. 地板打蠟，不要太滑並且避免有水。
　　8. 養成餐桌前進食的習慣。
　　9. 教導兒童不可一邊口銜餐具，一邊追逐嬉戲、奔跑。

（八）如何預防機動車交通事故

1. 教導兒童遵守交通規則及通過道路的方法。
2. 剛停止的車，可能就要開門，教兒童要小心，避免撞到。
3. 兒童騎腳踏車應選擇適當的地點。
4. 教導兒童不可在馬路邊嬉戲。
5. 教導兒童在下車時如需經過車輛到對向時，應由車後方通過。
6. 教導兒童不可在車後嬉戲。

　　兒童醫療保健工作與責任，並不只是幼教人員的職責，父母親更是需要相當的認知與責任一同運用良好的醫療保健知識與急救技巧，配合兒童身心發展的原理、階段，給予最佳的照護與養育方式，以培養出活潑、可愛及身心健全發展的兒童。但是兒童發生意外傷害事件並不只有在學校或幼兒園，居家環境中，更是不可忽視。父母在居家生活環境中，如能事先將防護工作做好，將可減少很多兒童不必要的意外傷害，其主要防護動作如下：

1. 樓梯是最容易發生跌倒、墜落的區域，所以應該避免在樓梯間堆放雜物，以免在發生跌倒、墜落的同時，造成更嚴重的傷害。
2. 家中應避免使用玻璃茶几，或是任何有尖銳的邊緣、堅硬的凸角的家具，以免撞擊時造成傷害。
3. 兒童的遊戲設施或家具，最好使用有良好衝擊吸收性能的材質。
4. 選擇兒童的玩具時，應避免選購有尖銳的角或邊緣的玩具，以免造成割、刺傷。有彈射功能的玩具容易傷人，也不適合選購作為兒童的玩具。
5. 電動捲門可能將兒童壓傷，所以最好有遇到物體會自動停止的設計，否則也應該將開關設在兒童無法觸及的地方。
6. 有自動反彈關上設計的門窗極易撞傷、夾傷兒童，家中應避免採用此種門窗設計。
7. 家中的工具、利器對兒童都十分危險的，極易因此引起割、刺傷，應將此類物品收藏於兒童無法觸及的地方。

對於兒童而言，因其肌肉骨骼的發展與運動神經的協調功能尚未完全成熟，加上對於危險行為的認知能力不足，限制了對環境中各項壓力的反應能力及速度，因此造成了很多不必要的意外傷害事件。根據統計數字指出，美國兒童死亡與傷害的主要元兇就是意外事故傷害所造成的，2001年更高過11,000名兒童死於意外事故傷害，幾乎每天有平均三名兒童死於意外事故（Anderson; Minino, Fingerhut, Warner, & Heinen, 2004），且這只是美國境內的統計，如果是全世界所有意外傷害總數，那更是驚人。而意外事故傷害在台灣地區亦是兒童死亡的主因，根據行政院衛生署統計資料顯示，2004年即造成293名兒童因意外事故傷害而死亡，平均每天約有一名兒童因為意外傷害喪命。因此，為了預防類似的事件再次發生，如果事前的準備（保護）能盡量妥善，其次則只能希望，如果不小心發生意外事故所造成的傷害，當下能藉由良好的事後補教方式減輕二次傷害的發生。藉此信誼基金會學前發展中心（1992）建議，當面對兒童事故傷害緊急應變時可參考下頁五個步驟處理（圖13-1）。

第三節　事故傷害發生處理方式

「預防重於治療」是千古不變的原則，事故的發生所造成的傷害已儼然成為家長最為憂心的一件事情，近年來更成為世界衛生組織重要的公共衛生問題之一，不論是兒童、青少年及壯年，事故的傷害皆為第一死因（行政院衛生署衛生資訊網，2005）。

若要預防事故傷害的發生，家中與學校除了提供安全的環境之外，更應給予兒童安全觀念，在學校應該建立一套處理緊急狀況的計畫，其中的緊急處理方式應該包括：

1. 全體教職人員均受過救生及急救技術的訓練。
2. 指定人員來協調緊急事件的處理。
3. 每位家長應公開簽署兒童的緊急藥物授權處理同意書。
4. 建立緊急聯絡電話號碼簿，包括家長、醫院、消防隊、救護車、警察局及毒物防治中心等。

意外事故傷害發生

步驟一　迅速研判並決定應立即採取之正確處理步驟

步驟二
- 立即使兒童受到保護
- 給予兒童必要的急救或送醫處理
- 排除可能造成二次傷害的來源與因素
- 控制災害之狀況
- 尋求協助或報案處理

步驟三
- 通知家長或相關人員
- 通報有關單位

步驟四
- 召開緊急會議，以便商議後續處理事宜
- 適時成立危機處理小組
- 必要的公開說明（事情經過、處理態度、處理方式等）

步驟五
- 探視並慰問受傷害之兒童
- 配合有關單位與人員，進行意外事故原因之鑑定
- 查究疏失責任的歸屬
- 處理理賠及補償事宜
- 執行必要的復健措施
- 加強意外事故防範措施
- 展開善後重建工作

註：步驟二至步驟五的處理流程，應依實際發生狀況彈性處理

圖 13-1　兒童事故傷害緊急應變處理流程

資料來源：引自郭靜晃（2005）

5. 方便取得電話機制。

6. 輸送路線的安排。

7. 適宜的急救物品。

　　兒童因為好奇心強，又不知危險、被大人疏忽（如弟妹的出生，或父母認為其已會自我照顧等）、暴露於外面環境機會增加，往往是使兒童受創傷或燒、燙傷的原因，父母若能學習一些意外傷害的急救原則，當能有效防止事故傷害的發生。落實兒童傷害預防的教育可以從三個面向來著手：首先，認識兒童周遭可能會遇到的險境；其次，提供並維持家中或是兒童遊戲場所的安全性；最後，藉由案例機會教育兒童來引導並逐漸加深其安全的作為與認知。常見的兒童傷害事故：

一、跌倒

　　兒童受傷的原因分為很多種，但是以兒童的年紀來探討，最常造成的傷害是跌倒的比例最高，其造成的種類又可分為絆倒、滑倒、撞傷或跌落等，尤其小男生受傷的比例更是比小女生高出許多，且受傷的部位多以頭部或是顏面傷害為主。當然，跌倒所造成的傷害可能有大有小，家長也有可能見傷口的狀態做出不同的處置方式。但是一定不能因為小傷口而失去原本應有的治療，如不小心發生更嚴重的傷害，更應立即送醫由專業的醫護人員做後續的治療。一般來說，兒童較常在跌倒後受的傷害還有刺傷、割傷、撞傷之類的人體皮膚或組織的損傷，如處理不當，會導致傷勢惡化或傷口遭受感染。

（一）常見的出血性傷害

1. 病狀及病徵

　　出血性傷害有：擦傷、刺傷、割傷、捧傷。依照出血的程度，可分為動脈出血、靜脈出血和微血管出血。

2. 處理方式

(1) 當兒童受傷時,急救者必須先判定是動脈出血、靜脈出血、微血管出血的狀況。如果是動脈出血,其血色較為鮮紅,常隨心跳次數呈現連續噴射性大量出血,且不易止血;靜脈出血的狀況,血色較為暗紅,且血流緩慢,較容易止血;微血管出血的狀況,出血的顏色較為赤紅,且呈現點狀少量出血,如果沒有先天疾病的常人,血小板可很輕易的自動凝固止血。

(2) 當兒童屬於動脈出血的情形時,急救者可採用直接加壓法及間接壓法止血(是最常用的急救方法)、抬高兒童出血部位止血法、止血點止血法、冷敷止血法、止血帶止血法等方式處理。如傷口有異物或斷骨凸出,可在傷口邊緣施壓。如直接壓法未能止血,可在動脈壓點施壓,協助止血,施壓時間為五至十分鐘,切勿超過十五分鐘。

(3) 當大量出血時,兒童會出現以下臨床表徵:脈搏快而弱、血壓下降、口渴、皮膚濕冷及蒼白、軟弱無力、情緒不安、呼吸淺速、出現空氣飢渴及神智不清等情況,嚴重傷患須盡速送醫治療。

(4) 若出血部位在四肢,在使用壓力止血法後仍無法止血時,可考慮使用止血帶止血。

＊止血帶的部位:
・上肢出血:綁在上臂距腋窩一橫掌的部位。
・下肢出血:綁在大腿距腹股溝一橫掌的部位。

＊使用止血帶的方法:將肢體繞兩圈,先打一個結後在此結上端放置一根止血棒,然後打一個方形結固定,將止血棒轉緊使血流停止,固定止血棒,註明使用的詳細時間。

(二)鼻子受傷

流鼻血是由於鼻內血管受傷所致。成因包括挖鼻孔、打噴嚏、鼻子受到撞擊、鼻瘜肉、鼻咽癌及顱底骨折等。流出的血量可能甚多,如兒童吞下血液,

可能會引致嘔吐；如吸入血液，則會咳嗽或窒息。

1. **病狀及病徵**

   (1) 鼻孔緩緩流出血液。

   (2) 如為顱底骨折，血液會混合腦脊髓液流出。

2. **處理方式**

   (1) 如果是在太陽底下或室外炎熱環境活動突然流鼻血，應先扶兒童到陰涼的地方或室內休息，切勿當場便急救起來。

   (2) 休息時的姿勢不要平躺，如此易使鼻血流到口中、吞進腹內，造成不舒服，若有血塊還可能堵塞呼吸道，而且看不出流了多少血液，無法判斷情況的嚴重程度。

   (3) 讓兒童坐下，頭微俯，身體微向前傾，正確姿勢應採坐姿，最好背後有靠墊，以60到90度的角度，頭部微向前傾，以減低血管壓力。

   (4) 兒童血壓過低或昏迷不醒時，則宜採臥姿，墊高肩部，頭部後仰。

   (5) 鬆解緊束的衣物，叮囑兒童用口呼吸同時用清潔棉花塞住流血的鼻孔，然後用手緊捏其鼻翼，加壓止血，並以濕或冰毛巾冷敷額頭或眼睛下方的臉頰處，加速出血點止血。

   (6) 不要吞下咽喉間的血液，維持兒童呼吸道的通暢，除去積聚在鼻咽部的血塊和分泌物，用口呼吸，頭側向流血的一邊，以免血水梗塞喉嚨。

   (7) 在止血後，叮囑兒童四小時內不要擤鼻涕或挖鼻孔。

   (8) 不要用力擤鼻子，以免導致大出血。如果上述步驟都已妥善操作仍無法停止出血，則必須送醫治療，切勿延誤。

（三）預防跌倒的方式

1. 走道上要清潔，光線充足，樓梯欄杆要堅固，梯面乾淨整齊。

2. 室內陳設簡單，空間寬敞，地板打蠟要稀薄，家具要擺設整齊。

3. 浴室鋪設橡皮墊，裝設手扶欄杆，避免滑倒。

4. 取高處的物品要用堅固的梯子。

5. 室內光線要充足，夜間最好留一盞燈，尤其近廁所處。

6. 不堆放雜物，不常使用的物品要妥善收藏。

7. 使用固定插頭，避免用延長線以免絆倒。

二、骨折

　　骨折造成的創傷幾乎都有外傷，像是擦傷、挫傷、瘀傷，但也有骨折會無外傷且看不出來。骨折的原因有很多，事後的處理與復健也各有不同，骨折的分類大致上分為無創骨折與有創骨折兩種，有創骨折須注意創口是否有受感染。

　　造成骨折的原因有很多，一般常見的骨折（圖13-2），大致可分為：(1)疲勞性骨折：常因長期過度使用導致骨頭發生裂痕，好發於運動員或勞動工作者；(2)外傷性骨折：因外力撞擊而導致骨頭移位，如交通事故、跌落；(3)而病理性骨折：乃因疾病的因素或年齡而導致骨質疏鬆，如老年人跌倒或滑倒，這些病人經由骨科專科醫師檢查，盡早進行確切的治療，利用石膏、外固定器、內固定器、釘子、金屬板以及塑膠副木進行復位。如果不小心發生受傷且有以下幾種病徵或症狀，須盡快求醫診斷：

1. 腫脹或發現瘀青症狀。

2. 肢體畸形或變形症狀。

3. 觸碰時會有疼痛的症狀。

（一）骨折的處理方式（引自郭靜晃，2005）

1. 盡量保持兒童的舒適，並且穩定其情緒。

2. 動作須敏捷而輕微，使兒童安靜保暖，以免引起休克。

3. 疑似骨折時，以骨折處理，在骨折部位尚未固定或紮穩前，不可隨意移動

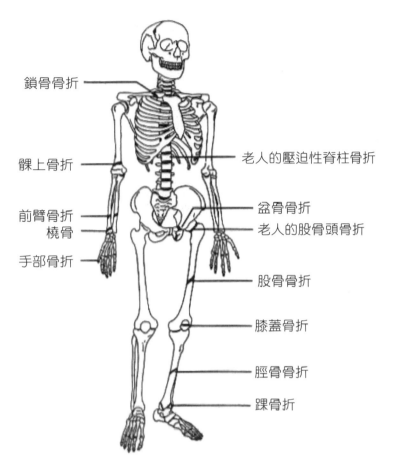

鎖骨骨折

髁上骨折

前臂骨折
橈骨

手部骨折

老人的壓迫性脊柱骨折

盆骨骨折
老人的股骨頭骨折

股骨骨折

膝蓋骨折

脛骨骨折

踝骨折

圖 13-2　一般常見的骨折部位

資料來源：教育部學習加油站護理科數位化教材資源中心（2003）

（尤其是脊骨受傷的兒童）。

4. 移動兒童時須支托骨折肢體上、下關節，並避免旋轉，造成其他傷害。

5. 選取長度適合的夾板，固定傷處以後，方可移動或輸送。

6. 開放性骨折傷口，用清潔紗布覆蓋，以避免深部組織受感染，切勿企圖將
   凸出皮膚的骨頭推回去。

7. 兒童衣物除去時，應先脫健肢再脫患肢，必要時可將創傷處之衣物剪開。

8. 處理骨折前應先處理呼吸困難、大量出血或意識喪失等症狀。

9. 在不影響骨骼排列序位的情況下，將患肢抬高，可有利於血液回流，減輕腫脹，並且又可控制出血。

10. 如果狀況許可，盡可能立即送醫。

（二）骨折後的復健方法

當骨折復原後，兒童需要面對的是一連串的復健過程，一般復健科常做的處理與復健方法為：

1. 控制水腫：骨折後因為斷骨進行復位無法活動，會有肢體腫脹的情形，且腫脹的情形不易消除，可以採患肢抬高超過心臟，輕柔且朝心臟方向連續性按摩，在腫脹肢體冰敷，或使用彈性繃帶纏繞肢體來降低水腫。

2. 控制疼痛：傷口或肢體腫脹會壓迫到痛覺神經末梢造成疼痛，病人一痛就不想動，不動肢體就更腫，可使用電療、短波、超音波等儀器來放鬆肌肉的緊張感，並有研究指出可增進骨骼的癒合。

3. 運動治療：依據病人的情況訂定個人化的治療計畫，運動可增加骨質的增生，減少沾黏，增加循環，降低水腫，對恢復功能多有助益。

4. 緩和的全身關節運動：未受傷的關節一定要動，例如走動、變換姿勢、收縮肌肉，都可以有效放鬆肌肉，預防肌肉萎縮。

5. 骨折處在允許的範圍內進行被動的關節活動：輕輕的活動骨折處的關節，可避免關節硬化及攣縮，更可避免組織沾黏，維持功能。

6. 骨折處的主動關節活動：居家復健運動，當骨折處的癒合達一定的程度時執行，以提升骨折處的功能，恢復關節正常活動角度。

7. 肌力訓練：提升關節活動角度到正常範圍，透過工作強化傷部肌肉訓練，使骨骼快速恢復正常工作，肌力恢復正常。

8. 不要攝取含有咖啡因及尼古丁的食物：以免影響血液循環，進而阻礙功能的恢復。

三、燒燙傷

　　兒童燒燙傷和其他的病症一樣，有輕微和嚴重之分，深度和面積是其程度判斷的依據。一般燒傷的深度可將燒傷分為一度燒傷、二度燒傷、三度燒傷以及四度燒傷（表13-1）。第一度燒傷及第二度燒傷的兒童通常會感到受傷的部位非常疼痛，但是只要皮膚受損的情形已達到三度燒傷，兒童就會失去痛的感覺，因為痛覺的感受神經已經在燒傷的過程當中遭受到破壞而失去正常的感覺功能。

表 13-1　燒燙傷程度

深度	第一度燒傷	第二度燒傷		第三度燒傷	第四度燒傷
		淺二度燒傷	深二度燒傷		
深度範圍	皮層、真皮及皮下組織	表皮層、真皮表層（約1/3以上）	表皮層、真皮深層	表皮層及全部真皮層，所以也叫全層燒燙傷（全層皮膚）	全層皮膚、皮下組織、肌肉、骨骼
症狀	反應性充血、皮膚發紅、腫脹，明顯觸痛感、輕度的水腫，皮膚潮紅但沒有水泡	皮膚紅腫、起水泡，有劇烈疼痛及灼熱感	皮膚呈淺紅色起白色大水泡較不感覺疼痛	皮膚呈焦痂，乾硬如皮革或為蒼白色色素，細胞與神經末梢亦已燒焦，故較無疼痛	皮下脂肪、肌肉、神經、骨骼等組織壞死，呈焦炭狀
癒合情形	約3-5天後脫皮即可癒合，無疤痕問題	約14天內即可癒合，會留下輕微疤痕或無疤痕	約21天以上即可癒合，會留下明顯疤痕，須盡早植皮治療，避免感染	無法自行癒合，會留下肥厚性疤痕，造成功能上的障礙，須依賴擴創植皮或補皮瓣方可痊癒	須依賴皮瓣補植治療、電療等特殊醫療，部分須截肢

資料來源：自行整理

（一）常見的燒燙傷

1. 熱液燙傷：如沸水、熱湯、熱油、熱茶、洗澡水等。

2. 火焰燒傷：如瓦斯爆炸、火災或酒精燃燒等。若病患有臉部焦黑、鼻毛燒黑、聲音沙啞、呼吸困難的情況，則必須懷疑可能是呼吸系統吸入性傷害，此種類型燒傷會因熱空氣或火焰造成上呼吸道的傷害，同時因有毒煙霧或氣體成分造成支氣管及肺部的損傷，影響呼吸功能，死亡率相當高。

3. 化學灼傷：如被潑灑硫酸、硝酸、強鹼等，造成組織蛋白變性、脫水、皂化等變化，多發生於暴露的頭頸胸部，常形成顏面及眼部的嚴重傷害。

4. 電灼傷：如接觸高壓電、接觸電插頭所引起。嚴重的電傷多為高壓電所引起，可分為電流燒傷、電弧傷及火花燒傷。高壓電傷會引起肌肉壞死，分解出來的肌球蛋白會阻塞腎小管而導致急性腎臟衰竭。電灼傷是嚴重的急症，通常須住進燒燙傷加護病房治療。

5. 吸入性呼吸道傷害：在失火現場或密閉空間遭受燒傷的病患，有臉部焦黑、鼻毛燒焦、聲音沙啞、呼吸困難的情況，必須懷疑是吸入性呼吸道傷害。吸入性呼吸道傷害會造成鼻腔、氣管、支氣管的傷害，不僅因熱空氣或火焰，同時有毒煙霧或氣體造成氣管及肺部的損傷，影響呼吸功能，死亡率相當高。

6. 其他：如接觸性燙傷（如機車排氣管燙傷）、曬傷、凍傷、輻射線燒傷、蒸汽燙傷等。

（二）處理方式

1. **燒燙傷急救處理原則**

   3B：Burning Stopped（停止燒傷的過程）、Breathing Maintained（維持呼吸）、Body Examined（檢查傷勢）。

   3C：Cool（冷卻）、Cover（覆蓋）、Carry（送醫）。

2. 一般常見的燒燙傷急救步驟

(1) 沖：立刻以流動冷水或自來水沖洗患處15至30分鐘，有除熱與止痛效果。

(2) 脫：在水中除去覆蓋的衣物，若有黏在傷口上的衣物，不可用力脫去。

(3) 泡：在水中持續浸泡約30分鐘。

(4) 蓋：不塗抹任何藥膏，僅以消毒過或乾淨的被單、布條覆蓋傷處。

(5) 送：立即送醫急救。

當發生燙傷意外時，在處理過程中須注意的地方是切記起水泡或掀起之皮膚，千萬不要扯去或剪掉，讓其組織保持貼平在傷口上，有易於日後傷口之復原；不要在傷口使用有黏性的藥膏；不要於傷口處塗牙膏、醬油或其他外用藥粉或藥膏，以免傷口感染；不要將水泡刺破，以免造成感染化膿，延後癒合的時間。

四、窒息

最常發生令兒童窒息的食物如熱狗、圓的糖果、花生、葡萄、餅乾、肉塊、朗蘿蔔、花生醬、蘋果、爆米花等食物，宜盡量避免在兒童獨自一個人時食用，如食用時，旁邊須有成人在旁注意或協助將食物切塊。但更重要的是，當兒童在吃東西時，千萬不要跑跳玩耍或大哭大笑，以免造成嗆到的情事。無論是兒童或是成人發生窒息的意外，急救的方式可先鬆開身上過緊或合身的衣服，然後讓兒童身體向前方傾斜，並配合呼吸按摩背部，如果還是無法解除症狀，可試著除去其口中異物，如食物碎屑、假牙等，並鼓勵咳嗽（用手掌大力拍他肩胛骨中間連續四次，使堵塞物自行排出或用手指將之挖出），若呼吸停止，須立刻施行人工呼吸，並呼叫救護車送醫急救。

（一）哈姆立克急救法

1. 一歲以下的嬰兒

若家中一歲以下的嬰兒發生窒息，但還是可以哭或呼吸，就應該立即讓他自己將東西咳出來；如果嬰兒沒有哭鬧或呼吸，甚至嘴唇、皮膚、指甲都發紫了，就必須盡快遵照下列步驟處理：

(1) 首先除去造成窒息的原因，如糖果、塑膠袋等異物，試著讓嬰兒保持鎮定並以咳嗽的方式咳出。

(2) 如果上述方式還未能將異物排出，可將嬰兒的臉朝下放在前臂上或趴在施救者的膝蓋處，手托放於嬰兒的下巴，並用另一隻手的手掌後根部在嬰兒背部兩肩胛骨之間用力快速的拍打五次，運用振動的原理將異物排出。

(3) 倘若異物還是沒有吐出來，可以讓嬰兒面朝上躺在施救者的手臂或大腿上，並將食指與中指放在嬰兒胸骨中央，大約是距離乳頭下方1.6公分的位置，用力並快速地壓擠胸部五次，然後再拍背五次，輪流交替施作，直至梗塞物被吐來為止。

2. 超過一歲至未滿八歲的兒童

倘若發生窒息的是超過一歲的兒童，首先要問他「能說話嗎？」假如可以說話、咳嗽或呼吸，就讓他自己將異物咳出來；假如兒童無法自行呼吸、咳嗽或說話，就必須馬上進行急救：

(1) 若異物依舊無法自行排出，施救者則須立即施作哈姆立克急救法，其方式是採用站姿或跪姿在兒童的後方，然後施救者的一隻手臂繞至腹部，一手握拳，然後把拳頭的拇指側靠向腹部的中間、肚臍眼的上方，另一手支撐背部，握拳的手快速的向內與向上同時做推擠的動作，直到他咳出異物。

(2) 假如兒童已經無意識、無反應，也沒有呼吸，必須趕快送醫急救，並開始做心肺復甦術急救（CPR）的動作。

(3) 先讓兒童躺著，抬高下巴，用手指捏住鼻子，然後再以施救者的嘴唇

封住兒童的嘴巴，每三秒鐘做一次呼吸動作，並且每分鐘檢查一次。

(4) 假如兒童還是沒有呼吸或脈搏，就要快速用力地壓擠胸部五次，以每分鐘至少100至120次的速率進行，並運用30：2的頻率（30次胸部按壓後施行2次人工呼吸）進行人工呼吸直至醫護急救人員到場。

（二）心肺復甦術

經實施哈姆立克法無效後已進入無意識、無反應、也無呼吸的狀態下，除需向醫院求救外，應開始做心肺復甦急救動作。根據研究顯示，美國心臟醫學會（AHA）於2010年10月公布新版《心肺復甦術CPR操作技術》，為使台灣推廣心肺復甦術能與世界接軌，衛生福利部於2011年1月公告新版民眾CPR急救法（表13-2）。新版CPR指南將行之多年的「暢通呼吸道—檢查與維持呼吸—胸部按壓」的（A-B-C）施救程序，調整為「胸部按壓—暢通呼吸道—檢查與維持呼吸」（C-A-B）（如表13-3）。新版CPR特別強調先胸部按壓，CPR時先壓胸，可確保被急救者體內血液循環，含氧血流可帶到各器官。下列將簡易介紹心肺復甦術急救（CPR）的動作。

表 13-2　民眾版心肺復甦術參考指引摘要表

要素	建議		
	成人 ≧ 8 歲	兒童 1～8 歲	嬰兒 <1 歲
（叫）確認反應呼吸	無反應（所有年齡層）		
	沒有呼吸或幾乎沒有呼吸		
（叫）求救，打119 請求協助，如果有 AED 設法取得 AED，進行去顫	先打119求援	先CPR兩分鐘，再打119求救	
CPR步驟	C-A-B		

表 13-2　民眾版心肺復甦術參考指引摘要表（續）

（C）胸部按壓（Compressions）	按壓位置	胸部兩乳頭連線中央		胸部兩乳頭連線中央之下方
	用力壓	至少2英寸（5公分）	約2英寸（5公分）（胸部前後徑尺寸的1/3）	約4公分（胸部前後徑尺寸的1/3）
	按壓速率	至少100至120次／分鐘		
	胸壁回彈	確保每次按壓後完全的胸部回彈醫護人員每2分鐘輪換施行者		
	莫中斷	盡量避免中斷胸部按壓的施行嘗試將中斷時間限制為不超過10秒		
若施救者不操作人工呼吸，則持續做胸部按壓				
（A）呼吸道（Airway）		壓額提頦（下巴）／（醫護人員若懷疑有創傷：下顎前推）		
（B）呼吸（Breaths）		吹兩口氣，每口氣1秒鐘，可見胸部起伏		
		按壓通氣比率（直到傷患會動或醫療救護人員到達或已放置高級呼吸道裝置為止）		
		單一施救者30：2	2位醫護人員施救者15：2	
		單純按壓通氣：當施救者未經訓練或經過訓練但尚不熟練時		
（D）去顫（Defibrillation）		盡快取得AED		
		可取得時立即連接與使用AED。在電擊前後儘量避免中斷胸部按壓，每次電擊後立即以按壓重新開始CPR。		
		要用成人的電擊貼片	1至8歲的小孩用小孩ＡＥＤ的電擊貼片，如果沒有，則使用大人的AED及電擊貼片。	執行手動電擊，如果沒有，則使用小兒貼片執行電擊，如果沒有，則使用標準AED執行電擊。

資料來源：行政院衛生署（2010）

表 13-3　CPR ～叫—叫— C-A-B-D 步驟說明

「叫」（檢查意識）：拍打患者之肩部，以確定傷患有無意識，檢查呼吸（沒有呼吸或是沒有正常呼吸）
「叫」（求救）：快找人幫忙，打119，如果附近有市內電話，請優先使用市內電話，因為119勤務中心可顯示來電地址，有利於迅速救援（若有以下四種情形，如現場只有一人，先CPR兩分鐘再去求救：(1)小於八歲兒童；(2)溺水；(3)創傷；(4)藥物過量）
「C」＝Compression：CPR的第一個步驟是胸部按壓，速度要快，每分鐘至少按壓100次，下壓深度至少5公分。胸部按壓可以使血液流動到腦、肺、冠狀動脈和其他重要器官（30次胸部按壓後施行2次人工呼吸，也就是30：2）
「A」＝Airway：暢通呼吸道，壓額抬下巴 CPR的第二個步驟就是打開呼吸道，在無意識的患者，舌底部和會厭是堵住呼吸道最常見的原因，因為舌底和會厭是附著在下顎。所以只要將患者壓額抬下巴，就可以把呼吸道打開
「B」＝Breathing：檢查呼吸，沒有呼吸，吹兩口氣，每一口氣時間為一秒。 CPR的第三個步驟是口對口人工呼吸是讓患者獲得氧氣最簡便的方法，操作前須檢查口腔中有無異物，或可見異物並將其取出。操作者吹氣前不用先深吸一口氣，僅須能在進行吹氣時讓兒童胸部有鼓起，不論對象一律吹兩口氣，每口氣吹氣時間為一秒。人工呼吸（30：2）之循環。
「D」＝Defibrillation：D是指體外去顫，也就是俗稱電擊：(1)建議使用體外自動電擊器於1～8歲（以及以上）的兒童。對於目擊的突發性心肺功能停止的兒童病患，須盡速使用體外自動電擊器；(2)如果對兒童（1歲以上）執行心肺復甦術而現場的體外自動電擊器沒有兒童的電擊片時，可以使用成人的體外自動電擊器與電擊貼片為兒童進行電擊。

資料來源：自行整理

五、咬傷

　　兒童在日常生活中最常見的另一項意外傷害為咬傷，較輕微的情況可能是被狗、貓、人或昆蟲咬，嚴重的則是毒蛇、蜂螫。被咬傷的嚴重程度依部位、

深度及組織壞死的程度而異，而咬傷後最常見的併發症為感染，且感染的嚴重度依照不同動物種類、咬傷的位置、受害者的身體狀況及傷口處理咬傷的方式而有所不同。

（一）毒蛇咬傷

毒蛇並非於日常生活環境中常見，也鮮少人有被蛇吻的經驗，所以對於緊急處理方式也較不熟悉。一般毒蛇咬傷的處理方式有：

1. 保持冷靜並辨識毒蛇：一切慌亂的心情或行為都會加速毒液擴散，所以要先安撫兒童的情緒並保持冷靜，且盡可能辨視咬傷兒童的蛇有何特徵。
2. 包紮：在傷口近心臟處包紮，以防止毒素隨血液流至身體其他部位。
3. 吸出：使用器具將毒血吸出，施救者宜避免直接以口吸出毒液，若口腔內有傷口易引起中毒。
4. 送醫：為安全起見，無論是否是毒蛇所咬傷，都應盡快送醫急救，並盡可能的將造成傷害的蛇形容清楚。

（二）狗、貓、人或昆蟲咬傷

兒童被毒蛇以外的其他動物，如：狗、貓、人或昆蟲咬傷後，若引起感染，大多數是多重菌種感染，且常混雜著嗜氧及厭氧菌感染，往往使受害者在24小時內發生劇烈的發炎反應，導致傷口顯著的腫脹及疼痛。更有甚者，此菌感染可能引起敗血性關節炎、骨髓炎、腦膜炎及全身性敗血症等。一般狗、貓、人或昆蟲咬傷急救處理方式如下：

1. 使用生理食鹽水或清水沖洗傷口（如果咬傷部位為頸部或臉部，應立即送醫治療）。
2. 傷口若有大量出血時，以直接加壓法止血並包紮傷口。
3. 送醫治療（由醫師決定是否注射狂犬病疫苗）。狗、貓或其他野生動物咬傷，都有發生狂犬病的可能，應設法將該動物留置觀察15天以上，看牠是

否患有狂犬病。

4. 若非必要，否則不要殺害咬傷人的動物，以便送醫後檢查。

（三）蜂螫——虎頭蜂與蜜蜂

胡蜂體色概為黃、黑相間、大顎宛如虎牙一般，故有虎頭蜂、黃蜂或大黃蜂之稱。腹末有根螫針和毒腺相連，人們被大量螫刺之後，若未及時診治會有生命危險，其螫人致死的人數並不亞於被毒蛇所傷致死的人數。虎頭蜂生性敏感，領域性強，尤其在天乾物燥的秋天在其蜂巢附近更容易被激怒，於山野間行走應多加注意本身的安全，若不幸遭到攻擊應以衣物或枝葉遮頭，迅速走避，萬一不幸被螫傷應盡速就醫。一般蜂類螫傷的處理方式如下：

1. 用鑷子或針挑出蜂刺，勿用手去擠壓傷口的刺。
2. 蜂毒屬於微酸性，可使用氨水（尿液或蘇打水）敷於患部五至十分鐘，以中和毒液。
3. 局部施以冰敷以減輕腫疼痛，並送醫治療。

其他騷擾性昆蟲包括蚊、蠅、蟻、蝨、蚤、蟑螂和椿象等類的許多昆蟲皆有或多或少的毒性或是令人厭惡的感覺，但這些昆蟲所造成的危害尚不嚴重。萬一被這些昆蟲螫咬，只要塗敷一些消炎止癢的藥膏或氨水即可。此外，若想減少蚊蟲叮咬，可噴或塗抹防蚊藥預防。

六、溺水

兒童溺水，是炎炎夏日經常發生的意外，多見於自我保護能力差的兒童。如果在游泳中不熟悉水性，不了解泳池的情況，或在飢餓疲勞狀況下，不顧自己的體力去游泳，都可能發生意外，且溺水意外所產生的傷害，大多數都會出現呼吸障礙或心跳停止等生理反應，因此在急救上要盡快進行人工呼吸等急救。發現溺水時的急救方式，可分為岸上救生與涉水救生：

（一）岸上救生

1. 當發生溺水事件時，救援者只需利用岸上一切可供救助之物施救，而不必下水援救，均可使兒童獲救。例如利用救生圈、救生繩袋、救生球、浮板、木塊、寶特瓶等一切可浮物品均可。

2. 兒童若離岸不遠，則可用岸上一切自然之物如竹竿、木條等，從岸上施救，這是最安全有效的方法。

（二）涉水救生

當岸上救生無法施用，且兒童近淺灘時，則必須涉入水中施救，唯涉水前宜先觀察地形，找水淺地方下水施救。兒童若在水深及胸以下且離岸不遠時，則可由三至五人用手拉手的人鏈方式施救。如果發現涉水時有漩渦或是水流過，則須立即放棄並快速回到岸上。

1. 當兒童拖離水面後，應盡量保持兒童的體溫（脫去濕冷的衣服，並加蓋保暖的衣物，預防失溫），並大聲呼救與打119。

2. 檢查口鼻中是否有異物，並用手掏出。

   (1) 倒出積水：兒童經拖離水面應立即傾倒出體內尤其是呼吸道的積水。施救者將兒童腹部置於施救者的肩部，頭足下垂，快步奔跑，藉由跑走的抖動、兒童頭部下垂的重力學作用，使溺水兒童呼吸道內的積水迅速排出。施救者也可以用自己的雙手舉起兒童的雙手，邊跑邊顫動兒童的雙手，一方面促進呼吸道水外流，一方面起到人工呼吸的作用。也可將兒童腰部抱起，背向上，頭足下垂，並不時顛顫使其體內積水外流。

   (2) 促進呼吸：若兒童尚有心跳呼吸，應撬開口腔，清除口鼻部的淤泥、爛草、嘔吐物等，將兒童舌頭拉出保持呼吸道通暢，可用手或針刺兒童的人中等穴位，以刺激兒童意識及知覺。

3. 若呼吸非常微弱，施救者須立即實施心肺復甦術口對口人工呼吸和胸外心

臟擠壓：由於溺水後呼吸道內有部分水存留，呼吸道阻力明顯增加，假如使用胸外心臟擠壓，由於通氣量小，不能奏效，因而對溺水救治常不採用。口對口，或口對鼻進行人工呼吸，適用於牙關緊閉者及兒童，其通氣量大，對溺水兒童現場搶救時應採用此法。施救者先深吸一口氣，從兒童的口鼻吹入，當兒童的胸部稍有起動時，吹氣停止，依次反覆。如吹氣後無胸廓起動，應找出原因，可能由於吹氣量不足、氣道阻塞或體位不當等，常見原因為頭充分後仰角度不夠。如溺水兒童心跳停止，則應在人工呼吸的同時做胸外心臟擠壓。急救者跪在兒童一側，兩手相疊，用手掌根部放在兒童胸骨下方、劍突之上，藉自己體重向下壓，然後解除壓力，讓胸廓自行彈起。根據兒童年齡大小，人工呼吸每分鐘做18至25次，胸外心臟擠壓每分鐘100至120次。

4. 密切注視其呼吸情況及神智不清的程度：如兒童救出水面時雖神智不清，但有呼吸，應把兒童按正常體位安置，用身邊已有的乾衣服蓋上保暖，隨時準備於呼吸停止時，立即進行人工呼吸。若有交通工具於現場，應立即由他人駕車直送醫院，要繼續在車上對兒童進行人工呼吸，這樣可能比等救護車來更快。

七、中暑

　　天氣越來越炎熱，發生中暑的機會隨即大增。會發生中暑的狀況多半是因為環境溫度過高，引起體溫急升超過正常溫度，導致一開始時身體不斷排汗散熱，將體內鹽分跟水分一起流出，通常會感覺燠熱難受，若不處理接著會體溫升高（往往超過40度），皮膚潮紅、但乾燥無汗，繼而意識模糊、頭暈虛弱、畏光、噁心嘔吐、血壓降低、脈搏快而弱，終至昏迷（可於數小時內致死）。

（一）中暑的種類

1. 乾中暑：體溫過高

原因：排汗功能失調。

症狀：體溫高、皮膚乾、頭痛、想吐、脈搏快。

常見：老年人、兒童、身體弱、糖尿病患。

2. 濕中暑：熱衰竭中暑

原因：水分大量流失、未補充足夠水分。

症狀：皮膚濕冷、虛脫、手腳冰冷。

（二）中暑步驟處理

1. 應先維持兒童的呼吸道通暢，迅速將兒童移至陰涼通風處，並鬆開衣物散熱，以電扇、冷氣降低環境溫度，全身可用溫涼的溼毛巾擦拭，使兒童體溫降低。

2. 每隔10至15鐘給予一些不含咖啡因的飲料，有嘔吐者就不要給，通常20至30分鐘後就有改善。

3. 使用濕毛巾輕拍其身體以幫助散熱，並持續測量體溫變化，直至體溫降至攝氏38度以下為止。

4. 將兒童的頭部抬高，可用冷毛巾來冷卻頭部，並持續待在通風陰涼處休息。

5. 由下而上朝著心臟部位按摩雙腿以利血液循環。

6. 若上述處理方法都沒有改善，應立即送醫治療。

　　兒童意外傷害所造成的醫療花費在醫療資源上相當可觀，未來相關單位須針對高危險群進行合適的防制計畫。在病患特質方面，應隨時留意幼小兒童的行動，認識其可能會遇到的險境，並著手改善。在傷害特質方面，燒傷部分，應避免兒童有接觸到熱源的機會；溺水部分，兒童在游泳或玩水時，應有家長陪同，並對家長進行溺水事故的風險教育。除制定合適的防制計畫，並可透過教育、立法與執法等改善兒童的行為，不僅可挽救許多兒童寶貴的生命，更可節省醫療資源的支出。

附錄一 體能活動設計範例

穩定性活動計畫 1

_____學年度　第_____學期

兒童年齡	4～5 歲	小組人數	10 人×2 組	課程時間	約30～40 分
活動名稱	兒童，平衡吧！				
場地類型	平坦寬闊場地				
活動器材	彩虹河石、波浪觸覺步道、踩踏平衡觸覺板（直線）、軟墊、音響、范曉萱CD（我愛洗澡）				
運動技能	1. 表現穩定性技巧之技能 2. 表現基本平衡姿勢				
活動指標	身-中-1-1-1 覺察身體在穩定性及移動性動作表現上的協調性 身-中-1-1-2 模仿身體的動態平衡動作 身-中-1-1-3 覺察身體活動的安全距離 身-中-1-2-1 覺察各種用具的安全操作技能 身-中-1-2-2 觀察與調整照顧自己及整理環境的動作 身-中-2-1-1 在合作遊戲的情境中練習動作的協調與敏捷 身-中-2-1-2 在團體活動中，應用身體基本動作安全地完成任務 身-中-2-2-3 使用清潔工具清理環境 身-中-3-1-1 在創意想像的情境展現個人肢體動作的組合與變化 身-中-3-2-1 把玩操作各種素材或器材，發展各種創新玩法				

	教學內容	活動時間
活動流程	**導入活動：** 1. 引起動機：說稻草人故事。 2. 暖身活動：「玩一二三木頭人」。	5～8min.
	主題活動：利用波浪觸覺步道設計各種活動、遊戲，以增進兒童手、腳等身體各部位配合的平衡能力。 1. 平衡我最行： 　(1) 將波浪觸覺步道拼成圓形，讓兒童配合音樂（卡加布列島）繞圈行走，音樂停止時，兒童必須停住不能繼續走動。 　(2) 將波浪觸覺步道拼成兩條，把彩虹河石放置在兩條步道間，讓兒童配合音樂（魚兒魚兒水中游）走步道（輕快或緩慢地），音樂停止時，兒童必須站立在彩虹河石上。 2. 大家動起來： 　(1) 兒童進行分組（分兩邊），先在軟墊上翻滾一圈，然後通過中間障礙物（踩踏平衡觸覺板直線），與隊友拍手換棒。 　(2) 運動完，大家流了很多汗，教兒童跳「我愛洗澡」。	20～25min.
	回饋整理： 1. 請兒童上台分享感想。 2. 分組收拾器材，提醒兒童運動後應注意事項。 3. 請兒童喝水、洗手、上廁所。	3min.
注意事項	1. 活動內容必須適合該年齡層的兒童，才能有訓練大肌肉的最好時機。 2. 活動進展由一開始的木頭人遊戲帶兒童暖身，再來由緩和到激烈再漸進緩和的方式符合教案設計方法。 3. 注意兒童在過程中是否踴躍發表、參加活動、接受挑戰、發問。 4. 若有兒童因身體不適而到旁邊休息，應給予適當的休息空間及幫助，並審慎檢討活動中哪些細節過於激烈或不當。 5. 活動開始時即和兒童建立默契，使兒童在安全及秩序上有所警惕。 6. 在過程中應不斷詢問兒童的需要，透過語言和非語言的方式和兒童達成溝通。 7. 活動前應找到音樂「我愛洗澡」並熟練動作，才不會在帶動唱時，動作與歌詞搭不上。	

穩定性活動計畫 2

<u>　　　　　</u>學年度　　第<u>　　　</u>學期

兒童年齡	4～5歲	小組人數	14人×2組	課程時間	約30～40分
活動名稱	冰山融化了				
場地類型	平坦寬闊場地				
活動器材	音樂、平衡木、巧拼				
運動技能	1. 表現身體平衡之技能 2. 表現聯合性之基本運動能力				
活動指標	身-中-1-1-1 覺察身體在穩定性及移動性動作表現上的協調性 身-中-1-1-2 模仿身體的動態平衡動作 身-中-1-1-3 覺察身體活動的安全距離 身-中-1-2-1 覺察各種用具的安全操作技能 身-中-1-2-2 觀察與調整照顧自己及整理環境的動作 身-中-2-1-1 在合作遊戲的情境中練習動作的協調與敏捷 身-中-2-1-2 在團體活動中，應用身體基本動作安全地完成任務 身-中-2-2-3 使用清潔工具清理環境 身-中-2-2-4 綜合運用抓、握、扭轉、揉、捏的精細動作 身-中-3-1-1 在創意想像的情境展現個人肢體動作的組合與變化 身-中-3-2-1 把玩操作各種素材或器材，發展各種創新玩法				

	教學內容	活動時間
活動流程	導入活動： 1. 介紹全球暖化的原因：教師敘述並配合動作說明遊戲規則。 2. 引起動機：介紹巧拼，讓兒童撕拼。 3. 暖身活動： 　(1) 配合音樂做伸展操：上下左右伸展、轉體、壓腿、全身繞環等動作。 　(2) 請兒童發表暖身活動的功能及重要性。	10～15min.

活動流程	主題活動：利用巧拼設計活動、遊戲，以增進兒童肌肉平衡與發展技巧，及身體各部位配合的協調能力等。 1. 平面冰山：拼好冰山準備開始活動。 　(1) 將巧拼拼成一座冰山的形狀。 　(2) 兒童全部都在巧拼上，不可以碰到巧拼之外的地方。 　(3) 由一位老師扮演大白鯊在巧拼外，開始一片一片撕掉。 　(4) 兒童必須維持平衡感，不可以掉到巧拼外。 　(5) 老師放音樂，兒童聽到音樂要在巧拼上跳舞，當聽到音樂一停，就必須只能用單腳站立在巧拼上，不可掉落。 2. 立體冰山：運用平衡木拼成有造型的冰山。 　(1) 將平衡木拼成一座冰山。 　(2) 兒童全部站在平衡木上面，不可以碰到平衡木之外的地方。 　(3) 由一位老師扮演大白鯊在平衡木外，開始減少平衡木的數量。 　(4) 兒童必須維持平衡感在凹凸不平的平衡木上走動，當聽到音樂一停，就必須停止動作，不可推擠和摔落。	20～25min.
	回饋整理： 1. 請兒童說出幾項造成全球暖化的原因，並說出如何避免及改善的方法。 2. 師生共同檢討、討論分享經驗。 3. 分組收拾器材，提醒兒童運動後應注意事項。	3min.
注意事項	1. 在介紹全球暖化時，圖片需印大一點。 2. 除了照顧台上兒童遊戲的安全，也必須顧及台下還沒有輪到的兒童，可以帶一些關於穩定性的活動讓台下的兒童練習身體平衡的動作，才不會讓兒童沒事做、發呆。 3. 體能器材如平衡木或巧拼相距距離不可太遠，避免造成兒童摔落的危險。 4. 每一小組活動時間需一致、擺放位置要相同，才不會有不公平的問題產生。 5. 此活動可以讓兒童學習到身體要如何得到平衡、要如何讓自己在單腳站立時不會晃動身體。 6. 時間控制及活動流暢度必須良好。	

移動性活動計畫

_____學年度　　第_____學期

兒童年齡	4～5 歲	小組人數	15 人×2 組	課程時間	約30～40 分
活動名稱	灰太狼抓小紅帽				
場地類型	平坦寬闊場地				
活動器材	哨子、狼耳朵（6個）、棒子（4個）、立體喇叭、黑色髮夾				
運動技能	表現移動性之基本運動能力				
活動指標	身-中-1-1-1 覺察身體在穩定性及移動性動作表現上的協調性 身-中-1-1-2 模仿身體的動態平衡動作 身-中-1-1-3 覺察身體活動的安全距離 身-中-1-2-1 覺察各種用具的安全操作技能 身-中-1-2-2 觀察與調整照顧自己及整理環境的動作 身-中-2-1-1 在合作遊戲的情境中練習動作的協調與敏捷 身-中-2-1-2 在團體活動中，應用身體基本動作安全地完成任務 身-中-2-2-1 敏捷使用各種素材或器材 身-中-2-2-3 使用清潔工具清理環境 身-中-2-2-4 綜合運用抓、握、扭轉、揉、捏的精細動作 身-中-3-1-1 在創意想像的情境展現個人肢體動作的組合與變化 身-中-3-2-1 把玩操作各種素材或器材，發展各種創新玩法				

活動流程	教學內容	活動時間
	導入活動： 1. 介紹課程：向兒童分享大野狼與小紅帽的故事。 2. 引起動機：「一二三木頭人」遊戲（指定兒童前進的動作，看哪個兒童最快碰到鬼就贏了）。 3. 暖身活動：配合音樂節拍做暖身、伸展操。	10min.

活動流程	主題活動：小紅帽與灰太狼遊戲說明。 1. 解釋遊戲規則： 　(1) 灰太狼一位專門捉小紅帽。 　(2) 獵人兩位負責救小紅帽。 　(3) 小紅帽可以蹲下去防禦灰太狼。 　(4) 灰太狼不能捉獵人。 　(5) 小紅帽要照指令做動作。 2. 先分組（15人為一組，共分二組），兩組對決。 3. 從每一組分出小紅帽（12人），灰太狼（1人），獵人（2人）。 4. 幫不同的角色分配不同的道具。 5. 最後小紅帽最多的那一組為勝利。 6. 放音樂做緩和動作，使兒童逐漸平靜。	20min.（每一小組玩3min.）
	回饋整理： 1. 與兒童共同分享。 2. 提醒兒童運動後注意事項。	3min.
注意事項	1. 應讓每位兒童都很開心得接受挑戰、參與活動。 2. 活動前應詳細說明遊戲規則與注意事項，須不斷強調安全及場面的秩序控制，才能將時間掌控得宜。 3. 若本遊戲太過簡單，可適當增加指定動作的困難度以加深活動難度。	

攀爬活動計畫 1

_____學年度　　第_____學期

兒童年齡	6 歲	小組人數	4 人×4 組	課程時間	約30～40 分
活動名稱	攀爬活動				
場地類型	室內（木質地板、軟質地板）				
活動器材	布袋、氣球蝴蝶翅膀、童軍繩、圖片、小旗子				
運動技能	1. 表現爬行活動技能與協調性 2. 表現爬行聯合性之基本運動能力				
活動指標	身-大-1-1-1 覺察身體在穩定性及移動性動作表現上的協調性 身-大-1-1-3 覺察與辨別保護自己的基本動作 身-大-1-2-1 覺察各種用具的安全操作技能 身-大-2-1-1 在合作遊戲的情境中練習動作的協調與敏捷 身-大-2-1-2 在團體活動中，應用身體基本動作安全地完成任務 身-大-2-2-1 敏捷使用各種素材或器材 身-大-2-2-4 熟練手眼協調的精細動作 身-大-3-1-1 與他人合作展現各種創意姿勢與動作的組合 身-大-3-2-1 與他人合作運用各種素材或器材，共同發展創新玩法				

活動流程	教學內容	活動時間
	導入活動： 1. 引起動機： 　(1) 以毛毛蟲、蛹、蝴蝶之影子圖片展示，請兒童猜 　　　想是何種生物。 　(2) 猜出影子所對應何種動物後，再詢問這三種生物 　　　的關聯性。 2. 暖身活動：帶領兒童進行模仿動物行走的暖身動作。	

活動流程	主題活動： 1. 將16位兒童分成兩組，進行競賽活動。 2. 講解遊戲規則，步驟一：先以毛毛蟲爬行動作前進，途中有障礙物，且有烏鴉來阻擾，必須通過山洞，且克服困難變成蛹；步驟二：成蛹時期時，將自己以布袋包裹住（第一個蛹由老師推至蝴蝶區），接下來的蛹由上一名蝴蝶推至蝴蝶區；步驟三：帶上蝴蝶翅膀，等推完下一名蛹之後，迅速飛到終點處。先完成蝴蝶進化史的那一隊伍獲勝。 3. 詢問兒童還有哪些爬行動物，並表演其爬行或攀爬動作，例如：鱷魚、壁虎、蛇、烏龜、毛毛蟲、猴子、無尾熊。	
注意事項	1. 活動前時間應將活動所須的教具準備完整。 2. 圖片應要顏色分明，圖要大，可展示不同種類的蝴蝶、蛹、毛毛蟲等圖片。	

攀爬活動計畫 2

_____學年度　第_____學期

兒童年齡	5～6歲	小組人數	10～15人×2組	課程時間	約30～40分
活動名稱	攀爬遊戲				
場地類型	兒童能自由活動的室內場地				
活動器材	圖卡、山洞（箱子）、山坡（海綿墊）、障礙物				
運動技能	1. 表現爬行活動技能與協調性 2. 表現爬行聯合性之基本運動能力				
活動指標	身-大-1-1-1 覺察身體在穩定性及移動性動作表現上的協調性 身-大-1-1-2 模仿身體的動態平衡動作 身-大-1-1-3 覺察與辨別保護自己的基本動作 身-大-1-2-2 觀察與調整照顧自己及整理環境的動作 身-大-2-1-1 在合作遊戲的情境中練習動作的協調與敏捷 身-大-2-1-2 在團體活動中，應用身體基本動作安全地完成任務 身-大-2-2-1 敏捷使用各種素材或器材 身-大-2-2-3 使用清潔工具清理環境 身-大-3-1-1 與他人合作展現各種創意姿勢與動作的組合 身-大-3-2-1 與他人合作運用各種素材或器材，共同發展創新玩法				

活動流程	教學內容	活動時間
	導入活動： 1. 引起動機：向兒童打招呼。請兒童將手平舉，以不可以碰到旁邊的人的距離為主，然後開始下一階段活動。 2. 暖身活動： (1) 老師拿出圖卡，並依狗、生氣的貓、海豹、蜘蛛人的順序詳細介紹。 (2) 第一張圖卡，讓兒童自行想像對狗的認識，並模仿爬行動作，老師模仿狗的動作為膝蓋跪地，手心著地。	

	(3) 第二張圖卡，讓兒童自行想像對生氣貓的認識，並模仿爬行動作。老師模仿生氣貓的動作為屁股翹翹、膝蓋不碰地。 (4) 第三張圖卡，讓兒童自行想像對海豹的認識，並模仿爬行動作。老師模仿海豹的動作為身體趴在地上，手臂（手腕到手肘的部位）支撐上半身。 (5) 第四張圖卡，讓兒童自行想像對蜘蛛人的認識，並模仿爬行動作。老師模仿蜘蛛人的動作為以身體大字型伸展出身體最大範圍。 (6) 複習全部的圖卡，以增加兒童對該動作有更多的印象。	
活動流程	**主題活動：** 1. 兒童利用上一階段學的動作：(1)狗；(2)蜘蛛人；(3)貓；(4)海豹的爬行來競賽。 2. 將兒童分成四小組，分別以第一組、第二組、第三組、第四組稱呼，每組排成一直線，排頭站於遊戲起始線的後方。 3. 講解完之後，老師會吹哨子代表比賽開始，先從：(1)狗；(2)蜘蛛人；(3)貓；(4)海豹依序進行競賽。 4. 各小組沿著自己組別的線條爬行，爬行途中，首先要：(1)爬入山洞；(2)爬過山坡；(3)繞過障礙物。再回頭：(4)爬過山坡；(5)爬入山洞，最後回到起始線。 5. 當第一個人結束之後，換下一位兒童挑戰，直到該小組的兒童都完成之後，全部蹲下代表該組已完成活動。 6. 每輪競賽結束後，第一名小組的兒童互相給予愛的擁抱以茲鼓勵。 備註：爬行的動作會從：(1)狗；(2)蜘蛛人；(3)貓；(4)海豹依序進行競賽，但會視活動時間而決定活動是否將此順序全部完成。	

活動流程	回饋整理： 1. 當(1)狗；(2)蜘蛛人；(3)貓；(4)海豹競賽完成之後，代表主題活動已結束。 2. 老師帶領「請你們跟我這樣做」的活動。 3. 用簡單的拍手動作給予愛的鼓勵，並且提醒兒童活動結束。
注意事項	1. 圖片要大，色彩分明，並在動作示範時給予多樣性，提供兒童模仿。 2. 爬行動物與動作須具多元性，同時設計以故事串連，以引起兒童學習動機。 3. 活動設計須將多種動物爬行設計於活動中，更應考量體能、動作設計及兒童的個別差異，在障礙物及路線上加入其他簡單與困難元素，以避免單調及時間不易掌握。 4. 應時常注意兒童運動時的反應、動作、成效等。

墊上活動計畫 1

兒童年齡	5～6歲	小組人數	7人×4組	課程時間	約30～40分
活動名稱	墊上活動				
場地類型	平坦寬闊場地				
活動器材	大小軟墊、海綿墊				
運動技能	1. 身體感覺統合的刺激活化 2. 基本動作能力的促進 3. 四肢協調性的促進 4. 平衡能力及敏捷能力的促進				
活動指標	身-大-1-1-1 覺察身體在穩定性及移動性動作表現上的協調性 身-大-1-1-2 模仿身體的動態平衡動作 身-大-1-1-3 覺察與辨別保護自己的基本動作 身-大-1-2-1 覺察各種用具的安全操作技能 身-大-1-2-2 觀察與調整照顧自己及整理環境的動作 身-大-2-1-1 在合作遊戲的情境中練習動作的協調與敏捷 身-大-2-1-2 在團體活動中，應用身體基本動作安全地完成任務 身-大-2-2-1 敏捷使用各種素材或器材 身-大-2-2-3 使用清潔工具清理環境 身-大-2-2-4 熟練手眼協調的精細動作 身-大-3-1-1 與他人合作展現各種創意姿勢與動作的組合 身-大-3-2-1 與他人合作運用各種素材或器材，共同發展創新玩法				

活動流程	教學內容	活動時間
	導入活動： 1. 介紹課程：向兒童介紹軟墊的功能及構造，例如巧拼和海綿墊的差別。 2. 引起動機：介紹海綿墊並請兒童以手、手肘、身體、屁股、膝蓋、腳掌到海綿墊上壓一壓、拍一拍，認識海綿墊。	5～10min.

活動流程	3.暖身活動：全身性之伸展活動，做運動前要記得做暖身操。利用故事的進行，配合教學裡的動作進行暖身，例如遇到豬小弟，就在地上翻滾。	

	主題活動：利用軟墊設計各種活動、遊戲，以增進兒童手、眼等身體各部位配合的協調能力。
	
	1.雙人熱狗：
	  (1) 先將軟墊於地上鋪好。
	  (2) 兩人一組，橫躺於軟墊的兩側。
	  (3) 手伸直並拉住對方的手，以滾的方式在軟墊上前進。
	  (4) 全班分兩邊進行，所有兒童都滾過即可。
	2.按摩運動：
	  (1) 先將軟墊於地上鋪好，再將膠帶貼於軟墊上定位。
	  (2) 兒童在膠帶路線上依序由起點滾至終點。
	  (3) 全班分為四組進行，所有兒童滾過即可（以彩色圓點貼紙貼於兒童身上進行分組，同一色為一組）。
	3.翻山越嶺：
	  (1) 先將軟墊於地上鋪好，再將障礙物（小軟墊）鋪於軟墊上定位。
	  (2) 兒童在軟墊上依序由起點爬至終點，爬行過程中須爬過障礙物。
	  (3) 全班分為四組進行競賽（以彩色圓點貼紙進行分組，同一色為一組）。
	4.搶墊子：
	  (1) 兒童先圍出一個大圓圈，並坐在軟墊上。
	  (2) 老師站在中間，從袋子裡抽出色紙，兒童對照自己的圓點貼紙，與老師同色就要去搶別人的墊子，例如老師抽出紅色時，紅色圓點貼紙的兒童，就要互換位置。
		20～35min.

活動流程	(3) 搶軟墊的同時，助教會收起一個軟墊，就會有兒童沒搶到，沒搶到的兒童即淘汰。 (4) 老師可一次抽兩種顏色，或者軟墊可一次收起兩個以增加刺激性。 (5) 結束後，遭淘汰之兒童進行才藝表演（處罰）。	
	回饋整理： 1. 師生共同檢討、討論與分享。 2. 從墊上的活動中，分享身體運動後的愉悅感。	3～5min.
注意事項	1. 分組用的圓點貼紙容易掉，可改用不易掉的素材，例如繩子綁在手臂上。 2. 遊戲進行時，兒童易過於投入遊戲，導致有安全上的危險，老師須多加注意兒童的安全。 3. 活動三中爬行穿越的障礙物若設制過高，關節易因碰撞而疼痛，可降低高度。 4. 活動四在抽顏色的部分，可一次抽多個顏色，或將色卡貼於軟墊上，以增加趣味及刺激性。 5. 規則講解與表達不明確時，易導致活動秩序混亂，老師要適時處理突發狀況。 6. 活動與活動之間銜接若太過緊密，中場無休息時間，會造成兒童有過於疲累的情況。 7. 教學前活動設計、準備充足，引起動機要具趣味性，引起兒童注意力，示範活動時，清楚呈現遊戲、路徑與內容，並利用故事串連全場，方便延續教學進行。	

墊上活動計畫 2

_____學年度　　第_____學期

兒童年齡	5～6歲	小組人數	6～11人×3組	課程時間	約30～40分
活動名稱	我有好體力				
場地類型	平坦寬闊場地、大型地墊				
活動器材	哨子、音樂（輕快且快一點的音樂）、徽章（星星、愛心、花）、紅色膠帶（分界線）、多功能擴音器				
運動技能	1. 表現墊上運動及翻滾動作之技能 2. 表現聯合性之基本運動能力				
活動指標	身-大-1-1-1 覺察身體在穩定性及移動性動作表現上的協調性 身-大-1-1-2 模仿身體的動態平衡動作 身-大-1-1-3 覺察與辨別保護自己的基本動作 身-大-1-2-1 覺察各種用具的安全操作技能 身-大-1-2-2 觀察與調整照顧自己及整理環境的動作 身-大-2-1-1 在合作遊戲的情境中練習動作的協調與敏捷 身-大-2-1-2 在團體活動中，應用身體基本動作安全地完成任務 身-大-2-2-1 敏捷使用各種素材或器材 身-大-2-2-3 使用清潔工具清理環境 身-大-2-2-4 熟練手眼協調的精細動作 身-大-3-1-1 與他人合作展現各種創意姿勢與動作的組合 身-大-3-2-1 與他人合作運用各種素材或器材，共同發展創新玩法				

活動流程	教學內容	活動時間
	導入活動： 1. 引起動機：老師說明何謂體能？何謂體力？何謂運動能力？ 2. 暖身活動： 　(1) 翻身練習：左翻轉、右翻轉、最後平躺。 　(2) 雙腳屈伸運動：雙腳蜷曲抱起來，雙腳伸直。	5～8min.

活動流程	(3) 踝關節運動：小腳點點頭；小腳擺一擺；小腳轉 　　圈圈。 (4) 雙腳控制運動：雙腳做騎車的動作，上坡往上 　　踩、下坡往下踩。	
	主題活動：利用身體活動與哨音、節奏設計各種活動、遊戲，來增進兒童的神經反應能力、協調性、平衡感、柔軟性與肌耐力。 1. 注意事項： (1) 躺下後，腳不要去踢到別人的頭。 (2) 要慢慢來，以免受傷。 (3) 要做足暖身運動，以免造成運動傷害。 2. 發展活動： (1) 合作翻滾：建立良好的合作關係、神經反應能力。 　‧兩兩一組，頭對頭躺平，手拉手。 　‧聽到一聲吹哨聲後，隨著音樂的播放，開始合作翻轉。 　‧聽到哨聲三下後，等待的兒童就拍手三下，進行活動的兒童依翻滾正面或背面，進行抬腿或勾腿的動作。 　‧聽到一聲哨聲後，繼續翻轉至終點。 　‧全部輪完的兒童，須舉手、安靜、排好，老師會發星星徽章貼紙黏至兒童頭上。 (2) 金雞獨立：練習平衡感。 　‧將兒童隨意分成三組。 　‧兒童右手握右腳背並向後拉，以左腳跳至終點，並安靜排好。 　‧全部跳玩的兒童，須舉手、安靜、排好，老師會發愛心徽章貼紙黏至兒童頭上。 (3) 蜈蚣競走：建立合作的關係、協調性。 　‧6至11人一組，分成三組。 　‧兒童雙手搭在前者肩上，整隊蹲下往前行走，由起點走到終點。 　‧當最後的兒童到達終點時，老師會發花朵徽章貼紙黏至兒童頭上。	20～25min.

活動流程	回饋整理： 1. 師生共同討論與檢討。 2. 詢問兒童為什麼要暖身、沒做暖身活動又會發生什麼事。 3. 詢問兒童什麼是「體力」？ 4. 將頭上有徽章貼紙的兒童集中，再次給予正向鼓勵與回饋。 5. 老師再次說明何謂「體能」？何謂「體力」？何謂「運動能力」？	3min.
注意事項	1. 活動及等候時間太久，易造成場面秩序不太能控制，可能帶一些手指謠解決秩序問題。 2. 音樂與哨音的音量要清楚、大聲、易分辨。 3. 合作翻滾時，要確實輔導兒童散開，保持安全距離，否則容易導致過於擁擠。 4. 蜈蚣競走搭肩的部分尚具危險性，容易被後方兒童抓傷，可改為扶腰前進。 5. 最後用搭火車的方式繞成一圈，進行分享討論，能吸引兒童的注意。 6. 活動講解時在動作示範及音量大小方面，都應讓全班兒童都了解且融入活動中。	

墊上活動計畫 3

_____學年度　　第_____學期

兒童年齡	3～4 歲	小組人數	10 人 ×3 組	課程時間	約 30 分
活動名稱	翻滾吧兒童				
場地類型	平坦寬闊場地、大型地墊				
活動器材	音樂、抗力球、哨子、紅線				
運動技能	1. 表現翻滾動作之技能 2. 表現操作運動器材之技能 3. 表現聯合性之基本運動能力				
活動指標	身-小-1-1-1 認識身體部位或身體基本動作的名稱 身-小-1-1-3 覺察身體活動的安全距離 身-小-1-2-2 模仿簡易的生活自理動作 身-小-2-1-1 在穩定性及移動性動作中練習平衡與協調 身-小-2-1-2 遵守安全活動的原則 身-小-2-2-3 熟練日常清潔、衛生與保健的自理行為 身-小-2-2-4 操作與運用抓、握、扭轉的精細動作 身-小-3-1-1 在創意想像的情境展現個人肢體動作的組合與變化				

活動流程	教學內容	活動時間
	導入活動： 1. 引起動機：讓兒童知道墊上活動的內容。 2. 暖身活動： 　(1) 讓兒童跟著音樂做體操。 　(2) 詢問兒童是否正確的讓身體熱起來。 3. 主題活動的動作講解及練習： 　(1) 墊上滾球：兒童跪姿於墊上，用雙手、單手 　　　（左、右）做滾球動作。 　(2) 側滾翻：躺在墊上向側邊翻滾。	5～8min.

活動流程	(3) 匍匐前進：趴在墊上利用手的力量配合雙腳向前爬行。 (4) 踩腳踏車：躺在墊上雙腳向上抬並做出騎腳踏車時的動作。	
	主題活動：利用墊子設計各種活動、遊戲，以增進兒童大肌肉發展，及身體各部位配合的協調能力。 1. 努力滾球：墊上滾球。 2. 努力滾動：側翻滾。 3. 努力爬：匍匐前進。 4. 努力抬腳：踩腳踏車。	20～25min.
	回饋整理： 1. 請兒童示範主題活動中的動作，並再次做伸展操緩和身體肌肉。 2. 請兒童分享今天活動內容的翻滾技巧及安全性。	5min.
注意事項	1. 暖身操可加入可愛動作，較容易吸引兒童的注意。 2. 做暖身操時示範的老師要面對並與兒童的方向一致，例如：老師口說向右邊伸展，此時老師動作則向左邊伸展。 3. 做暖身操時應平均分配小老師，讓兒童都能看見，並模仿動作。 4. 滾球的動作太困難或跪姿時間太長，容易造成兒童膝蓋擦傷或疼痛。 5. 活動流程若順暢，時間將會掌控合宜。	

墊上活動計畫 4

＿＿＿＿＿＿＿＿學年度　　第＿＿＿＿＿＿學期

兒童年齡	4～5 歲	小組人數	15 人×3 組	課程時間	約30～40 分
活動名稱	墊上活動				
場地類型	有軟墊的室內活動空間				
活動器材	軟墊、音樂播放器、盒子、數字卡、動物圖卡（蛇、鶴、鴨子、青蛙）				
運動技能	1. 表現墊上運動及動物行走動作之技能 2. 表現聯合動作之協調性運動能力				
活動指標	身-中-1-1-1 覺察身體在穩定性及移動性動作表現上的協調性 身-中-1-1-2 模仿身體的動態平衡動作 身-中-1-1-3 覺察身體活動的安全距離 身-中-1-2-1 覺察各種用具的安全操作技能 身-中-1-2-2 觀察與調整照顧自己及整理環境的動作 身-中-2-1-1 在合作遊戲的情境中練習動作的協調與敏捷 身-中-2-1-2 在團體活動中，應用身體基本動作安全地完成任務 身-中-2-2-1 敏捷使用各種素材或器材 身-中-2-2-3 使用清潔工具清理環境 身-中-2-2-4 綜合運用抓、握、扭轉、揉、捏的精細動作 身-中-3-1-1 在創意想像的情境展現個人肢體動作的組合與變化 身-中-3-2-1 把玩操作各種素材或器材，發展各種創新玩法				

活動流程	教學內容	活動時間
	導入活動： 1.暖身活動：說明今天要進行闖關活動，在進行闖關活動前，須做好萬全的準備，要先暖暖身、點點頭、伸展筋骨。	

	2. 引起動機：暖身結束後，老師拿出動物卡說：「好！現在有幾張圖卡要給大家看喔！」拿出第一張動物圖卡（蛇）問兒童：「知道這是什麼嗎？」如果此時兒童回答不出來便由老師代替回答，圖卡旁邊附上注音，唸的同時並手指著注音符號，然而問兒童知道蛇是如何行走嗎？因為蛇的困難度較高也較不常見，所以由老師示範，示範完動作後，可請一位兒童出來示範蛇行走的動作，爾後依序是鴨子、青蛙、鶴，因為鴨子和青蛙較常見，所以老師可以讓兒童自己表現出鴨子和青蛙行走的方式，老師不用事先示範，當每個動物都介紹完後，老師可以再總複習一次，讓兒童在進行遊戲時更加順暢。	5～8min.
活動流程	主題活動： 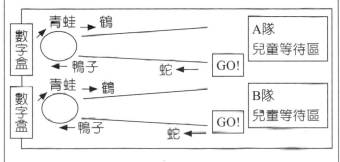 1. 遊戲規則：首先先在等待區等待，開始後由GO!的地方出發，一開始看到蛇的圖卡就模仿蛇的行走方式進行，接下來模仿鴨子的行走方式，看到數字盒後抽一張數字（1至25），看哪一個隊伍最快蒐集到1～10的字卡就獲勝，抽完數字後就會看到青蛙的圖卡→鶴的圖卡（當兒童看到前一位兒童從蛇轉變成鴨子時，即可出發）。當兒童結束活動時，可以再複習一次動物名稱和行走方式，以更加深印象。 2. 比賽必有輸贏，引導贏的隊伍必須幫另一未完成字卡蒐集的隊伍加油。 3. 延伸活動：可以把蒐集1至10的字卡換成賓果連線的遊戲。	20～25min.

活動流程	回饋整理： 1. 動物圖卡複習。 2. 動物行走姿勢請兒童示範並給予正向回饋。 3. 數字1至25順序複習。 4. 暖身操回顧。	3min.
注意事項	1. 預設的動物種類、活動路線與時間均太短，因此造成競賽的時間過短，應給予多樣與有難度的活動內容。 2. 除活動多樣外，在路線上有N、M、S等供參考與設計，並在引起動機方面再增加點音樂、節奏，提高兒童學習興趣。 3. 活動進行前應妥善設計與事前演練，若有缺失可即時改過，同時規劃一至二個延伸活動，以備不時之需。 4. 活動應確認所有教具、圖卡大小、器材設備完全、音響正常、音量大小適合，才不會在活動時產生突發狀況。 5. 暖身操可搭配卡通音樂及帶動唱，增加趣味性，或老師數拍1.2.3.4，兒童跟著後面數5.6.7.8，提升兒童注意力。 6. 活動中遊戲程序與秩序要時時注意兒童個別差異與安全。	

墊上活動計畫 5

兒童年齡	5～6 歲	小組人數	10～15人×2組	課程時間	約30～40 分
活動名稱	墊上活動				
場地類型	鋪有軟墊（巧拼）的室內運動場地				
活動器材	抗力球（一人一個）、瑜伽墊（一人一張，無軟墊或巧拼場地時需要使用）				
運動技能	1. 表現墊上翻滾運動之技能 2. 藉由軟墊做簡易的肌力訓練及平衡練習 3. 表現聯合動作之協調性運動能力				
活動指標	身-大-1-1-1 覺察身體在穩定性及移動性動作表現上的協調性 身-大-1-1-2 模仿身體的動態平衡動作 身-大-1-1-3 覺察與辨別保護自己的基本動作 身-大-1-2-1 覺察各種用具的安全操作技能 身-大-1-2-2 觀察與調整照顧自己及整理環境的動作 身-大-2-1-1 在合作遊戲的情境中練習動作的協調與敏捷 身-大-2-1-2 在團體活動中，應用身體基本動作安全地完成任務 身-大-2-2-1 敏捷使用各種素材或器材 身-大-2-2-3 使用清潔工具清理環境 身-大-2-2-4 熟練手眼協調的精細動作 身-大-3-1-1 與他人合作展現各種創意姿勢與動作的組合 身-大-3-2-1 與他人合作運用各種素材或器材，共同發展創新玩法				
活動流程	教學內容				活動時間
	導入活動： 1. 引起動機：像球一樣滾吧～！滾滾滾！ 2. 暖身活動：教小朋友跳「崖上的波妞舞」。				5～8min.

活動流程	主題活動： 1. 介紹多種軟墊與抗力球的類型、功用與安全使用方式。 2. 將人數平均分成兩組。 3. 老師示範前滾翻動作，並指導兒童做正確的前滾翻動作。 4. 肌力訓練： 　(1) 坐姿球上平衡： 　　‧兒童坐於抗力球上，雙腳著地做平衡動作。 　　‧兒童坐於抗力球上，雙腳著地，身體挺直，利用雙腳微微向前、後、左、右位移，做平衡動作。 　(2) 橋式： 　　‧兒童坐於地上，利用雙手將球貼在背後並靠近身體，利用大腿前後、腹部、背部肌群，將身體撐起。此時球在身體下方面向上，雙手放鬆於身體兩側或頭部上面做平衡。 　　‧兒童躺於球上，雙腳著地，雙手抱頭，利用腿部肌群，將右腳緩慢抬起離地、放下，反覆八次，三個循環，換左腳同右腳動作練習。 　(3) 反向棒式： 　　‧將背部靠在球上，整個背面貼著球，面朝上，雙腳併攏，腳尖向上雙手在身體兩側撐地以維持平衡，此時身體伸直躺於球上，與地面呈45度。 　　‧撐起身體時維持平衡，同時將右腳緩緩抬起，離開地面，重覆八次，三個循環。接著換左腳抬起，同右腳動作練習。 　(4) 直腿上抬下放： 　　‧平躺於墊子上，用雙腳腳踝夾住球體，同時吸氣準備，吐氣同時緩緩將球舉起至與地面呈90度的位置。再吸氣，緩緩將球放下，此時不可讓球著地，接著吐氣再將球抬起。如此反覆三次為一循環，做三至五個循環。	20～25min.

活動流程	・兒童躺於球上，雙腳著地，雙手抱頭，利用腿部肌群將右腳緩慢抬起離地、放下，反覆八次，三個循環，換左腳同右腳動作練習。 (5) 平衡遊戲： ・兒童坐於抗力球上，聽到「開始」的指令後，將雙腳抬起，雙手自由做平衡動作，比賽看誰能撐最久，優秀兒童示範並給予鼓勵。 ・兩組兒童各自圍成一個圓，坐於球上，手牽手，同上一個動作般計時，看哪組平衡感好。	
	回饋整理： 1.複習前滾翻、橋式、球上平衡。 2.請兒童示範並分享動作技巧與回饋。 3.與兒童分工將器材收回原位。	3min.
注意事項	1.球易引起兒童學習動機，須特別注意每位兒童的專心度，並明確示範及說明。 2.前滾翻動作應注意兒童正確的動作學習，防止頸椎受傷。 3.器材設備必須做安全檢查，確認球的軟硬度是否適中。 4.各項與球有關的活動，都需要特別注意安全，並時常提醒及適時阻止危險動作。	

伸展活動計畫 1

__________學年度　第_____學期

兒童年齡	5～6 歲	小組人數	6 人 ×4 組	課程時間	約30～40 分
活動名稱	陪兒童玩伸展活動				
場地類型	平坦寬闊場地				
活動器材	顏色圖卡、數字圖卡、數字骰子、顏色骰子				
運動技能	表現肌肉性之基本運動能力				
活動指標	身-大-1-1-2 模仿身體的動態平衡動作 身-大-1-1-3 覺察與辨別保護自己的基本動作 身-大-1-2-2 觀察與調整照顧自己及整理環境的動作 身-大-2-1-1 在合作遊戲的情境中練習動作的協調與敏捷 身-大-2-1-2 在團體活動中，應用身體基本動作安全地完成任務 身-大-3-1-1 與他人合作展現各種創意姿勢與動作的組合 身-大-3-2-1 與他人合作運用各種素材或器材，共同發展創新玩法				
活動流程	教學內容				活動時間
	導入活動： 1. 介紹課程：示範各項伸展的動作給兒童欣賞。 2. 引起動機：利用動作示範伸展做暖身運動，再來進行手忙腳亂的遊戲伸展身體各個部位。 3. 暖身活動： (1) 利用動作引導配合做伸展操：上下、左右伸展、壓腿、拉筋等動作。 (2) 利用六個顏色：紅、紫、橘、黃、綠、藍色和1到6的數字，數字及顏色認識後，接著聽指示做活動。				5min.
	主題活動： 1. 背部黏一黏：柔軟上半身、強化脊椎、柔軟腰部、強化腰背肌肉。				

活動流程	(1) 老師與兒童背貼背，自然盤坐或雙盤（圖1-1）。 (2) 老師單手握住兒童單手，慢慢舉平（圖1-2）。 　‧師生兩人慢慢將上身轉向右後方。 　‧然後兩人雙手放開，老師把右手放在右膝上，左手放在兒童右膝上；兒童把右手放在自己右膝上，左手放在老師的右腿上或抓住老師右手，停留一下眼睛盡量往後方看。 　‧還原。 　‧換邊，動作同上。 　‧重複步驟1至6並做三個回合。 （圖1-1） （圖1-2） 2. 腳腳黏一黏：柔軟腳踝，預防腳部抽筋，促使腳部的血液循環良好。 　(1) 老師與兒童面對面平坐，兩人腳底相併，兩膝打直（圖1-3）。 　(2) 老師先把腳掌下推壓，兒童的腳板會被動式的往內勾（圖1-4）。 　(3) 老師再把腳板往內勾，兒童的腳掌再往下推壓，與上步驟的動作重複三次（圖1-5）。	25min.

| 活動流程 | ·再由老師帶動把腳往右轉三圈、左轉三圈。
·還原。

（圖1-3）

（圖1-4）

（圖1-5）
3.繽紛樂世界：延展身體的柔軟度及與同儕間的肢體互動。
  (1) 請兒童六個人一組。
  (2) 老師發放1至6的數字給兒童，每個人都會拿到一張數字卡（圖1-6）。
  (3) 老師利用二個骰子擲出數字及顏色，拿到數字卡的兒童，必須聽從老師指示活動身體（圖1-7）。 | |

| 活動流程 | 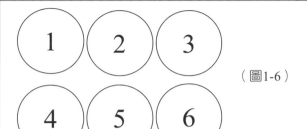（圖1-6）

（圖1-7）

4. 肩膀抬一抬：使雙肩柔軟、預防肩膀僵硬、痠痛。
　(1) 跪坐姿（金剛座），身體放鬆（圖1-8）。
　(2) 齊步把右肩抬高，好像要碰到耳朵一樣，停留一
　　　下，還原。
　　　‧換左肩抬高，好像要碰到耳朵一樣，停留一
　　　　下，還原。
　　　‧兩肩同時抬高，好像要碰到耳朵一樣，停留一
　　　　下，還原。以上三個步驟重複三次。 | |

活動流程	 省略 （圖1-8）	
	回饋整理： 1. 師生共同檢討、討論。 2. 請技能優秀的兒童示範並給予正面回饋。 3. 分組收拾器材，提醒兒童運動後應注意事項。	5min.
注意事項	1. 教師在教導暖身動作，注意事項指令及主題動作時應明確講解與示範。 2. 暖身與課程活動應注意兒童生理發展，避免設計太難、太複雜的動作。 3. 引起動機應加入活潑生動元素，才能有效提升兒童興趣。	

伸展活動計畫 2

＿＿＿＿＿＿＿學年度　　第＿＿＿＿學期

兒童年齡	5～6歲	小組人數	10人×2組	課程時間	約30～40分
活動名稱	兒童，伸展身軀吧！				
場地類型	平坦寬闊場地				
活動器材	童軍繩、亮面膠帶、評分表、西卡紙				
運動技能	1. 表現伸展技巧之技能，使身軀可以伸展到最極限 2. 表現伸展身體每個部位				
活動指標	身-大-1-1-1 覺察身體在穩定性及移動性動作表現上的協調性 身-大-1-1-2 模仿身體的動態平衡動作 身-大-1-1-3 覺察與辨別保護自己的基本動作 身-大-1-2-1 覺察各種用具的安全操作技能 身-大-1-2-2 觀察與調整照顧自己及整理環境的動作 身-大-2-1-1 在合作遊戲的情境中練習動作的協調與敏捷 身-大-2-1-2 在團體活動中，應用身體基本動作安全地完成任務 身-大-2-2-1 敏捷使用各種素材或器材 身-大-3-1-1 與他人合作展現各種創意姿勢與動作的組合 身-大-3-2-1 與他人合作運用各種素材或器材，共同發展創新玩法				

活動流程	教學內容	活動時間
	導入活動： 1. 引起動機：說「拯救公主」的故事。 2. 暖身活動：帶動跳（自編伸展舞）。	6～10min.
	主題活動：雙人合作利用老師設計的各種障礙物，使兒童發揮其部位之伸展動作，達到身體的柔軟度。 1. 突破障礙物： 　(1) 雙人遇到第一個障礙（童軍繩綁在特定高度）， 　　　兒童面對面搭肩膀並將腰彎下去，順利通過。	

活動流程	(2) 遇到第二個障礙（地上貼膠帶的線），雙人面對面雙手牽在一起，腳各自踩在設計完成的膠帶線上，沿著膠帶線走，做全身伸展。 (3) 兩人採用背對背、手勾手，如同螃蟹走的方式走向終點，將腳踩在終點線上，將手上的貼紙用身體各個部位發揮伸展的目的，貼到怪獸身上。 2. 封印怪獸： (1) 每組遊戲結束後，將兒童貼到怪獸身上的貼紙進行計分，以鼓勵第一名的小勇士們，同時也替其他小勇士們加油打氣，增加自信心。 (2) 再一次複習暖身活動的伸展舞蹈（如果有多餘時間）。	15～20min.
	回饋整理： 1. 邀請兒童分享活動完的感想。 2. 問兒童伸展有哪些動作技能。	2～3min.
注意事項	1. 要注意活動結束的兒童集合位置，才不至於影響活動中的其他兒童。 2. 帶動跳必須讓兒童能夠暖身，並達到伸展各個部位的效果。 3. 教導兒童在遊戲競賽中，以安全為重，輸贏為次要。	

伸展活動計畫 3

_____學年度　　第_____學期

兒童年齡	5～6歲	小組人數	6人×4組	課程時間	約30～40分
活動名稱	大家過新年				
場地類型	平坦寬闊場地				
活動器材	哨子、呼拉圈、抗力球、音樂播放器、大聲公、水果、圖卡、年獸立牌				
運動技能	1. 表現抗力球、呼拉圈之技能 2. 表現聯合性之基本運動能力				
活動指標	身-大-1-1-1 覺察身體在穩定性及移動性動作表現上的協調性 身-大-1-1-2 模仿身體的動態平衡動作 身-大-1-1-3 覺察與辨別保護自己的基本動作 身-大-1-2-1 覺察各種用具的安全操作技能 身-大-1-2-2 觀察與調整照顧自己及整理環境的動作 身-大-2-1-1 在合作遊戲的情境中練習動作的協調與敏捷 身-大-2-1-2 在團體活動中，應用身體基本動作安全地完成任務 身-大-2-2-1 敏捷使用各種素材或器材 身-大-2-2-4 熟練手眼協調的精細動作 身-大-3-1-1 與他人合作展現各種創意姿勢與動作的組合 身-大-3-2-1 與他人合作運用各種素材或器材，共同發展創新玩法				

活動流程	教學內容	活動時間
	導入活動： 1. 暖身活動：放音樂做暖身操。 2. 介紹課程：老師問和新年相關的活動，再問兒童各種吉祥物代表什麼，例如橘子代表大吉大利。	5～8min.
	主題活動：進行活動採分組方式，六人一組，共四組。且詳細說明遊戲規則，以避免不必要的傷害。	

活動流程	1. 打年獸：利用抗力球，一組排成一排，將球用手抱著往上繞過頭，往後傳給下一位兒童。傳到最後一位兒童時，再將球從腳的旁邊傳給前面的兒童。傳回第一位兒童後，將球丟向在前面的年獸立牌，先砸到的那組獲勝。 2. 來龍去脈：一開始老師會先問兒童中國人的吉祥動物是什麼？龍是如何移動的？並講解將呼拉圈想像成龍，透過傳遞的方式想像成龍移動的姿勢。隊形為活動一時的隊形，第一、二隊最後一位，第二、三隊第一位，第三、四隊最後一位兒童，全部牽起來成S型，呼拉圈交給第一位兒童，牽下一位兒童的那隻手往上舉高，將呼拉圈繞過下位兒童的頭，之後接著往下傳至最後一位（呼拉圈傳到第二隊時，再給一個呼拉圈往下繼續，做出龍在舞動的感覺）。 3. 劈腿領紅包：劈腿比賽，第一隊與第二隊，第三隊與第四隊，兩組兒童排好隊並與敵隊面對做猜拳，輸的腳向外開約一個手掌寬比賽，其中一人腿劈到支撐不下去，無法平衡，倒下就輸了，兩人比賽結束後蹲下。當全部的人都完成比賽蹲下後，老師請贏的兒童站起來，隊上活著的兒童最多的那隊獲勝，頒發小紅包。	20～25min.
	回饋整理： 1. 師生共同檢討、討論。 2. 請兒童分享活動中運用到哪些身體部位伸展。 3. 分組收拾器材，提醒兒童運動後應注意事項。	5min.
注意事項	1. 伸展活動的設計應考量身體的全面性，如：身體的正面、背面、左側、右側、上半身與下半身。 2. 活動內容的設計要由簡而繁，由易而難，並適合該年紀兒童。 3. 暖身活動的音樂與動作要熟練。 4. 伸展活動與其他體能活動相同，兒童有發展上的個別差異，請注意程度較優異的，可增加延伸活動，柔軟度較差者，耐心陪同及個別指導。 5. 可運用多種「手指謠」或口號，控制秩序與提高專注力。	

伸展活動計畫 4

_____學年度　第_____學期

兒童年齡	6 歲	小組人數	15 人	課程時間	約 30 分
活動名稱	伸展活動				
場地類型	室內（木質地板、軟質地板）				
活動器材	音響、音樂、刷子、抹布、水桶、膠帶、人物海報				
運動技能	1. 表現穩定性技巧之技能 2. 表現基本平衡姿勢				
活動指標	身-大-1-1-1 覺察身體在穩定性及移動性動作表現上的協調性 身-大-1-1-2 模仿身體的動態平衡動作 身-大-1-1-3 覺察與辨別保護自己的基本動作 身-大-1-2-1 覺察各種用具的安全操作技能 身-大-1-2-2 觀察與調整照顧自己及整理環境的動作 身-大-2-1-1 在合作遊戲的情境中練習動作的協調與敏捷 身-大-2-1-2 在團體活動中，應用身體基本動作安全地完成任務 身-大-2-2-1 敏捷使用各種素材或器材 身-大-2-2-4 熟練手眼協調的精細動作 身-大-3-1-1 與他人合作展現各種創意姿勢與動作的組合 身-大-3-2-1 與他人合作運用各種素材或器材，共同發展創新玩法				

活動流程	教學內容	活動時間
	導入活動： 1. 引起動機（老師演出海綿寶寶的故事）： 　　大魔王在家中大掃除，清點用具時發現少了當下最流行的清潔用具「萬用海綿」，於是決定到遙遠的國度抓一隻海綿寶寶回來大掃除。 　　海綿寶寶與好朋友派大星正開心的在草地上玩耍，大魔王出現把海綿寶寶抓走，派大星不知所措，向大家求助。派大星想到他們國家裡有新少林寺這個武功高強的學校，於是決定到那裡找出救海綿寶寶的方法。	

活動流程	2. 暖身活動： 　　海綿寶寶招集大家到新少林寺求救，新少林寺方丈剛好就把打敗大魔王的一套密集傳授給派大星一群人。 　(1) 頭部前後左右各八拍。 　(2) 肩膀轉動前後各兩個八拍。 　(3) 臀部順時針轉動，轉八圈後換逆時針轉動。 　(4) 用單腳站立，另一隻腳踢八下，再換腳。 　(5) 原地向上跳躍十下。 　(6) 一隻腳微彎，另一隻腳伸直，身體下壓，兩隻腳輪流。 　(7) 蹲下，一隻腳伸直，腳板下壓，身體下壓，兩隻腳輪流。 　(8) 雙膝順時針轉動八圈後，逆時針轉動。 　(9) 轉體運動。	15min.
	主題活動： 1. 打敗小惡魔：大家整裝出發去找大魔王，卻在路上先遇到了小惡魔，於是必須先打敗小惡魔後，才能對抗大魔王。 　(1) 雙手五根手指一根一根慢慢用力的伸出來，再慢慢用力的握回拳頭。 　(2) 雙手向前畫大圓，雙手向後畫大圓，先向左邊再向右邊，再向前面。 　(3) 腳張開比肩膀寬並下蹲，雙手分別撐在大腿膝蓋處，肩膀先向左邊膝蓋處用力，再向右邊膝蓋處用力。 　(4) 腳張開比肩膀寬並下蹲，雙手於胸前一上一下像拿著一顆球狀。 　(5) 雙手用力的向前出拳。	15min.

活動流程	2. 對抗大魔王： (1) 左手向前右手向後畫圈，五圈後交換左右邊畫圈動作。 (2) 十指交扣，雙手前伸，身體前傾，做大繞環動作。 (3) 腰挺直，雙手舉高向上伸，身體與地面呈垂直狀並左右彈跳。 (4) 兩兩一組面對面坐下，腳掌互碰，手拉手互相做前彎動作。 ・兩兩一組背靠背坐下，雙手互背，身體輪流往前傾。 ・全部的兒童圍一圈，雙腳與肩同寬，右手搭右邊兒童的肩，左手搭左邊兒童的肩，向下做站立體前彎。	
	回饋整理： 1. 與兒童共同分享伸展動作的技巧。 2. 提醒兒童運動後注意事項。 3. 共同收拾活動場地。	3min.
注意事項	1. 時間分配、流程順暢，並用戲劇的方式帶課，可增加課程的樂趣，且提升兒童興趣。 2. 動作示範及解說應簡單清楚、明瞭並符合兒童生理、認知發展。 3. 較困難動作可分解教學，並在活動中重複出現。 4. 課程應妥善設計，並多演練，尤其在動作口令方面切記順序，才不易造成秩序混亂。	

伸展活動計畫 5

兒童年齡	6～8歲	小組人數	10人×2組	課程時間	約30～40分
活動名稱	伸展活動				
場地類型	平坦寬闊場地（每個人都有2×2公尺大小的活動空間）				
活動器材	CD播放器				
運動技能	1. 表現伸展技巧之技能，使身軀可以伸展到最極限 2. 表現伸展身體每個部位				
活動指標	身-大-1-1-1　覺察身體在穩定性及移動性動作表現上的協調性 身-大-1-1-2　模仿身體的動態平衡動作 身-大-1-1-3　覺察與辨別保護自己的基本動作 身-大-1-2-1　覺察各種用具的安全操作技能 身-大-1-2-2　觀察與調整照顧自己及整理環境的動作 身-大-2-1-1　在合作遊戲的情境中練習動作的協調與敏捷 身-大-2-1-2　在團體活動中，應用身體基本動作安全地完成任務 身-大-3-1-1　與他人合作展現各種創意姿勢與動作的組合 身-大-3-2-1　與他人合作運用各種素材或器材，共同發展創新玩法				

活動流程	教學內容	活動時間
	導入活動： 1. 引起動機：複習上次伸展活動時的動作，再進入今天的伸展活動，模仿鹿、狗、船形、桌子、大樹的形態做伸展活動。 2. 暖身活動：「屁屁操」帶動跳，老師先示範一次，再請兒童跟著跳三次。	

| 活動流程 | **主題活動**：伸展活動教學及解說。
1. 鹿式：
  •雙腳跪姿，腳背貼地，臀部坐於腳跟上，雙掌放於大腿上（金剛式預備動作）。
  •雙臂往後向上延伸，掌心朝上，手指用力張開，呈鹿角狀。
  •臀部離開腳跟，身體、頭部向前延伸，下巴微微抬高，眼睛看著天花板。
  •停留二個呼吸，反覆四次。
2. 狗式：
  •金剛式預備動作。
  •上身前趴，大腿、手臂和身體與地面呈四方形，將身體上移，模仿與想像狗睡醒伸懶腰的模樣。
  •手臂伸直，臀部翹起，頭部放鬆位在兩臂之間，身體與地面呈三角形。
  •停留二個呼吸，反覆四次。
3. 船式：
  •坐姿，雙膝彎曲，雙手自然放於臀部兩旁。
  •挺胸，身體微微後傾，雙手抱於大腿下方。
  •腳跟上抬與膝同高。
  •停留二個呼吸，反覆四次。
4. 桌子式：
  •坐姿，雙膝與腰同寬，雙手置於身體後方，手指朝腳掌方向。
  •面朝上，胸、腹部上抬，雙手、小腿和身體與地面呈四方形。
  •頭部後仰，停留二個呼吸，反覆四次。
5. 勇士式：
  •雙腳前後分開，呈正三角形，雙手放於身體兩側放鬆。
  •前腳彎曲至腳踝上方，呈弓箭步，雙手伸直抬高，眼睛看前方定點，吐氣時肩膀放鬆。
  •停留二個呼吸，反覆四次，轉身換邊，同上動作。 | |

活動流程	6. 大樹式： ・兩腳著地站立，身體重心移至左腳，右腳彎曲，腳掌抬高踩在大腿內側。 ・兩手往身體側方打開上移至頭部上方，雙手合十，由頭頂上方下移到胸前，再上移至頭上方，感覺整個人往上拉高，眼睛全程看前方定點。 ・停留二個呼吸，反覆四次，換腳，同上動作。	
	回饋整理： 1.「大家都做的很好，那麼有誰記得我們剛剛做了哪些伸展動作呢？」等待孩子回答。 2.「那麼有誰能夠到前面示範動作呢？」尋求自願者示範。	
注意事項	1. 可增加瑜伽動作中與動物相關的姿勢，增加學習興趣。 2. 動作不可太難，以免影響兒童自信心。 3. 注重動作發展的個別差異，發展慢的兒童使用補救教學或個別指導，發展好的兒童增加動作難度，或做示範供同儕模仿、學習。 4. 暖身操應在放音樂前先示範、分解動作，讓兒童有學習、練習的機會。

伸展活動計畫 6

_____學年度　　第_____學期

兒童年齡	5～6 歲	小組人數	6 人 ×4 組	課程時間	約30～40 分
活動名稱	手腳蹦蹦蹦				
場地類型	平坦寬闊場地				
活動器材	哨子、小音響、隨身碟、牌子、紙板、童軍繩				
運動技能	1. 表現操作運動器材之技能（表現伸展身體之技能） 2. 表現聯合性之基本運動能力				
活動指標	身-大-1-1-1 覺察身體在穩定性及移動性動作表現上的協調性 身-大-1-1-2 模仿身體的動態平衡動作 身-大-1-1-3 覺察與辨別保護自己的基本動作 身-大-1-2-1 覺察各種用具的安全操作技能 身-大-1-2-2 觀察與調整照顧自己及整理環境的動作 身-大-2-1-1 在合作遊戲的情境中練習動作的協調與敏捷 身-大-2-1-2 在團體活動中，應用身體基本動作安全地完成任務 身-大-3-1-1 與他人合作展現各種創意姿勢與動作的組合 身-大-3-2-1 與他人合作運用各種素材或器材，共同發展創新玩法				

	教學內容	活動時間
活動流程	導入活動： 1. 引起動機：說故事：「有一天，小花姊姊在校園裡撿到了一張藏寶圖，小花姊姊就拿著這張藏寶圖去尋寶了唷！在路上小花姊姊遇到了一些難題（主題活動），所以小花姊姊沒有完成這次的旅程，也沒有找到寶藏。小朋友們，小花姊姊就把這個任務（主題活動）交給你們了唷！那麼大家一起去冒險吧！」兒童任務完成後，給予愛的鼓勵。 2. 暖身活動： 　(1) 配合音樂做伸展操：將活動中會出現的動作加進暖身操。 　(2) 請兒童發表暖身運動的功能及重要性。	8～10min.

活動流程	**主題活動**：利用肢體設計各種活動、遊戲，以增進兒童手、眼、腳等身體各部位配合的協調能力。
	1. 金雞獨立——單腳跳：
	  (1) 以一隻腳向前跳動。
	  (2) 按照地上的數字卡順序前進，1、2、3、4、5。
	2. 人形拱橋——爬行：練習肢體伸展動作。
	  (1) 四肢伸展開來像人形拱橋一樣趴在地上前進。
	  (2) 活動進行時，應注意活動的間距，以免發生碰撞。
	3. 跳房子——單腳、雙腳跳：以單腳跳或雙腳跳的方式前進，就像在玩跳房子一樣，可以同時訓練單腳跳與雙腳跳的技能。
	4. 再跳一次暖身操，讓兒童的身心能平緩下來。
		20～25min.

	回饋整理： 1. 師生共同檢討、討論。 2. 提醒兒童運動後應注意事項。 3. 再做一次暖身操舒緩兒童的肢體，亦可以讓兒童重新複習活動中的動作。	3min.
注意事項	1. 提供多項活動可提高兒童學習其他單腳、雙腳跳動作。 2. 可視兒童體能狀況調整跳躍次數，切記左右腳（單腳跳）次數要平均。 3. 對於動作不協調或動作、肌肉發展較為緩慢的兒童應放慢跳躍節拍與困難度。	

球類活動計畫 1

_____學年度　　第_____學期

兒童年齡	4～5 歲	小組人數	6 人 ×4 組	課程時間	約30～40 分
活動名稱	推推樂				
場地類型	平坦寬闊場地				
活動器材	彈力球、彩色膠帶（紅和藍）、大聲公（小型）				
運動技能	1. 表現操作運動器材之技能 2. 表現聯合性之基本運動能力				
活動指標	身-中-1-1-1 覺察身體在穩定性及移動性動作表現上的協調性 身-中-1-1-2 模仿身體的動態平衡動作 身-中-1-1-3 覺察身體活動的安全距離 身-中-1-2-1 覺察各種用具的安全操作技能 身-中-1-2-2 觀察與調整照顧自己及整理環境的動作 身-中-2-1-1 在合作遊戲的情境中練習動作的協調與敏捷 身-中-2-1-2 在團體活動中，應用身體基本動作安全地完成任務 身-中-2-2-1 敏捷使用各種素材或器材 身-中-3-1-1 在創意想像的情境展現個人肢體動作的組合與變化 身-中-3-2-1 把玩操作各種素材或器材，發展各種創新玩法				

活動流程	教學內容	活動時間
	導入活動： 1. 介紹課程： 　(1) 先介紹彈力球（講解遊戲規則＋場地布置）。 　(2) 帶手指謠（暖身）。 　(3) 個人來回推球一次（手眼協調）。 　(4) 講解第二種遊戲＋play（手眼協調＋團結）。 　(5) 講解第三種遊戲＋play（應用先前所學）。 　(6) 遊戲告一段落，集合再跳暖身操。	3～5min.

	(7) 遊戲結束。給予所有參加遊戲的兒童鼓勵（愛的鼓勵）。 (8) 謝幕（收拾場地）。 2. 引起動機：帶幼兒做柔軟操。 3. 暖身活動： 　(1) 唸手指謠「小老鼠上燈台」吸引兒童注意力。 　(2) 老師舞動自己呈現柔軟操方式引起動機。 　(3) 帶領幼兒跟著做柔軟操，引導幼兒發揮想像，慢慢導入「推推樂」主題討論。 　(4) 將幼兒分成A隊、B隊、C隊與D隊四組，並於指定位置依序排隊坐好。	8～10min.
活動流程	**主題活動**：利用彈力球設計各種活動、遊戲，以增進兒童手、眼等身體各部位配合的協調能力。 1. 請兒童排好隊在線內（軌道）的範圍，一個接著一個來回推動彈力球，運用自己的兩隻手推動彈力球（提醒兒童不能越線）。 2. 老師將兒童隨意分成6人×4組，並請兒童在同組中尋找一個好夥伴，牽起對方的手然後肩並肩排好隊坐下。請兒童與自己的好夥伴併排，各自伸出左手或右手利用推球跑的方式一起合作推動彈力球（提醒兒童不能越線）。 3. 老師先將四組兒童中的其中一組拆成3人×2小組，並平均站於貼在地上的軌道兩端，其他三組以原本的組別排成一直線，並取好距離站在軌道內。 4. 遊戲比賽開始，以兩分鐘為限，兩旁兒童在時間內可將球依著軌道來回滾動，軌道內的兒童則必須不超線在軌道內用盡方法閃躲不被球碰到，兩分鐘過去，以軌道人數剩下最多的隊伍獲勝。過程中指導各隊兒童為自己隊友加油，增加歡樂競賽氣氛，並引導已輪過的兒童排回原位或至指定位置。 5. 比賽結束將兒童集合，一起唸手指謠「小老鼠上燈台」，同時配合手指謠字意做動作。	20～25min.

活動流程	回饋整理： 1. 與兒童討論比賽結果，分享心得，檢討遊戲規則，並給予各組獎勵。 2. 請自願者或技能優秀的兒童示範。 3. 分組收拾器材，提醒兒童運動後應注意事項。 4. 活動結束，適當休息後，若過於激烈，則指導兒童換下汗濕的衣服及補充水分。	3min.
注意事項	1. 分組時每組人數要相同、輪完的兒童請到每隊後面依序坐下。 2. 可設計二至三個難易分明的滾球活動，也可以利用球的形體（如：大小、軟硬、材質）加入其中。 3. 可找內容長一點的手指謠配合活動需要，提高活動樂趣。	

球類活動計畫 2

兒童年齡	5～6 歲	小組人數	15 人 ×2 組	課程時間	約 30 分
活動名稱	球類大集合				
場地類型	平坦寬闊場地				
活動器材	紙箱、眼罩、籃球、排球、棒球、足球、羽毛球、乒乓球、哨子、輕快活潑的音樂				
運動技能	1. 促進手眼協調 2. 促進大小肌肉的發展 3. 練習平衡感				
活動指標	身-大-1-1-1　覺察身體在穩定性及移動性動作表現上的協調性 身-大-1-1-2　模仿身體的動態平衡動作 身-大-1-1-3　覺察與辨別保護自己的基本動作 身-大-1-2-1　覺察各種用具的安全操作技能 身-大-1-2-2　觀察與調整照顧自己及整理環境的動作 身-大-2-1-1　在合作遊戲的情境中練習動作的協調與敏捷 身-大-2-1-2　在團體活動中，應用身體基本動作安全地完成任務 身-大-2-2-1　敏捷使用各種素材或器材 身-大-2-2-4　熟練手眼協調的精細動作 身-大-3-1-1　與他人合作展現各種創意姿勢與動作的組合 身-大-3-2-1　與他人合作運用各種素材或器材，共同發展創新玩法				
活動流程	**教學內容**				**活動時間**
	導入活動： 1. 事先準備：檢查球類是否到齊、紙箱是否在搬動過程中有毀損、場地是否安全。 2. 引起動機：介紹各種球類，讓兒童先摸摸看，再放入紙箱請兒童摸出老師指定的球。 3. 暖身活動：藉由音樂來帶動兒童暖身。				10～15min.

活動流程	主題活動：
	 1. 運用排球、羽球、乒乓球做下列動作練習：
	   (1) 藉由丟球和傳球的動作來增進兒童的臂力。
	   (2) 操控自如：靈活控制球的速度、方向、力道、遠近。
	   (3) 閃躲自如：能提高兒童的敏捷力和反應力。
	   (4) 互助合作：藉由傳球動作可以培養團體精神。
	 2. 利用躲避球比賽的遊戲方式，以增進兒童手、眼等身體各部位配合的協調能力：
	   (1) 遵守規則：藉由遊戲規則培養兒童自律的習慣。
	   (2) 用正確的運動方式來發洩兒童的體力及負面情緒。
	   (3) 讓兒童了解輸贏不是最重要的，重要的是要享受遊戲中的快樂。
	   (4) 比賽結束後，老師用哨子提醒兒童比賽結束。
		14～15min.

	回饋整理： 1. 配合各種球類請兒童示範及複習，並給予鼓勵。 2. 師生共同討論球的種類、顏色、形體，與安全事項。 3. 讓兒童分享遊戲心得。	3min.
注意事項	1. 各球類準備齊全，能有效建立兒童對球的認知。 2. 活動說明應用詞簡單、明確、速度適中，音樂、說話音量可搭配麥克風及音響使用。 3. 說明遊戲規則時，可放慢說話速度，並在說明完時，再次確認每位兒童都聽懂了。 4. 秩序方面可利用口號配合管理。例如小嘴巴閉起來、大鯊魚閉嘴巴、最高品質靜悄悄……。 5. 活動過程中，若出現危險動作應馬上停止，並教導正確且安全的動作。例如：將躲避球往他人頭部、臉部丟，應制止此行為，再次告知這是危險動作。	

球類活動計畫 3

_____學年度　　第_____學期

兒童年齡	5～6歲	小組人數	5～7人×4組	課程時間	約30～40分
活動名稱	球類活動				
場地類型	兒童可自由活動的室內場地				
活動器材	一人一顆排球；羽球、籃球、乒乓球等各種球類；身體部位的字卡；音響				
運動技能	1. 認識不同的球類 2. 表現與球類合作的技能 3. 表現傳球的運動能力				
活動指標	身-大-1-1-1 覺察身體在穩定性及移動性動作表現上的協調性 身-大-1-1-2 模仿身體的動態平衡動作 身-大-1-1-3 覺察與辨別保護自己的基本動作 身-大-1-2-1 覺察各種用具的安全操作技能 身-大-1-2-2 觀察與調整照顧自己及整理環境的動作 身-大-2-1-1 在合作遊戲的情境中練習動作的協調與敏捷 身-大-2-1-2 在團體活動中，應用身體基本動作安全地完成任務 身-大-2-2-1 敏捷使用各種素材或器材 身-大-2-2-4 熟練手眼協調的精細動作 身-大-3-1-1 與他人合作展現各種創意姿勢與動作的組合 身-大-3-2-1 與他人合作運用各種素材或器材，共同發展創新玩法				

活動流程	教學內容	活動時間
	導入活動： 1. 引起動機：將桌球、桌球拍、羽球、羽球拍、排球、籃球擺在兒童們前面，請兒童回答球之名稱及玩法，接著向兒童介紹各種球類及簡易玩法，每介紹一種就請兒童上台示範。約複習一次後告知兒童今天要與球類（排球、籃球）一起跳舞與遊戲。	3～5min.

	2. 暖身活動：首先不搭配音樂教導兒童舞蹈的分解動作。	
活動流程	主題活動： 1. 利用排球將音樂及暖身動作結合： 　(1) 搭配音樂帶兒童跳過一次。 　(2) 再複習一次舞蹈。 2. 肢體傳球： 　(1) 將兒童分成四組。 　(2) 每組各派一位兒童出來抽一張字卡，照著字卡上 　　　（如：手臂、屁股、膝關節、足部等）所指示的 　　　身體部位傳球。 　(3) 進行方式：小組中先由兩人合作傳球，繞過指定 　　　位置再回到原位，傳給同組的下一對兒童。 　(4) 遊戲規則：若在傳球途中球掉了，必須回到原點 　　　重新出發。 　(5) 分組比賽，最快傳完的一組獲勝。	20～25min.
	回饋整理： 1. 回饋活動時所應用到身體部位的名稱。 2. 分享各種球類與肢體傳球的運動技巧。 3. 給予兒童正向回饋並提醒補充水分及更換汗濕的衣物。	3～5min.
注意事項	1. 可應用圖片與實體展示球的種類。 2. 動作指導應由簡而難，並且配合球的種類做重複動作練習。 3. 暖身活動的音樂節奏與舞蹈動作相符合且簡單好記。 4. 課前詳記身體部位及動作專有名詞，正確教導兒童對身體的認知。 5. 遊戲應該採用一致的難易度，才不致讓孩子有過多的挫折感。 6. 教學過程中也不斷詢問兒童的需要，和兒童達成溝通。	

球類活動計畫 4

兒童年齡	5～6 歲	小組人數	10 人×3 組	課程時間	約30～40分
活動名稱	踢踢樂				
場地類型	室內軟墊教室				
活動器材	籃球、排球、氣球				
運動技能	1. 練習手、眼與足、眼之協調 2. 與球配合的動作協調性技能				
活動指標	身-大-1-1-1 覺察身體在穩定性及移動性動作表現上的協調性 身-大-1-1-2 模仿身體的動態平衡動作 身-大-1-1-3 覺察與辨別保護自己的基本動作 身-大-1-2-1 覺察各種用具的安全操作技能 身-大-1-2-2 觀察與調整照顧自己及整理環境的動作 身-大-2-1-1 在合作遊戲的情境中練習動作的協調與敏捷 身-大-2-1-2 在團體活動中，應用身體基本動作安全地完成任務 身-大-2-2-1 敏捷使用各種素材或器材 身-大-2-2-4 熟練手眼協調的精細動作 身-大-3-1-1 與他人合作展現各種創意姿勢與動作的組合 身-大-3-2-1 與他人合作運用各種素材或器材，共同發展創新玩法				
活動流程	教學內容 導入活動： 1. 引起動機：首先介紹各種球類，讓兒童認識不同球類，引起兒童興趣。 2. 暖身活動： 　(1) 肩部肌群：手臂伸直，另一手於肘部位置往內壓。 　(2) 肱三頭肌：一手伸展在腦後，將伸展手臂之手肘側拉。			活動時間 3～5min.	

	(3) 側彎：一手握住另一手手掌，身體保持在同一平面，向側邊伸展。 (4) 大腿前側伸展：採跪姿，腳跟部位頂住臀部，兩膝互相靠近，身體微微後躺，雙手支撐於身體後方的地面，柔軟度好的兒童可漸漸躺下，以做有效伸展。 (5) 弓箭步大腿下壓伸展大腿後側肌群：上半身保持直立，前腳的膝蓋不要超過腳尖。 (6) 全壓：腿部內側下壓，彎曲腳的腳跟盡量貼地，伸直腳的膝蓋伸直、腳尖朝上，大腿盡量貼平地面，此時動作成正面弓箭步。 提醒兒童每次運動前都要做好暖身操，才能降低受傷的機率。	5～8min.
活動流程	**主題活動：** 1. 老師先介紹籃球及示範如何拍球，接著讓兒童分別排成兩行，面對面進行拍球練習。 2. 接著介紹足球盤球方法，老師示範正確用腳傳球之盤球動作，讓兒童分別排為兩行，面對面互相用腳傳球。 3. 最後介紹氣球，一樣讓兒童排為兩行，互相拍球，由於球很輕，要讓兒童自行學會控制力道。 4. 分組競賽，老師將兒童分為三組： 第一關：運球走路，運用籃球運球動作讓兒童練習腳部移動與手部大小肌肉的發展與協調性。 第二關：踢足球，可以讓兒童訓練腳的大肌肉及促進全身大肌肉發展。 第三關：拍氣球，因為氣球很輕，且氣球方向不一定，可訓練兒童學會如何控制力道及促進大小肌肉發展。	20～25min.
	回饋整理： 1. 鼓勵兒童今日的表現，給全部兒童拍手鼓勵。 2. 讓兒童發表今日活動的感受。	5min.

注意事項	1. 兒童處於被動狀態時應適時加入新動作以提升學習興趣。 2. 運用簡單的用語解釋專有名詞,幫助兒童了解專有字彙及意涵。 3. 活動前檢查場地是否安全、器材及軟硬體評估,避免於活動中需為球打氣而將活動間斷。 4. 暖身操及活動進行中可搭配音樂,讓兒童能更容易融入情境中。 5. 活動進行之前應先向兒童說明遊戲規則,避免活動過程中造成混亂的場面。 6. 可運用圖片、音樂及豐富的肢體動作等,讓活動多元化。

水域活動計畫 1

_____學年度　　第_____學期

兒童年齡	5～6歲	小組人數	5人×6組	課程時間	約30～40分
活動名稱	水中丟丟樂				
場地類型	游泳池水深約60～100公分				
活動器材	海灘球一顆、臉盆一個、報紙、碼表一個、童軍繩四條				
運動技能	1. 表現操作運動器材之技能 2. 表現合作性之基本運動能力				
活動指標	身-大-1-1-1 覺察身體在穩定性及移動性動作表現上的協調性 身-大-1-1-2 模仿身體的動態平衡動作 身-大-1-1-3 覺察與辨別保護自己的基本動作 身-大-1-2-1 覺察各種用具的安全操作技能 身-大-1-2-2 觀察與調整照顧自己及整理環境的動作 身-大-2-1-1 在合作遊戲的情境中練習動作的協調與敏捷 身-大-2-1-2 在團體活動中，應用身體基本動作安全地完成任務 身-大-2-2-1 敏捷使用各種素材或器材 身-大-3-1-1 與他人合作展現各種創意姿勢與動作的組合 身-大-3-2-1 與他人合作運用各種素材或器材，共同發展創新玩法				

活動流程	教學內容	活動時間
	導入活動： 1. 介紹課程：教師提供海灘球給兒童認識，讓兒童觸摸，感受球的特性後，再說明海灘球特性及使用須知。 2. 引起動機：利用海綿寶寶的故事串連教學主題。 3. 暖身活動：配合口號做伸展操，上下左右伸展、轉體、壓腿、全身繞環等動作。 4. 講解規則。	5～8min.

活動流程	主題活動：利用海灘球設計活動、遊戲，以增進幼兒手、眼、身體各部位的協調能力。
	1. 水中丟丟樂注意事項：規定兒童在比賽當中，應避免將海灘球直接往他人的頭部丟，並且在水中要注意自身安全，如果違反規定就要禁止玩遊戲。
	2. 分組動作：
	  (1) 先將兒童分成兩大組。
	  (2) 再把兩大組的兒童各分成三小組。
	3. 開始活動：
	  (1) 兒童雙方各就指定位置。
	  (2) 限時七分鐘內，童軍繩由岸上固定後往水中延伸出3×3公尺正方形2個，為場地A、B活動範圍，利用團隊合作，不讓對方的海灘球落在自己的活動範圍內，如：A隊的球落在B場地，由A隊得分。
	  (3) 在活動過程中，如果兒童有失控狀態或是犯規，利用哨子吸引他們的注意力，以控制混亂場面。
	  (4) 結束前兩分鐘，提醒兒童比賽即將結束。
	  (5) 統計採累積次數，最多者獲勝。
	  (6) 比賽獲勝的隊伍即可向另一方隊伍潑水。
		25min.

	回饋整理： 1. 教師與兒童共同檢討、討論。 2. 請兒童分享比賽活動的心得。 3. 交代更換衣物及泳具應收入背包中。	5min.
注意事項	1. 利用海灘球來讓兒童運用大肌肉以及基本的拍、推、托動作，這些動作正適合五至六歲的兒童運用到活動內容上。 2. 活動過程中，出現危險動作時要馬上暫停活動，再次確認安全性動作的要求，才可繼續。 3. 邊說邊示範、講解及動作，可讓兒童詳細了解遊戲規則。 4. 明確規定禁止的危險動作有哪些，應時常於活動中提醒，注意兒童的安全狀況。 5. 可教導兒童自己更換衣物及收拾泳具、泳裝。	

水域活動計畫 2

_____學年度　　第_____學期

兒童年齡	5～6歲	小組人數	6人×4組	課程時間	約30～40分
活動名稱	寶石在哪裡				
場地類型	游泳池（水深60～100公分）				
活動器材	小臉盆、計時器、哨子、水球、泳衣、蛙鏡、泳帽、大浴巾				
運動技能	1. 表現聯合性之基本運動能力 2. 潛水、憋氣、水中行走				
活動指標	身-大-1-1-1 覺察身體在穩定性及移動性動作表現上的協調性 身-大-1-1-2 模仿身體的動態平衡動作 身-大-1-1-3 覺察與辨別保護自己的基本動作 身-大-1-2-1 覺察各種用具的安全操作技能 身-大-1-2-2 觀察與調整照顧自己及整理環境的動作 身-大-2-1-2 在團體活動中，應用身體基本動作安全地完成任務				

活動流程	教學內容	活動時間
	導入活動： 1. 引起動機：與兒童對話，詢問兒童日常生活中關於水的生活經驗及注意事項，藉以引起興趣。 2. 暖身活動：配合輕快的音樂做伸展操，上下、左右伸展、轉體、壓腿、全身繞環等動作，讓兒童了解暖身運動的重要性。	8min.
	主題活動： 1. 我是小小憋氣王： (1) 講解如何憋氣，憋氣就是暫時停止呼吸。 (2) 將兒童分成六組進行活動。	20min.

活動流程	(3) 使用小臉盆練習，每組給予一個裝了水的臉盆，練習憋氣，先深深吸一口氣，然後將臉浸入臉盆（適應良好可用鼻子慢慢吐出空氣），每次五秒，每人練習三次（聽老師哨音）。 2. 快樂向前走： (1) 老師對兒童潑水，以感受水池的溫度。 (2) 讓兒童下水，在水中走到指定的位置，伴隨著手的擺動，跟著老師的指令做動作，以感受在水中行走的感覺。 3. 我是小小尋寶王： (1) 兒童戴上蛙鏡，聽老師指令拿取指定寶石顏色。動動雙手游過去，尋找一個指定的顏色寶石，再游回來放入前面的盆子裡。 (2) 如兒童適應良好，可將遊戲提高難度。以小組為單位，增加尋找寶石的數量和顏色，聽從老師的口令，依序出發找尋，每次出發一人。	20min.
	回饋整理： 1. 分組收拾器材，提醒兒童運動後應注意事項。 2. 上岸更換衣物，頭髮用毛巾包起來，讓老師協助擦乾。 3. 讓幼童發表從遊戲中獲得的心得，與全班分享。	5min.
注意事項	1. 教學教具可透過顏色、形態多樣的寶石，引發兒童學習動機。 2. 重視兒童個別差異，怕水的兒童應給予個別輔導，亦可先與同伴一同玩遊戲，待比較適應後，再由簡單輕鬆的模式教學（如：臉沾一下水、下巴貼著水面、嘴巴在水面上吹氣）。 3. 兒童在碰到水時總會特別興奮，秩序、安全的維護是比較重要的問題，應有口號引起兒童注意，旁邊的助教要隨時注意兒童安全和隨時注意每位兒童身體狀況。 4. 遊戲規則應在岸上仔細說明，下水後再簡單說一次，切記不要讓兒童在水中沒有活動太久，容易感冒或失溫。	

水域活動計畫 3

_____學年度　　第_____學期

兒童年齡	5～6歲	小組人數	12人×2組	課程時間	約30～40分
活動名稱	水中行走				
場地類型	水深約60～100公分的游泳池				
活動器材	鈴鼓、音響				
運動技能	1. 學會水中行走與平衡技能 2. 嘗試運用水上、陸上動物行走的方式在水裡移動				
活動指標	身-大-1-1-1 覺察身體在穩定性及移動性動作表現上的協調性 身-大-1-1-2 模仿身體的動態平衡動作 身-大-1-1-3 覺察與辨別保護自己的基本動作 身-大-1-2-1 覺察各種用具的安全操作技能 身-大-1-2-2 觀察與調整照顧自己及整理環境的動作				

	教學內容	活動時間
活動流程	導入活動： 1. 引起動機： 　(1) 老師尋問有哪些動物會游泳，並請兒童上台示範，其他兒童模仿與想像。 　(2) 告知兒童在游泳池與水中的注意事項。 　　・在水中絕對不可推擠，以免滑倒喝很多游泳池的水到肚子裡。 　　・聽從老師的口令，才不會受傷。 　　・如果發現有人溺水或自己不舒服要馬上告訴老師。 　　・如果想要上廁所要跟老師說，不可尿在泳池裡。 　　・下水前一定要先做暖身操，才不會受傷。 2. 暖身活動：示範帶動唱一次後，與兒童一起跳一次，再另外做五種2×8拍的伸展操。暖身操基本動作（每個動作都做兩個八拍）如下：	8～10min.

活動流程	(1) 點頭（向前→向後→向左→向右）。 (2) 聳肩（向前→向後）。 (3) 左手手臂環繞（向前→向後），換右手環繞。 (4) 左腳弓箭步（左腳彎曲呈90度，右腳往後伸直，腳底板不可以離開地面），換右腳。 (5) 手扶腳踝（左手扶左腳踝，右腳單獨站立），換左腳單獨站立。	
	主題活動： 1. 兒童自由在水中行走。 2. 兒童模仿路上慢走的動作於水中移動。 3. 兒童模仿螃蟹走路的方式在水中移動。 4. 兒童在水中模仿青蛙跳的動作往前移動。 　(1) 雙手掌接近水面，掌心向下做平衡動作，兩腳彎曲，上下輕跳。 　(2) 雙手配合跳躍動作做平衡的同時，往前移動。 5. 配合鈴鼓的聲音做動作，老師拍一下兒童做出慢步走，拍二下螃蟹走，拍三下青蛙跳。如：當聽到三下鈴鼓聲做青蛙跳直至下一個鈴鼓聲響起再換動作。	15～20min.
	回饋整理： 1. 老師與兒童一起回顧動作的名稱與分享，並請兒童示範。 2. 老師示範愛的鼓勵口訣（我真的很不錯，我真的很不錯，我真的真的真的真的真的很不錯）。 3. 兒童與老師一起做，給自己與同儕最棒的鼓勵。	5min.
注意事項	1. 此活動適合大班兒童，因已能維持身體平衡，適合進行水上活動。 2. 活動內容重複性高，學習容易，能幫助兒童大肌肉發展及消除怕水心理。 3. 水域活動危險性高，故在活動前務必先熟悉環境，評估安全性。	

水域活動計畫 4

_____學年度　　第_____學期

兒童年齡	5～6歲	小組人數	3人×5組	課程時間	約30～40分
活動名稱	水中吸吐活動				
場地類型	游泳池（水深約60～100公分）				
活動器材	衛生紙、椅子、竿子、乒乓球、各種糖果、尼龍繩				
運動技能	1. 了解陸上與游泳呼吸的不同 2. 表現出水中動態、靜態肢體平衡				
活動指標	身-大-1-1-1 覺察身體在穩定性及移動性動作表現上的協調性 身-大-1-1-2 模仿身體的動態平衡動作 身-大-1-1-3 覺察與辨別保護自己的基本動作 身-大-1-2-1 覺察各種用具的安全操作技能 身-大-1-2-2 觀察與調整照顧自己及整理環境的動作 身-大-2-1-1 在合作遊戲的情境中練習動作的協調與敏捷 身-大-2-1-2 在團體活動中，應用身體基本動作安全地完成任務 身-大-2-2-1 敏捷使用各種素材或器材 身-大-3-1-1 與他人合作展現各種創意姿勢與動作的組合 身-大-3-2-1 與他人合作運用各種素材或器材，共同發展創新玩法				

活動流程	教學內容	活動時間
	導入活動： 1. 引起動機： 　(1) 請兒童假想自己就是一顆氣球，把自己的嘴巴當作氣球的開口。 　(2) 當老師說「吸氣」，老師可示範與形容肚子鼓鼓的樣子，就是「吸氣」。 　(3) 當老師說「吐氣」，老師示範將氣吐到最少、肚子最扁的時候，就是「吐氣」。	8～10min.

	(4)「肺活量」，即吸氣吸到最飽直至不能再吸為止，憋一下氣，接著吐氣吐到不能再吐，藉此讓兒童了解何謂肺活量。
	(5) 請兒童利用塑膠袋，將上述所教的技巧運用，將塑膠袋吹至飽和。
	2. 暖身活動：配合老師動作由頭部往足部做伸展動作，每個動作數兩個八拍，且做動作時要做出與兒童反方向的姿勢（如我們自己舉右手，口裡說請幼兒舉起左手等），以上動作做完，再加上手臂大繞環動作，可讓上半身肌肉放鬆，助益接下來的水中活動安全。
活動流程	**主題活動**：將兒童分成三大組，每組約五人，用闖關接力的方式完成三個關卡。
	闖關一：此關兩位兒童，以接力的方式完成此關卡。先請兒童將頭往後仰，將塑膠袋覆蓋住嘴巴，將塑膠袋往上吹（引起動機所教過的吹氣技巧），使塑膠袋保持在半空中不掉落，且以吹的方式將塑膠袋交接給下一棒，兩人完成即接棒給下一關卡。
	闖關二：此關兩位兒童，以接力的方式完成此關卡。請兒童使用吹氣的方式，在水平面上吹乒乓球給下一位兒童，且切勿使用其他肢體動作輔助乒乓球前進，以吹的方式將乒乓球交接給下一棒。兩人完成即接棒給下一關卡。
	闖關三：此關一位兒童，請兒童使用彈跳的方式在戈水前進，走到糖果下方（用繩子將糖果高低穿插的方式綁在上方，並於岸上找兩個固定點綁上，呈現垂吊狀），以蹲跳的方式利用水的阻力跳起並雙手伸直用手掌夾住糖果，落下後做水中平衡動作，並且前進抵達終點。

20min.

活動流程	**回饋整理**：幫助兒童回憶各個關卡中所有使用到的動作與技能。 關卡一：吹氣使衛生紙移動不致掉落。 關卡二：吹氣使乒乓球往一方向前進。 關卡三：在水中平衡，並克服水的浮力前進，利用水的阻力夾到目標物。	5min.
注意事項	1. 活動設計完成後，應實際演示一遍，確認安全無虞後方可執行，若有不合適的活動，可即時修正。 2. 回饋整理活動可讓兒童換完裝後再實施。 3. 水中活動本身具有一定的危險性，只要老師多注意即可實施。	

團康活動計畫 1

兒童年齡	5～7 歲	小組人數	4 人 ×6 組	課程時間	約30～40 分
活動名稱	風				
場地類型	兒童可自由活動的室內場地				
活動器材	電風扇、紙、音響、音樂				
運動技能	1. 肢體、空間移動的範圍 2. 表現出肢體動作節奏的快慢與協調性				
活動指標	身-大-1-1-1 覺察身體在穩定性及移動性動作表現上的協調性 身-大-1-1-2 模仿身體的動態平衡動作 身-大-1-1-3 覺察與辨別保護自己的基本動作 身-大-1-2-2 觀察與調整照顧自己及整理環境的動作 身-大-2-1-1 在合作遊戲的情境中練習動作的協調與敏捷 身-大-2-1-2 在團體活動中，應用身體基本動作安全地完成任務 身-大-2-2-1 敏捷使用各種素材或器材 身-大-3-1-1 與他人合作展現各種創意姿勢與動作的組合 身-大-3-2-1 與他人合作運用各種素材或器材，共同發展創新玩法				

活動流程	教學內容	活動時間
	導入活動： 1. 引起動機： 　(1) 利用電風扇的風速變化和紙的操作，讓兒童觀察風的變化以及對紙帶來的影響。 　(2) 介紹風的強弱，討論觀察所得的變化。 2. 暖身活動：配合音樂和教師口語的引導，讓兒童發揮想像力，體驗如何將風的強弱（微風、強風、暴風）運用肢體表現出來。	8～10min.

活動流程	主題活動： 1. 教師協助兒童分組，四個人一組。 2. 和兒童討論如果有風會對什麼東西造成影響，又會產生什麼變化。 3. 讓兒童各組進行討論，並決定想要扮演的角色（如兩人扮演風、兩人扮演花）。 4. 播放不同的音樂，情境引導，讓兒童親身體驗（如播放柔和的音樂，告訴兒童現在是微風吹來）。 5. 心得分享，討論活動過程中所遇到的困難、感覺等。 6. 討論遊戲過程中沒有想到的情境，開放讓兒童上台表演。	20～25min.
	回饋整理： 1. 心得分享，討論活動過程中所遇到的困難、感覺等。 2. 讓兒童上台表演，並給予正面回饋。	3～5min.
注意事項	1. 在活動開始前必須先訂定規則以便控制秩序。 2. 可使用麥克風，說話比較不會那麼吃力。 3. 遊戲時要拉開兒童間的距離，以免碰撞產生危險，而妨礙活動的進行。	

團康活動計畫 2

兒童年齡	5～6 歲	小組人數	全體	課程時間	約30～40 分
活動名稱	認識蝴蝶的一生				
場地類型	大型活動室（戶外空地亦可）				
活動器材	卵、幼蟲、蛹、蝴蝶的圖片				
運動技能	透過肢體模仿蝴蝶的一生，以促進大小肌肉的發展				
活動指標	身-大-1-1-1 覺察身體在穩定性及移動性動作表現上的協調性 身-大-1-1-2 模仿身體的動態平衡動作 身-大-1-1-3 覺察與辨別保護自己的基本動作 身-大-1-2-2 觀察與調整照顧自己及整理環境的動作 身-大-2-2-1 敏捷使用各種素材或器材 身-大-2-2-4 熟練手眼協調的精細動作 身-大-3-1-1 與他人合作展現各種創意姿勢與動作的組合				

活動流程	教學內容	活動時間
	導入活動： 1. 尋問兒童蝴蝶是長什麼樣子？如何移動？ 2. 介紹常見蝴蝶的顏色，並配合圖卡解釋與說明蝴蝶的一生（卵、幼蟲、蛹、蝴蝶）。	13min.
	主題活動： 1. 透過四種成長過程讓兒童模仿與創作。 2. 依兒童創作出蝴蝶成長過程的四個動作玩猜拳遊戲。 3. 遊戲一開始，每位兒童由卵的形態開始，找一位兒童猜拳，猜贏者演變成幼蟲，並做出幼蟲的創作動作，直到找到同是幼蟲的兒童再次猜拳，猜贏的兒童繼續演化到變成蝴蝶，即可至休息區休息。由卵猜輸者繼續找其他卵形態的同儕猜拳，猜贏者進化，而猜輸者須退化成上一階動作形態，如：蛹→幼蟲→卵，依此類推。	20min.

活動流程	4. 第一次遊戲結束後，再進行第二次，並配合音樂播放，讓兒童開心猜拳與蝴蝶成長動作的模仿與創造。	
	回饋整理： 1. 討論活動過程中所遇到的困難、感覺及心得分享。 2. 讓兒童上台表演，並給予正面回饋。	7min.
注意事項	1. 圖片可以大一點，並在遊戲時將圖片展示在兒童看得到的地方，以增加記憶力。 2. 活動設計包含示範及解說，可讓兒童學到動物的成長形態。 3. 將認知結合遊戲可增加兒童學習動機與興趣，讓兒童易學、易記住。 4. 蝴蝶種類繁多，不同的蝴蝶、幼蟲、蛹均有差異，可多找尋台灣常見的蝴蝶配合課程做介紹，增加豐富性。	

課程目標	學習指標			
	2-3 歲	3-4 歲	4-5 歲	5-6 歲
身-1-1 模仿身體操控活動	身-幼-1-1-1 認識身體部位或身體基本動作的名稱	身-小-1-1-1 —————→	身-中-1-1-1 覺察身體在穩定性及移動性動作表現上的協調性	身-大-1-1-1 —————→
	身-幼-1-1-2 模仿常見的穩定性及移動性動作	身-小-1-1-2 模仿身體的靜態平衡動作	身-中-1-1-2 模仿身體的動態平衡動作	身-大-1-1-2 —————→
身-1-2 模仿各種用具的操作	身-幼-1-2-1 覺察器材的操作方式	身-小-1-2-1 —————→	身-中-1-2-1 覺察各種用具安全的操作技能	身-大-1-2-1 —————→
	身-幼-1-2-2 模仿抓、握的精細動作	身-小-1-2-2 模仿抓、握、扭轉的精細動作	身-中-1-2-2 模仿抓、握、扭轉、揉、捏的精細動作	身-大-1-2-2 覺察手眼協調的精細動作
身-1-3 覺察與模仿健康行為及安全的動作	身-幼-1-3-1 模仿日常生活的健康行為	身-小-1-3-1 —————→	身-中-1-3-1 覺察與模仿日常生活的健康行為	身-大-1-3-1 —————→
	身-幼-1-3-2 模仿良好的飲食行為	身-小-1-3-2 —————→	身-中-1-3-2 辨識食物的安全，並選擇均衡營養的飲食	身-大-1-3-2 —————→
	身-幼-1-3-3 模仿身體活動安全的距離	身-小-1-3-3 覺察身體活動安全的距離	身-中-1-3-3 —————→	身-大-1-3-3 —————→
			身-中-1-3-4 覺察與辨別危險，保護自己的安全	身-大-1-3-4 覺察與辨別危險，保護自己及他人的安全

課程目標	學習指標			
	2-3 歲	3-4 歲	4-5 歲	5-6 歲
身-2-1 安全應用身體操控動作，滿足自由活動及與他人合作的需求	身-幼-2-1-1 在穩定性及移動性動作中練習平衡	身-小-2-1-1 在穩定性及移動性動作中練習平衡與協調	身-中-2-1-1 在合作遊戲的情境中練習動作的協調與敏捷	身-大-2-1-1 →
	身-幼-2-1-2 遵守安全活動的原則	身-小-2-1-2 →	身-中-2-1-2 在團體活動中，應用身體基本動作安全地完成任務	身-大-2-1-2 →
身-2-2 熟練各種用具的操作	身-幼-2-2-1 平穩使用各種素材、工具或器材	身-小-2-2-1 →	身-中-2-2-1 敏捷使用各種素材、工具或器材	身-大-2-2-1 →
	身-幼-2-2-2 手肘支撐下練習抓、握的精細動作	身-小-2-2-2 操作與運用抓、握、扭轉的精細動作	身-中-2-2-2 綜合運用抓、握、扭轉、揉、捏的精細動作	身-大-2-2-2 熟練手眼協調的精細動作
身-2-3 熟練並養成健康生活習慣	身-幼-2-3-1 學習自己用餐	身-小-2-3-1 正確使用餐具	身-中-2-3-1 清潔自己的餐具與整理用餐環境	身-大-2-3-1 使用清潔工具清理環境
	身-幼-2-3-2 →	身-小-2-3-2 參與日常生活的健康行為	身-中-2-3-2 熟練並維持日常生活的健康行為	身-大-2-3-2 →
身-3-1 應用組合及變化各種動作，享受肢體遊戲的樂趣	身-幼-3-1-1 隨著音樂旋律擺動身體	身-小-3-1-1 在創意想像的情境展現個人肢體動作的組合與變化	身-中-3-1-1 →	身-大-3-1-1 與他人合作展現各種創意姿勢與動作的組合
身-3-2 樂於善用各種素材及器材進行創造性活動			身-中-3-2-1 把玩操作各種素材或器材，發展各種創新玩法	身-大-3-2-1 與他人合作運用各種素材或器材，共同發展創新玩法

資料來源：幼兒園教保活動課程大綱（2016）

中文部分

方進隆（1997）。有氧運動。**教師體適能指導手冊**。國立台灣師範大學學校教育與發展中心主編。

王有欽（1986）。花蓮市民意外傷害及就醫情形之流行病學調查。國防醫學院社會學醫學研究所碩士論文，未出版，台北市。

王宜霈（2009）。**感覺統合**。台北市：五南。

王紹正譯（2005）。**休閒導論**（第三版）。台北市：品度。

王鏡壬（2011）。**實施運動遊戲對學齡前幼兒體適能之影響**。台北市立體育學院休閒運動管理學系碩士論文，未出版，台北市。

台灣1/4學童手腳不靈光（2002，5月4日）。**中時晚報**。

台灣小胖體能落後日本兒童（2002，7月18日）。**自立晚報**。

幼兒園教保活動與課程大綱（2010）。幼兒園教保活動與課程大綱（訂版）——**身體動作**。教育部國教司委託。

幼稚教育法（1981）。

任彥懷、李介至、李靜曄、阮震亞、蔡淑桂、陳鳳卿、宣崇慧（2010）。**感覺統合遊戲與兒童學習**。台中市：華格那。

朱智賢（1989）。**心理學大辭典**。北京市：北京師範大學。

江輝祺、陳麗萍（1998）。蛙式游泳不同教學順序之比較。**台灣體育，95**，39-42。

行政院衛生署（2010）。民眾版心肺復甦術參考指引摘要表。台北市：行政院衛生署。

行政院衛生署生命統計（2004）。2012年7月10日，取自http://www. doh. gov. tw /statistic/ data/死因摘要/93年/表13.xls、表21.xls、表 31.xls、表45.xls

行政院衛生署衛生資訊網（2005.10.1）。死亡統計結果摘要。2012年8月15日，取自http:// www.doh.gov.tw/static/index.htm。

行政院體育委員會國民體能常模（2012）。2012年8月15日，取自http:// www. sac. gov.tw/ WebData/WebData.aspx?WDID=55&wmid=1

余美麗（2000）。**器械遊戲教學活動之設計原則**，取自http://content.edu.tw / primary /gym/ yl_bc/gymnastics/hh07.htm

吳幸玲（2003）。**幼兒遊戲與發展**。台北市：揚智。

吳幸玲、郭靜晃（2003）。**兒童遊戲與發展**。台北市：揚智。

吳東昇（2001）。感覺統合指導手冊。台北市：宏欣。

呂翠夏（2002）。學前幼兒家庭之共親職與其相關因素：婚姻關係與性別角色態度。南師學報，**36**，1-18。

呂翠夏譯（2002）。兒童的社會發展──策略與活動。台北市：桂冠。

李力研（2006.10.20）。人類種族與體育運動。2012年2月27日，取自http://www.roundballcity.com /forums/thread/ 36854. aspx

李寶鑾（1993）。三至六歲兒童意外傷害之比較研究。國防醫學院公共衛生學研究所碩士論文，未出版，台北市。

汪宜霈（2009）。感覺統合。台北市：五南。

兒童事故主因 疏忽人身安全（2014）。2014年4月23日，取自https://tw.news.yahoo.com/兒童事故主因-疏忽人身安全-130158256.html

周宏室（2001）。體育教學策略研究講義。未出版手稿。

周昱宏、龔憶琳（2010）。暖身後恢復至不同心跳率對無氧動力表現之影響。論文發表於國立台南大學體育系舉辦之「體育運動與休閒管理學術研討會」會議，台南市。

尚憶薇（2008）。兒童運動與休閒活動設計。台北市：五南。

林宗賢（1997）。不同踝關節護具對垂直跳與折返跑的影響。大專體育，**33**，147-156。

林春生、賴和海、邱金松、林曼蕙譯（1981）。幼兒體力理論與實際。台北市：幼獅。

林風南（1985）。兒童遊戲指導──實際與理論。台南市：供學。

林風南（1991）。幼兒體能與遊戲。台北市：五南。

林曼蕙（1999）。豆豆健身房。台北市：聯經。

林惠雅（2003）。兒童遊戲課程：動作技能與社會能力發展。台北市：心理。

信誼基金會學前發展中心（1992）。幼兒園安全管理資料彙編。台北市：信誼。

翁志成（1999）。學校體育。台北市：師大書苑。

財團法人中華民國兒童燙傷基金會（2012）。燒燙傷急救。2011年2月27日，取自http://www.obf.org.tw/ugC_Know03.asp

高登第、李明軒譯（2001）。競爭論（上）。台北市：天下遠見。

高麗芷（2006a）。感覺統合（上篇）──發現大腦。台北市：信誼。

高麗芷（2006b）。感覺統合（中篇）──全腦開發。台北市：信誼。

高麗芷（2006c）。感覺統合（下篇）──因材施教。台北市：信誼。

高麗芷（2009）。平衡感來自前庭系統──保護寶寶頭部免於受傷的關鍵。學前教育，2009.5。

張維嶽（1998）。樂──游泳教材設計去化的體育教學。國民體育季刊，**27**（4），4-6。

教育部（1987）。幼稚園課程標準。新北市：正中。

教育部數位教學資源入口網（2000）。國小體育科網站──球類。2012年1月23日，取自http://content.edu.tw/primary/gym/yl_bc/ball/ball.htm

教育部數位教學資源入口網（2000）。國小體育科網站──體操。2012年1月23日，取自http://content.edu.tw/primary/gym/yl_bc/gymnastics/t12.htm

教育部學習加油站國小體育科網站（2000）。2012年1月23日，取自http://content.edu.tw/

primary/gym/yl_bc/content.htm

教育部學習加油站護理科數位化教材資源中心（2003）。**骨折處理**。2012年1月23日，取自 http://www.shute.kh.edu.tw/~healthcare/v20031204001/index.htm

教育部體育司（2007）。**快活計畫**。2011年2月15日，取自http://epaper.edu.tw / news/960830/960830_002.htm

教育部體育署體適能網站（2009）。2011年2月15日，取自http://www.fitness.org.tw /direct01. php

曹菁菱（2002）。淺談幼兒體能與遊戲。**學校體育雙月刊**，**12**（4），70-73。

莊美玲主編（1993）。**樂趣化體育教學彙編**。台北市：師大體研中心。

許牟池、蔡明志、陳靜玲（2004）。跆拳道專項體能訓練方法探討。**大專跆拳道學刊**，**1**，p121-130。

許厚蟬（2005）。**感覺統合訓練成效議題之分析研究**。國立台東大學教育研究所碩士論文，未出版，台東縣。

許義雄譯（1997）。**兒童發展與身體教育**。台北市：國立編譯館。

郭靜晃（2005）。**兒童安全管理**。台北市：威仕曼。

郭靜晃、黃志成、王順民等（2004）。**兒童課後照顧服務——訓練教材（上）**。台北市：揚智。

郭靜晃、黃志成、王順民等（2005）。**兒童課後照顧服務——訓練教材（下）**。台北市：揚智。

郭靜晃、黃志成、黃惠如（2005a）。**兒童發展與保育——身體發展**。台北市：國立空中大學。

郭靜晃、黃志成、黃惠如（2005b）。**兒童發展與保育——動作發展**。台北市：國立空中大學。

陳文德（2000）。**感覺統合遊戲室**。台北市：台灣麥克。

陳俊逢（2004）。**感覺統合活動與應用**。台北市：群英。

陳威聖、陳芝萍（譯）（2010）。**打造感覺統合的橋樑**。台北市：心理。

陳昭如譯（2008）。**我不是故意的**。台北市：城邦。

陳淑照、周禾程（2008）。體適能教學觀察系統之初探。**大專體育**，**99**，92-101。

陳雯靜（2009）。**一位幼兒體能指導員的養成與活動指導能力之研究**。國立台東大學幼兒教育學系，未出版碩士論文。

彭文蓉（1997）。讓孩子們安全地享受體育活動樂趣——一件意外事件的省思兼談游泳安全須知。**學校體育雙月刊**，**7**（6），7-12。

游斯雯（2011）。**1997-2008年台灣地區0-19歲兒童傷患住院醫療利用與死亡之探討**。國防醫學院公共衛生學研究所碩士論文，未出版，台北市。

黃永寬（1995）。**運動理論與實務**。台北市：紅葉。

黃永寬（2009）。幼兒運動遊戲教學之基本概念。**國民體育季刊**，**38**（3）。

黃志成（1999）。**幼兒保育概論**。台北市：揚智。

黃志成、林少雀、王淑楨（2010）。**幼兒遊戲**。台北市：揚智。

黃志成、林貞谷、張培英（2004）。嬰幼兒教育。台北市：揚智。

黃秀蓮（2001）。幼稚園教師對幼兒體能教學態度之探討。中華體育季刊，**57**，47-53。

黃庭鈺（2002）。台北市國小室內外空間規劃與兒童社會遊戲行為之研究。國立政治大學教育系教育行政組碩士論文，未出版，台北市。

黃錫權（1998）。幼兒體能遊戲。幼教資訊，**90**，30-33。

黃謙瑄、張文瀚、許翠端、廖笙光（2010）。感覺統合遊戲，在家輕鬆玩。台北市：城邦。

楊聯琦譯（1994）。幼兒運動教學。台北市：信誼。

廖信達（2003）。幼兒遊戲。新北市：啟英。

熊文宗（1997）。幼兒體能遊戲指導法。台北市：五洲。

趙連出（2002）。瑞祥高中之體育特色。學校體育，**12**（4），11-17。

劉怡君、林秀卿、蘇蕙芬（2011a）。兒童體適能活動規劃設計與推展。論文發表於國立屏東科技大學幼保系舉辦之「變‧不變教保興革與傳承學術研討會」，屏東縣。

劉怡君、林秀卿、蘇蕙芬（2011b）。兒童體能運動規劃與設計之球類運動。論文發表於國立屏東科技大學幼保系舉辦之「身體活動與健康促進學術研討會暨觀光休閒論壇」，屏東縣。

蔡瑞洪譯（1995）。不要低估你的孩子——如何發現孩子的潛能。台北市：信誼。

蔡碧霞（2008）。運動遊戲方案對幼兒體適能影響之研究。國立嘉義大學幼兒教育學系研究所碩士論文，未出版，嘉義市。

衛生福利部統計處（2011）。99年死因統計結果分析。取自：http://www.mohw.gov.tw/cht/DOS/Statistic.aspx?f_list_no=312&fod_list_no=2564

衛生福利部統計處（2012）。100年死因統計結果分析。取自：http://www.mohw.gov.tw/cht/DOS/Statistic.aspx?f_list_no=312&fod_list_no=2622

衛生福利部統計處（2013）。101年死因統計結果分析。取自：http://www.mohw.gov.tw/cht/DOS/Statistic.aspx?f_list_no=312&fod_list_no=2747

鄭榮源（2000）。球類遊戲教學內容之指導要領。2012年1月23日，取自http://content.edu.tw/primary /gym/ yl_bc/ball/b02.htm

盧英治（2000）。觀察研究法在動作技術及體育教學的應用。中華體育季刊，**14**（3），24-33。

駱木金（1998）。幼兒身體運動機能與發展。國立台中師範學院幼兒教育年刊，**10**，107-118。

聯大體育室教學網（2012）。心肺適能。2012年1月23日，取自http://www.meworks. net/meworksv2 a/meworks/page1.aspx?no=227137

謝在明（2000）。器械遊戲教學內容之指導要領。2012年1月23日，取自http: // content.edu.tw/primary/gym/yl_bc/gymnastics/hh08.htm

鍾曉雲（2002）。新式健身操對肥胖學童身體組成、健康體能及血脂肪之影響。國立體育學院碩士論文，未出版，桃園市。

羅凱暘（2000）。國民教育九年一貫課程「健康與體育」領域決策過程研究。國立台灣師範大學體育研究所碩士論文，未出版，台北市。

羅鈞令（1998）。感覺統合與兒童發展。台北市：心理。

蘇建文等（1995）。發展心理學。台北市：心理。

英文部分

Aeppli, W. (1986). *Rudolf Steiner: Education and the developing child*. Rudolf Steiner Press Bristol.

Anderson, J. E. (1960). Behavior and personality. In E. Ginsberg (ed.), *The Nation's children: Development and education*. NY: Columbia.

Anderson, R. N., Minino, A. M., Fingerhut, L. A., Warner, M., & Heinen, M. A. (2004). Deaths: Injuries, 2001. *National Vital Statistics Report, 52*, 1-88.

Ayres, A. J., & Robbins, J. (2008). *Sensory integration and the child: Understanding hidden sensory challenges*. Los Angeles, CA: Western Psychological Services.

Bandura, A., & Walters, R. H. (1963). *Social learning and personality development*. NY: Holt, Rinehart & Winton.

Bonnie, R. J., Fulco, C. E., & Liverman, C. T. (1999). *Reducing the burden of injury: Advancing prevention and treatment*. Washington, DC: National Academy Press.

Bruner, J. (1972). The nature and uses of immaturity. *American Psychologist, 27*, 687-708.

Damashek, A., & Peterson, L. (2002). Unintentional injury prevention efforts for young children: Levenls, methods, types, and targets. *Journal of Developmental & Behavioral Pediatric, 23*(6), 443-455.

David, L. G. (1996). *Developmental physical education for today children*. IL: Times Mirror Higher Education Group Inc.

Forst, J. (1992). *Play and playscapes*. Albany, NY: Delmar.

Gabbard, C. (1988). Early childhood physical education: The essential elements. *Journal of Physical Education, Recreation and Dance, 59*(7), 65.

Gallahue, D. (1988). *Developmental physical education for today children*. NY: McGraw-Hill Inc.

Garcia, C., Garcia, L., Floyd, J., & Lawson, J. (2002). Improving public health through early childhood movement programs. *Journal of Physical Education Recreation Dance, 73*(1), 27-31.

Gesell, A. G. (1952). Developmental pediatrics. *The Nervous Child, 9*, 225-227.

Goldman, S. R., Williams, S. M., Sherwood, R. D., Hasselbring T. S., (1999). Technology for teaching and learning with understanding. In J. M. Cooper (ed.), *Classroom teaching skills* (chap. 7). NY, Houghton Mifflin Company.

Hurlock, E. B. (1968). *Developmental psychology* (3rd ed.). NY: McGraw-Hill Inc.

Hyder, A. A. (2003). Childhood injury. *Injury Prevention, 9*(4), 292.

Marcus, B. H., Selby, V. C., & Rossi, J. S. (1992). Self-efficacy and the stages of exercise behavior

change. *Research Quarterly Exercise Sport, 63*, 60-66.

Meredith, H. V. (1969). Body size of contemporary groups of eight-year-old children studied in different parts of the world. *Monographs of the Society for Research in Child Development, 34* (Serial no. 1.).

Neide J. (2000). Active-learning strategies for HPER. *The Journal of Physical Education and Dance, 71*(5), 26-29.

Paffenbarger, R. S. Jr., Gima, A. S., & Laughlin, M. E. (1971). Characteristics of longshoremen related to fatal coronary heart disease and stroke. *American Journal of Public Health, 61*, 1362-1370.

Piaget, J. (1952). *The origins of intelligence in children*. New York: International Universities Press.

Piaget, J. (1966). Forward. In M. Almy (Ed.), *Young children's thinking*. New York: Teachers College Press.

Piaget, J. (1969). *The psychology of the child*. New York: Basic Books.

Poest, E. A., Williams, J. R., Witt, D. D., & Atwood, M. E. (1990). Challenge me to move: Large muscle development in young children. *Young Children, 45*, 4-10.

Portman, P. (1996). Physical education for preschool children. *Teaching Elementary Physical Education, 12*, 12-13.

Rubin, K. H., Fein, G. G., & Vandenberg, B. (1983). Play. In P. H. Mussen (Ed.), *Handbook of child psychology: Socialization, personality and social development* (4th ed.), Vol (4), 695-774. NY: Wiley.

Sallis, J. F., Mckenzle, T. L. (1991). *Research Quarterly For Exercise and Sport, 62*(2), 124-137.

Seefeldt, V. (1987) Justifying physical education. *Journal of Physical Education, Recreation and Dance, 58*(7), 42-72.

Steiner, R. (1981). *The education of the child in the light of spiritual science*. Anthroposophic Press INC. NY: Great Britain By Billing & Sons Ltd., Worcester.

Stillwell, J. (2002). Know your learner. *Teaching Elementary Physical Education, 5*, 18-19.

Stine, S. (1997). *Landscapes for learning: Creating outdoor environments for children and youth*. New York: John Wiley & Sons.

Weikart, P. S. (1987). *Round the circle: Key experiences in movement for children ages three to five*. Ypsilanti, ML: High Scope Press.

World Health Organization (2006). *Obesity and overweight*. Retrieved July 30, 2012, from http://www.who.int/mediacentre/factsheets/fs311/en/print.html

Wuest, D. A., & Bucher, C. A. (1999). *Foundations of physical education and sport*. NY: McGraw-Hill Inc.

Yack, E., Sutton, S., & Aquilla, P. (2010). *Building bridges through sensory integration* (2nd. Ed). NV: Sensory Resources.

國家圖書館出版品預行編目（CIP）資料

兒童體能活動設計／劉錞綺、劉嘉豪著.-- 初版 .
-- 臺北市：心理，2014.07
面；　公分.--（幼兒教育系列；51173）
ISBN 978-986-191-604-0（平裝）

1. 體育教學 2. 教學活動設計 3. 兒童教育

523.23   103009680

幼兒教育系列 51173

兒童體能活動設計

作　　者：劉錞綺、劉嘉豪

執行編輯：高碧嶸

總 編 輯：林敬堯

發 行 人：洪有義

出 版 者：心理出版社股份有限公司

地　　址：231026 新北市新店區光明街 288 號 7 樓

電　　話：(02) 29150566

傳　　真：(02) 29152928

郵撥帳號：19293172 心理出版社股份有限公司

網　　址：https://www.psy.com.tw

電子信箱：psychoco@ms15.hinet.net

排 版 者：龍虎電腦排版股份有限公司

印 刷 者：龍虎電腦排版股份有限公司

初版一刷：2014 年 7 月

初版五刷：2022 年 7 月

I S B N：978-986-191-604-0

定　　價：新台幣 400 元